设计现实

DESIGNING REALITY

第三次数字革命的下一个经济引擎

How to Survive and Thrive in the Third Digital Revolution

[美] 尼尔 · 格申斐尔德（Neil Gershenfeld）
[美] 艾伦 · 格申斐尔德（Alan Gershenfeld）
[美] 乔尔 · 卡彻 – 格申斐尔德 （Joel Cutcher-Gershenfeld）_ 著

丁峻峰 武川 蓝河 _ 译

中信出版集团 | 北京

图书在版编目（CIP）数据

设计现实 /（美）尼尔·格申斐尔德，（美）艾伦·格申斐尔德，（美）乔尔·卡彻 - 格申斐尔德著；丁峻峰，武川，蓝河译 . -- 北京：中信出版社，2019.6

书名原文：Designing reality

ISBN 978-7-5217-0332-0

I. ①设… II. ①尼… ②艾… ③乔… ④丁… ⑤武… ⑥蓝… III. ①数字技术—影响—社会生活—研究 IV. ① C913

中国版本图书馆 CIP 数据核字 (2019) 第 061736 号

设计现实

著　　者：[美] 尼尔·格申斐尔德 [美] 艾伦·格申斐尔德 [美] 乔尔·卡彻 – 格申斐尔德
译　　者：丁峻峰　武川　蓝河
出版发行：中信出版集团股份有限公司
（北京市朝阳区惠新东街甲 4 号富盛大厦 2 座　邮编　100029）
承 印 者：北京楠萍印刷有限公司

开　　本：787mm × 1092mm 1/16　　印　　张：20.25　　字　　数：286 千字
版　　次：2019 年 6 月第 1 版　　印　　次：2019 年 6 月第 1 次印刷
京权图字：01–2019–1571　　广告经营许可证：京朝工商广字第 8087 号
书　　号：ISBN 978–7–5217–0332–0
定　　价：78.00 元

目录

推荐序

《设计现实》已经是我负责为尼尔·格申斐尔德教授翻译的第二部书了。如果说第一部书——《智造：一场新的数字革命》的出版是在其英文原著出版 10 年后对当年尼尔教授对于数字时代的个人智能制造预言的回顾审视的话，那么这本书——《设计现实》——则是站在 10 年前《智造》里预测中的当下，面对下一个 10 年，或者更久远的时期内，人类数字化生存的全面展望。

2018 年夏天，当第 14 届全球智造学术年会（FAB 14）在法国南部的图卢兹召开的时候，尼尔教授再一次介绍和验证了他的摩尔定律，全世界建成的“数制”工坊 (fab lab) 的数量，在每一年半的时间里，会翻一番：全球数制工坊总量已经超过 2 500 个了。

“数制”工坊在全球范围内迅速蔓延开来，星罗棋布的个人智造终端空间，让越来越多的创客可以将们大脑里的创意智造出来，全球实验室通过线上直播平台和网络学习与知识同步系统链接起来，推进个人制造（DIY，Do It Yourself) 的共创和分享（DIT，Do It Together)。这大大赋予了人们实现设计的能力，孕育了人工智能时代新的生产方式。

工业革命时期，生产流通从挖掘原材料开始，通过全球物流将原材料运抵工厂，并加工制造成产品，再把产品运输到全世界消费终端市场，这是单线经济（linear economy) 模式；随着信息时代的到来，电子设计文档（比特）可以通过互联网在全球流通，实现数制工具产品本地化（原子）。智造，这种把物流成本，原材料成本和能源消耗降到最低的本地制造模式，就是新的循环经济（circular economy）的基础，它成为网络时代生态、经济、社会可持续发展的动力，不断改变着世界的发展模式和经济格局。

随着智能时代的到来，各国也紧抓机遇，努力在未来全球战略中奠基新的格局。

中国正在努力成为世界科技强国。“科技兴则民族兴，科技强则国家强”。我们不断提升对“科技强国、科教兴国”战略国策的认识，强调自主创新和核心竞争力提升。《中国制造 2025》的提出，展示了中国制造业转型升级的决心，以实现从“中国制造”(Made in China) 到“中国设计”(Design in China) 的巨大转变。科技要强大，人才培养是第一步，造就一批有自主创新能力的科技人才和有独立知识产权的技术关系到中国未来的格局。近两年，中国在 K-12 教育中全面铺开综合素养、STEM/STEAM 及科创教育；在大学层面推进新工科建设等全面创新人才培育机制及系统，以应对人工智能时代人才培养的新需求。

2013 年，在我的主持和团队的努力下，同济大学设计创意学院成立了中国大陆第一家“数制”工坊实验室。2014 年 3 月 1 日，第一场开放夜活动正式登陆上海，标志着中国“数制”工坊（fab lab O）开始了一段使命，逐步将全球数制工坊网络和理念在中国落地以生根发芽。

未来，我们将继续拓展全球网络课程——智造学术（FAB Academy) 在国内的推广，同时将核心课程本土化，通过实践，演化成植入各类学校的课程系统：“智造学术 X”（FAB O Academy X）针对的是大学、职业院校、高中；“数制乐园”（FAB O Playground）是专门针对 K - 12 的贯穿式的课程体系；同时拓展一系列“项目导向式学习”(Project Based Learning) 的主题性实验室模块，包括“可持续生态”“生物合成”“人工智能”“智能可穿戴”“机器人”“增强现实”“3D 打印”“未来城市”“未来生活”“飞行器”等。

中国“数制”工坊及课程已经先后进驻上海科技大学、湖南机电职业学院、常州机电职业学院、上海格致中学、上海市同济黄浦设计创意高中、苏州领科海外学校、上海市宝山行知中学、同济附属实验学校（嘉定）等十多个知名高校、职业院校及 K-12 学校。同时，fab lab 实验室也为上海包玉刚民办实验学校、YKPAO、上海阿德科特国际学校等多所知名学校开发了创新课程。

2018 年 10 月，尼尔教授受邀来中国南京参加“2018 世界智能制造大会”（2018 World Intelligent Manufacturing Summit）并发表主题演讲“智能制造的未来”（The Future of Fabrication）。会议期间，尼尔会同中国“数制”工坊主办了名为“中国智造集群”的主题沙龙，并将“中国智造学术”课程定义为在中国本土开展“数制”工坊的内容蓝本。

让我们一起努力憧憬：当未来的某一天，在世界上的任何一个角落，分布着像便利店一样方便可及的“数制”工坊，任何人都可以发送比特文档，并通过 3D 打印机等机器将个性化的产品智造出来的时候；当 3D 打印机等智能机器通过不断打印新的零件来组装更多打印机，也就是机器可以不断复制机器的时候；或者，当我们不仅能编程电路板，还可以编程生物细胞，完成从“智造万物”到“生长万物”的演化的时候，我们又将如何设计现实？设计出的现实又是怎样的呢？

最后，感恩为这本书的出版而付出的所有支持者。

丁峻峰

同济大学创意学院副教授

中国“数制”工坊（fab lab O）实验室主任

序 言

想象一下，现在是 1965 年。汽油还是 31 美分一加仑[①]。披头士刚刚发行了《救命》(*Help*) 专辑。瓦茨骚乱仍在洛杉矶肆虐。《音乐之声》(*The Sound of Music*) 还排在院线榜首。美国数字设备公司（DEC）首发了第一台使用集成电路技术的电脑 PDP-8，售价 18 000 美元。

你正坐在圣何塞一家拥挤的咖啡厅里喝着咖啡（那时超大杯半糖无泡焦糖玛奇朵尚未问世）。你这桌是咖啡厅里唯一有空座的地方。一群人鱼贯而入，大声喧哗着。他们人手一份最新一期《电子》(*Electronics*) 杂志，兴奋溢于言表。其中一位问你是否可以坐在你旁边。"当然可以。"你回答道。

你听出来这群人原来是附近一家半导体公司的研究员，他们在热烈讨论杂志中的一篇文章。不过，他们谈论的东西仿佛是天方夜谭：什么有朝一日电脑会小到装进衣兜，或是做成腕表；什么这些"个人"电脑会如同大型计算机一样性能强大；什么所有电脑联网指日可待，届时任何人都能在任何地方获取、掌控和分享信息。

---

① 1 加仑≈3.79 升。——编者注

他们的讨论越是深入，所描述的未来设想就越是离奇。毕竟，电脑是体型充栋的庞大机器，只有顶尖研究机构和商业巨头才可能配备，且价格昂贵，需专门技师操控。电脑能装进衣兜或是联网的想法，就如同亚瑟·查尔斯·克拉克的科幻小说或者《至尊神探》(*Dick Tracy*)、《摩登家庭》(*The Jetsons*)一样不可思议，绝非近期可能实现的，实在不值一提。你忍不住向同桌的那位表达这一疑虑。

那些研究员停了下来，纷纷点头，仿佛对此疑虑早已了然于胸了。令他们如此兴奋的不仅仅是电脑技术发展带来的性能提升，还有其发展的指数级速度。他们解释说，这种变化在初期很难察觉，不过当每个人都回过味儿时，变化就已经是天翻地覆了。他们认为，如果你能抓住要领的话，其实电脑性能加速发展的迹象已经显而易见。他们坚持认为自己抓住了要领，自信满满。你感到既半信半疑，又兴趣盎然，就顺势问道："好吧，那你们觉得要领到底在哪儿？"

研究员们受到了鼓舞，继续解释。首先，我们看看数字技术的本质是什么——具体而言，是什么使数字技术区别于其他多数技术，以指数级的速度发展？他们将数字技术与另一项新近发明成果——施乐复印机进行比较。施乐复印机与电脑的不同之处是它使用的是模拟程序。比如，要是你想用施乐复印机复印文件，得把第一页塞进机器印出第二页，然后你再把这两页塞回机器印出 4 页，然后印出 8 页、16 页，以此类推。当你印到几千页时，大多数复本都已模糊不清，遑论上亿页了，这是复印过程中误差不断积累的结果——所承载的信息丢失了。

"而数字技术就不一样。"他们解释道。数字信息被转换成信号（由 1 和 0 组成）。只要在系统中加入一个运行的纠错程序，数字设备就可以反复复制信息，而信息则毫发无损。研究员们认为，这就是数字化的本质，使数以亿计的数字信息清晰无误地被掌控和分享。而且，纠错程序十分廉价，信息复制几乎不产生任何边际成本。他们的结论是，这一基础科学会推动全社会的变革。

其中一位研究员打开那本《电子》杂志，向你展示令他们激动不已的那篇文章。文章作者名叫戈登·摩尔，是仙童半导体公司的研发部主任，那些研究员也正是在这家公司就职。标题是“给集成电路塞上更多部件”，绝妙直白，令你忍俊不禁。文章论证了单个集成电路芯片上可容纳的元器件数量每年都要翻一番，他预计这一趋势至少会持续 10 年。研究员们之所以兴奋，是因为这一趋势对于将电脑变得更小巧、更便宜、更快捷至关重要——而这些变化又是加速进行的。如果摩尔预测准确的话，即电脑性能确实可以每年翻番并持续 10 年，那么到 1975 年，电脑运行速度会比现在快 1 000 倍。考虑到这一趋势，摩尔预测“家用电脑（或者至少是连接中央处理器的家用终端）汽车自动控制系统以及个人便携式通信设备等奇迹”将会出现。他在文章中写道：“今天我们离电子腕表只差一个显示器的距离。”你联想到《至尊神探》和《摩登家庭》是不无道理的，那正是摩尔预测会发生的事情。

研究员继续解释，电脑性能的日益强大使其他数字技术成为可能，而且自己也愈加强大。比如，其中一位研究员正在从事美国国防部高级研究计划署的一项签约项目，旨在展示电脑如何进行长距离数据网络传输。另一位研究员则指出，他们已经开发出一款电脑，能够在象棋等复杂游戏中击败人类。这些进展，与很多其他同类技术进步相互交织、相互支撑，为经济、文化与社会各个领域的巨大变革奠定了基础。

随着研究员的进一步解说，你逐渐相信这的确是件值得关注的大事。具体时间虽然并不明朗，但你意识到你可能已被赋予了一次实在难得的机遇，以见证历史演变为翻天覆地的未来。而现在你要做的，是如何把握这一机遇。

如果你是企业家，你可能要开始思考崭新的、颠覆性的潜在商业机会；如果你是行业组织的领导，你会试图利用这些技术获取竞争优势，淘汰部分边缘业务，谋求转型升级；如果你是公共机构的负责人，你可能需要开始评估这些强大技术如何惠及所有人，而非那些幸运的少数人——如何利用这些技术提高公共福利，减少潜在危害。无论你是谁，都要考察这些新技术会如何影响你的个人生活与职业生涯。至少有一点是明确的：一次数字革命已迫在眉睫。

失去的机遇

事实上，在过去半个多世纪里，已经有两次数字革命接踵而至，而且比摩尔所预计的更加波澜壮阔。第一次数字革命是通信革命，把我们从模拟电话时代带到了互联网时代。第二次数字革命是计算革命，为我们带来了个人电脑和智能手机。两次革命的联袂彻底改变了整个世界。

早在 1965 年，数字革命就已初露端倪。不过，世界上大多数人却与它擦肩而过。因此，前两次数字革命所带来的经济、文化和社会冲击使人们措手不及。摩尔的预言，就是著名的摩尔定律，并非如他所预期的那样只持续了 10 年，而是整整 50 年。如今的电脑，其性能比 1965 年时强大了近 10 亿倍，而且的确可以放进衣兜，做成腕表。

技术持续以指数级速度发展着，而个人、组织和机构只能亦步亦趋，拼命追赶技术的步伐。这种追赶态势遍布社会——包括那些生活被数字技术所影响的个人、运营模式被技术加速发展所不断颠覆的组织，以及在风云变幻中谋求稳定的政府、教育和法律等领域的公共机构。

这些技术渗透社会的程度越深，社会追赶它的步伐就越快。要想规范这些加速发展的变革性技术，最佳时机是技术形成的早期，即社会变革尚未蔚然成风、根深蒂固之时。这时，技术的想象空间和最初的市场成果转化仍在成形早期，还有斡旋余地。数字化通信与计算的革命推动生产力空前发展，形成海量财富，催生出日常生活中的深刻变化。不过，还是有大量的人落伍了。

在摩尔发表论文半个多世纪之后的今天，这个星球上还有半数以上的人未能接入互联网，还有数十亿人的网络受限或不稳定。在世界大多数地方，收入增长与财富不均、技术性失业、社会两极分化等社会问题相互交织，在数字回音室效应和“永远在线”的社会传媒催化下，社会的基本架构正在被撕裂。在此背景下，很多人都深深渴望未来能更丰富多彩，更少些不确定性和动荡。

前两次数字革命的负面影响并非空穴来风，也绝非偶然。在技术研发和市场化过程中，早期的决策方向和价值观会产生深远影响。我们在数字通信能力上取得突破性进展，却没能建立起相应的文化标准、反馈机制和强化公民话语权的算法。我们创造的电子商务新商业模式无比高效，但也在个人隐私和网络安全方面埋下新的隐患。我们赞赏数字自动化取得的重大进展，却要在技术带来的失业潮中苦苦挣扎。

当然，要想完全预防前两次数字革命中所有的负面冲击也是不现实的。几十年来，我们将重心放在帮助个人、组织和机构与技术的共同发展上，却失去了在技术研发过程中主动创造价值、减少危害的重大机遇。2015 年，在摩尔的论文发表半个世纪之后，美国前总统奥巴马宣布“高速互联网是生活必需品，而非奢侈品”——就如同电和水一样。假如从 20 世纪 60 年代中叶开始构建以数字包容、数字与编程素养、数字文明为内容的文化，假如我们能够同时聚焦于社会创新与科技创新以应对技术冲击，我们的社会与技术体系就可能更有效地同步发展。

在前两次数字革命中，我们痛失良机。但我们现在有了另一次机遇，即第三次数字革命——制造革命。

第三次数字革命

通过将比特虚拟世界的可编程性引入原子物理世界，数字革命在前两次的基础上得到了进一步完善。鉴于物理世界正是我们的栖身之所，第三次数字革命的意义可能是前无古人的。这次革命的基石同样是数字化基础科学，不过在这次革命中，比特与原子是齐头并进以指数级速度运转的。随着通信和计算从模拟信号走向数字信号，个人电脑、智能手机和互联网应运而生。而制造的数字化则为个人制造带来光明前景，使个人与社区可以随时随地按需制造并分享产品。

数字制造、数字化通信与计算的相似之处是显而易见的。与早期大型计算机的情形类似，大多数正规的数字制造都是通过大型机械设备来实现的，也是由顶尖研究机构和商业巨头的专门技术人员来操作的。不过，很快这些大型机械设备的性能将会被所有人获取——就像你衣兜里的小电脑能具备当年大型计算机的性能一样。由此可见，在可预见的未来，任何人都能把数据加工成物品，也可以把物品转换成数据，人们能通过比特和原子的互联网分享信息。

在前两次数字革命早期，这一前景是不可思议的。其实，它不仅理论上行得通，而且我们已经在朝这个方向行进了，道路也越走越宽广。“数制”工坊是一种依托社区的实验室，爱好者可以从中获取数字制造的强大工具。自 2003 年首次创立以来，“数制”工坊的数量以每一年半翻一番的速度增长。不过，与前两次数字革命初期类似，第三次数字革命以指数级增长的特性是常人不易觉察的。正如发明家、未来学家雷·库兹韦尔在其著作《奇点将至》（*The Singularity Is Near*）中所指出的那样：“指数级增长具有隐蔽性。初期几乎难以察觉，然后就会突然井喷式爆发——之所以出人意料，是因为人们不注意追踪它的运行轨迹。”

《设计现实》就是这样一本关注数字制造指数级增长轨迹的书，旨在帮助人们运用相关知识为第三次数字革命做准备，从而推进革命。每个人或多或少都有能力对这次革命做出一些贡献。我们无须再等待半个世纪来让未来的政治、教育和慈善领袖意识到智造资源的获取与智造素养是可实现的，而非难以企及。我们仍处于第三次数字革命的初期，研究重点正在确立，核心技术正在研发，对智造资源的获取与智造素养至关重要的组织和机构正在悄然兴起。

每一项新技术都以其固有特征影响着技术使用者的能力和行为。数字技术使内容得以快速复制、编辑和传播。这一特性对经济各个领域的变革都至关重要，影响着我们的休闲方式，也改变着我们的沟通方式。在过去几十年里，我们在几乎不产生任何边际成本的前提下，得以复制、编辑和分享音乐、影像、博客、新闻、电邮、短信和其他数字资料，这一能力对于经济与社会发展既有正面推动作用，又有负面影响。而这项能力就是技术所固有的基本属性。

数字制造与数字化通信和计算既有某些相同特性，又有不同之处。在前两次数字革命中，比特对原子的影响是间接的（是通过创造新的能力与行为方式来实现的）；而第三次数字革命使比特能够直接改变原子。对大多数人而言，第三次数字革命的独特之处还不是直接在原子层面进行物质的制造，但是它的确意味着通过数字设计接口来改变实体世界的能力。尽管在前两次数字革命中，我们周围的物理世界发生了巨大变化，如道路、房屋、家电、交通、食物，但这些东西基本上还是维持了原貌。而在第三次数字革命中，物理世界构造的基本属性将会发生变化。在全球的“数制”工坊网络中，我们已经发现围绕成本效益模型形成了稳定的创新链条，个人和社区在全球范围内获取设计方案，在当地制造衣物、家具、玩具、电脑，甚至是房屋和汽车。随着数字制造技术以指数级速度增长而变得更优化、更快捷、更廉价，这些能力将会持续提升、与时俱进。

第三次数字革命契合了人类内心深处制造物品的欲望。《爱上制作》（*Make*）杂志创始人戴尔·多尔蒂在他的著作《自由创制》（*Free to Make*）中指出，“制造充分深入地体现了我们的人性，安抚了我们创造的灵魂”，并且帮助我们“建立起集自信、才华与创意于一身的个人认知”。无论是在自家地窖工作室工作的机械达人，或是印度乡下“数制”工坊的农民创客，还是创制节聚会上的12岁少年，制造物品都深深满足并启迪着业余爱好者、艺术家、工程师和发烧友。

从世界各地智造先行者的工作中，我们可以发现数字制造具备变革性威力的蛛丝马迹。通过此书，我们将邂逅来自底特律“激发焦点‘数制’工坊”的布莱尔·埃文斯等人。布莱尔在底特律的东区开发了一块 30 英亩[①]的地皮，大胆探索一种新的社会与经济模式，旨在使人人都能选择“少些工作、少些花销，多些创造、多些交流”的生活方式。实现个人与社区的自给自足并非新生事物，不过布莱尔及其同事证明，如果数字化平台被用于协作生产食物、家具等实用商品的话，可以加速实现自给自足。

个人或社区层面日益强大的消费品制造能力，能够帮助我们应对前两次数字革命带来的一个最为重大的挑战——人的工作日益被技术所取代。据估计，由于人工智能、机器人的出现以及其他技术的加速发展，有一半左右的工作终将被自动化。这些消失的工作岗位不仅包括工厂工人或卡车司机等蓝领，还包括助理律师、放射科医生甚至电脑程序员等白领。关于新兴技术所产生的新工作机会是否会弥补其淘汰的岗位，也见仁见智。即便如此（虽然也不大确定），被淘汰的旧工作与能普及的新工作之间也会有数量差距。技术导致的失业高企、收入与财富不均以及数字技术带来的变化无常，混合成一剂毒药，令许多人焦虑愤懑，从而推动了世界范围内的民族主义运动的发展。挑战虽然严峻，但随着生产制造的日益民主化[②]，通过能力提升战胜恐惧心理，个人和社区自给自足与全球范围的相互依存、知识共享相得益彰，必将展现出更加动人的前景。这有助于打消将全球化与当地自给自足对立起来的错误观点，化解政治分歧。

构建更加可持续发展且繁荣富足的未来，不仅需要个人与社区层面的基础工作，还需要城市与国家层面上的参与推动。书中另一位智造先行者，来自巴塞罗那“数制”工坊的托马斯·迪兹就在领导一场全球智造城市运动。在“数制”工坊第 10 次全球年会上，巴塞罗那市长和首席建筑师做出一个大胆的承

① 1 英亩 ≈4 046.86 平方米。——编者注

② 制造民主化，是指使普通人具有智造资源与素养的同等获取权利，而非由个别大企业与研究机构垄断智造技术与资源。——译者注

诺，用40年时间以可持续发展的当地制造取代其全球供应链——成为一个本地产能可以满足本地所有需求的城市。这一宣言的目的并不是让我们倒退回手工业时代，而是反映了后工业化城市通过全球化传递的信息来完成本地制造，从而实现可持续发展的愿景。

继巴塞罗那宣言之后，其他一些城市与国家，从圣迭戈到深圳，从波士顿到不丹，都纷纷加入巴塞罗那的行列。托马斯是这样描述智造城市运动的："我们需要通过重新定位生产来重塑我们的城市，以及城市与人、城市与自然的关系，从而使城市精神富于产出而非贪婪攫取，生机焕发而非恣意破坏，赋能于人而非冷漠疏离。"

书中我们还介绍了北到阿拉斯加、南至亚马孙的当地智造先驱。这些创新者利用先进技术延续着自给自足、社区建设等方面的遗风余俗，提供更加高效的工具使当地材料得以协同解决当地的问题，契合传统与现代社会中大量人群内心深处对拥抱大自然、与身边实体世界相融合的渴求。即使是最热心的数字技术支持者，面对愈加蛊惑人心的社会媒体与让人身临其境的虚拟世界，也能感知到被卷入而后迷失的风险。从硅谷经理人将子女送到"远离技术"的学校就读，到类似"拔掉电源日"等拒绝数字化的节日和倡议所反映的趋势，我们都能感受到这一风险带来的焦虑。第三次数字革命有助于人们更加健康平衡地分配时间，在比特数字世界与"真实"物理世界之间切换。

只有引导和启迪个人，创建必要的组织，改造传统机构，才能促使这些理想的愿景变为现实。我们首先要认识到，我们的确正处于第三次数字革命的风口浪尖，要理解它的运行轨迹。变革有迹可循，本书会为你指明方向。书中解释了第三次数字革命兴起的标志及成因，关键是，指出了如何才能做好准备并帮助推进革命。

在探索指数级发展的技术时，我们要么轻易陷入一种反乌托邦的未来设想——面对技术的肆虐横行，面对机器人窃取人类所有的工作岗位，人们束手无策；要么就沉溺于技术乌托邦的未来设想——人们什么都不用做，技术就能解决所有问题。两个极端不断被大众媒体放大着。从前两次数字革命中我们已经看到，现实要复杂得多。技术加速发展的益处与风险都真真切切，深深影响着许多人的生活，但是现在我们有能力来调整这些影响，无论是通过个人努力，还是集体协作。

在第三次数字革命打造一个更加自给自足、互联互通、可持续发展的社会的过程中，我们都能有所作为。实现这一变革非一日之功。技术无法替代的就业岗位、利用数字制造技术的新工作会不断涌现。随着个人与社区逐渐能够自制消费品，新兴模式将会挑战传统的工作概念——为平衡生活、学习、工作、休闲提供新的选项。要使这一系列社会安排惠及每个人并不容易。不过，如果能目睹未来几十年数字制造技术的能力与素养普及 10 亿倍的增长过程，我们就能理解“少些工作、少些花销，多些创造、多些交流”的愿景了。在智造城市愿景的基础上，我们就能构建一个“富于产出而非贪婪攫取，生机焕发而非恣意破坏，赋能于人而非冷漠疏离”的社会。

这本书围绕两大主题展开，两者对理解数字制造的力量及前景都必不可少。一个是理解为第三次数字革命提供动能的技术，另一个是发展必须与技术共同进化的社会制度。

技术

书中关于技术理解的部分由尼尔·格申斐尔德执笔，他是麻省理工学院比特和原子中心（CBA）主任。尼尔已在数字制造的前沿工作了 20 年，在探求数字技术的未来方面成就斐然。他在 1999 年的著作《它们也思考》（*When Things Start to Think*）中，预测并帮助塑造了后来著名的物联网。他于 2005 年出版的书籍《智造》（*Fab*）描述了“数制”工坊的兴起和创客运动，使很多人认识到数字制造的力量和前景。

如今，在这本书中，尼尔讲述了这些趋势将如何叠加为第三次数字革命，并指出这一革命在数字制造技术发展 10 年之后的今天已然呼之欲出；尼尔也将通过三次数字革命的演化进程分析如何从历史的角度参悟这次革命，以及如何通过一个动态的研究路线图来透视未来。他指出，围绕 3D 打印的炒作只是技术革命的冰山一角，未来会出现“星际迷航”式的复制器，可以智造出（几乎）万物，包括复制它自己。要做到这一点，不仅需要将物品的设计数字化，还要将构成物品的材料数字化。

尼尔用他在麻省理工学院开设“如何智造（几乎）万物”课程，从而意外开启“数制”工坊运动的故事来开篇。接着，他描述了社区“数制”工坊如何在全球网络中广泛应用，并重点讲述了今天的数字制造流程已在赋能于人的事实。从挪威北部到非洲南端，从穷乡僻壤到繁华都市，社区“数制”工坊已经引发了创新的星火燎原之势，预示了数字制造的动能和潜能。

从这里出发，尼尔在第 3 章中回顾了第三次数字革命核心科学基础的历史。他解释了这次由原子到比特的革命如何与 40 亿年前的生命进化类比，解释了数字通信、计算和制造一以贯之的核心理念——可靠性、模块化、本地化、可逆性等基本原则。他还以史为鉴，重点分析了早在技术发展为最终形态之前，一些技术流程被发现和应用的意义。

尼尔在这部分中紧扣拉斯定律这个主题。拉斯定律是数字制造时代可以类比摩尔定律的一个重要发现，发现者为雪莉·拉斯特，她领导智造基金会（支持“数制”工坊网络的非营利机构）的工作，还负责比特与原子中心的外延服务。随着她案头关于设立“数制”工坊的申请文书不断增加，她首次发现每一年半“数制”工坊的数量就会翻一番。

尼尔编写《智造》一书时，既没有策划也没有预测到这一指数级增长趋势。当时，比特与原子中心只有最初几个“数制”工坊。对尼尔而言，2003 年是一个新的开始，就像 1959 年对戈登·摩尔的意义一样，他从那年开始绘制曲线。在“数制”工坊数量成倍增长近 10 年后的今天，随着研究路线图和智造生态系统的不断完善，我们可以预见数字制造的发展和普及会同样实现指数级增长。

参照摩尔定律问世后第一个 10 年里集成电路的发展趋势，我们有理由相信“数制”工坊的数量也将呈现指数级增长趋势。这意味着，在未来 10 年内将会出现大约 100 万个能力相当的“数制”工坊，再过 10 年就会有 10 亿个。这不是说将产生 10 亿个具有数字化设施的屋子，而是标志着每 10 年，技术集成、资源获取和素养普及技术就会进入一个新阶段。随着规模的扩大，内容不一定再是今天所呈现的“数制”工坊，而是制造物理形态及编写功能程序的同等能力。随着摩尔定律接近其物理与经济极限，拉斯定律将接棒这一指数级增长趋势。

这就将我们带到本书的第 5 章，数字制造的未来路线图。在这一章，他首先盘点和描述了“数制”工坊的当前工具配置，然后描绘了 4 个不同阶段：社区制造（由计算机控制设备所驱动）、个人制造（基于能够制造机器的机器）、通用制造（标志着数字化材料的过渡）、万能制造（材料的可编程化）。每个阶段都代表了数字制造发展的一段重要里程。

前两次数字革命的核心元素在 20 世纪 60 年代中叶戈登·摩尔撰写论文时，就已在实验室中被发现了。同样，第三次数字革命的所有核心元素今天已经在实验室研究中被揭示出来。问题在于，这些元素需要多长时间才能走出实验室，对社会产生影响？我们是否已经做好了相关准备？

社会

有关在第三次数字革命中，社会体系如何有效地与高速发展的技术共同进化的内容由乔尔·卡彻－格申斐尔德和艾伦·格申斐尔德执笔。乔尔是布兰迪斯大学社会政策与管理（海勒）学院的教授，劳资关系协会的前任主席。他曾研究并促进了汽车行业、航空业、卫生保健业、生物制药业以及非营利部门的大规模系统变革。乔尔是一位宏观社会学家，在发展谈判与高效能工作体系的理论和实践方面颇有建树。他目前正在开创将多方涉众在多个层级内部进行整合的新模式：涉及工作场所、企业、社会、行业、国家和国际层面。

艾伦是电子线媒体公司的总裁和联合创始人。这是一家“双底线”（既致力于积极的财务回报，又注重有益的社会影响）公司，利用数字媒体和游戏的力量帮助人们理解并改造世界。他在电子线媒体工作期间，以及之前在美国动视（Activision）工作室担任负责人和在变化游戏公司（Games for Change）担任董事长期间，曾与美国国家科学基金会（NSF）、美国国防部高级研究计划署（DARPA）、美国国际开发署（USAID）、白宫科技政策办公室、美国国立博物馆、美国公共广播电视公司（PBS）、盖茨基金会、麦克阿瑟基金会等多个机构合作开展社会影响媒体项目，吸引并帮助了全球数百万人口。

乔尔和艾伦早在首个“数制”工坊成立之初就与尼尔全力推动智造运动了，乔尔与其长子担任志愿者多年，乔尔还在伊利诺伊州的香槟－厄巴纳协助建造了一个“数制”工坊，并且主导在智造网络中应用新的涉众整合方法。艾伦研究了“数制”工坊的可持续发展商业模式，电子线媒体也与智造基金会、比特和原子中心合作，开发了一款由美国国防部高级研究计划署资助的视频游戏，探索数字制造的未来。为筹备本书，乔尔和艾伦参观了全球的“数制”工坊，采访了几十位智造先行者，调研了几百名参与者。

尼尔研究技术路线图并提供工具和技术应用的技巧，乔尔和艾伦研究社会路线图并提供社会体系与技术体系共同进化的方法与思路。在第 2 章中，乔尔和艾伦以观察当前“数制”工坊的全球网络来开篇。但与尼尔不同的是，他们不只豪情满怀、着眼赋能，还强调了贯穿智造网络的矛盾与挑战。尽管个人制造前景动人，个人制造消费品的能力日渐提高，但对多数人来说，数字制造要成为现实还任重道远。在智造资源的获取、智造素养以及营造生态体系以确保技术民主化等方面，挑战依然严峻。要应对挑战，必须仔细分析挑战。研究智造生态系统中的断点，为透视根植其中的潜在假设与价值观冲突提供了一个视窗。今天，制造流程比制造的成果更能体现“数制”工坊的价值，这是因为目前掌握工作流程的难度很大。随着时间的推移，如果数字制造的影响不仅仅局限于发展新技能和制造消费品的配置，那么我们就需要调整工作重心。

与尼尔一样，乔尔和艾伦随后就追溯既往。在第 4 章中，他们强调摩尔定律不仅是一个技术构想，更是一个社会概念。摩尔定律绝非物理定律，而是一项被企业奉为核心经营策略的发现，它是一个行业基准，一个使数字技术更优化、更快捷、更廉价的振奋人心的框架概念。这一章揭示了社会和技术变革的相互交织是有史可鉴的，从现代社会科学，也就是对人类社会与关系的研究中，我们可以看到，这种联系是如何因工业革命的兴起而出现的。然而，由于社会科学是因技术而催生的、主导社科领域的实践，相对于技术的共同创造而言，更应当是对技术趋势的观察。要采取更主动的姿态来观察趋势，首先要理解个人、组织与机构变革的速率，这在技术高速发展的时代具有新的意义。承担调控速率这一关键作用的有两个因素，一个是积极的社会变革，而另一个则是前两次数字革命借助数字化平台在形成技术和社会体系有效共生的自发生态系统的过程中获得的经验教训。

乔尔和艾伦在第 6 章中以塑造数字制造未来的具体指导为结语。他们与五个大洲的智造先驱合作描述了 8 个期望的场景。在这些场景中，社会体系与技术体系以变革的方式共同进化。塑造未来的思维导图，不应只是描绘可能的未来，还要刻画期望的未来。为了助力将这些期望的未来变为现实，乔尔和艾伦提出了一个框架，形成新的思路，采取有效方式使人人都能在第三次数字革命中找到意义、目标和尊严。

《设计现实》通过格申斐尔德家族三兄弟的合作，从科学、技术、社会科学、人性的角度透视第三次数字革命。三兄弟不仅是革命的观察者，还是助力引导革命方向的积极参与者。三兄弟中的每个人都为本书带来不同的视角。如同透镜功能各不相同一样，他们每个人都澄清了一些事实，也带来了一些模糊的问题。既然携手撰写本书，百花齐放就比众口一词更有价值。对于迥然不同的部门与领域为了共同目标，针对复杂而快速发展的技术进行协作来说（比如第三次数字革命所需要的协作），亦是如此。

这是一个极不平凡的历史时刻：我们可以预测技术的运行轨迹，在它以令人追悔莫及的方式改造我们之前对它进行改造，现在依然来得及。不过风险也不容忽视。如果我们的设定正确，第三次数字革命带来的深刻影响将至少不低于前两次数字革命的影响。我们很快就会面临新机遇与新挑战这股洪流将直击人类生存方式的核心。亚利桑那大学素养专家詹姆斯·保罗·吉在其论文《论素养：从写作到智造》（*Literacy: From Writing to Fabbing*）中是这样总结机遇与挑战的：

> 智造有可能会深化当今的不平等，成为只有少数人才能掌握的炼金术，把思想转化为比特再转化为原子或者再反向转化。大多数人将生活在一个人生万物的世界中，包括物品、细胞和材料在内的整个世界只由少数人拥有并掌控。智造是一种新的素养，我们对它将如何发展尚不得而知。但是它是一种特殊的素养，从某种意义上来讲，很可能是终极素养……
>
> 我们当中将会有多少人会成为人类智造者？人类已经确定为终极工具制造者了。不久，制造世界的工具将足以廉价到人人都能获取，我们是否想要这样呢？作为一个物种，当我们中的一部分人或者全体成为神一样的造物者，能够化腐朽为神奇时，我们会把世界变得更好还是更坏？智造之于素养，如同火之于人类发展一样：要么照亮前程，要么付之一炬。

那么我们是要照亮前程，还是要付之一炬呢？无论是通过个人努力还是集体协作，我们都有能力去打破这个平衡。随着数字制造日益民主化，我们将拥有利用比特控制原子的能力以提升我们的生活水平。我们将能够设计现实，这是个比喻，也将成为事实。

（序言由尼尔、艾伦、乔尔撰写）

第
1
章

智造万物

第一次数字革命是通信的革命。在此之前，模拟电话信号是随着距离的增加而衰减的。而今天，在遍布全球的互联网上，相距再远的人交流起来也仿佛近在咫尺。

第二次数字革命是计算的革命。曾经，模拟计算机由充栋的齿轮、滑轮或真空管组成，运行时间越长，积累的错误越多。而今天，人们口袋里的便携电脑，其功能已堪比当年国家实验室的超级计算机。

我们正迎来第三次数字革命，这是制造的革命。前两次革命使通信与计算日新月异，而这一次，任何人都能智造（几乎）万物。这次革命可能会比前两次的意义更重大，因为它正利用比特王国的可编程性来塑造原子世界。

数字计算机的标志性应用是个人电脑，尽管一度被忽视，但个人电脑最终还是颠覆了整个计算机行业。同样，数字制造的标志性应用是个人制造，它能使消费者摇身一变成为创造者，就地满足个性化需求，而无须远程购买规模生产的产品。

数字制造这一概念已经有几十年的历史了，最初是指利用数控机床进行制造。事实上，它的内涵更加深刻，如同我们将在后面几章看到的，它既是全新的思想，也可以追溯到远古的概念：数字化不单是指对一个物品的描述，还包括对其进行实际构建。这与前两次数字革命有异曲同工之妙。我们认识或使用一项技术，无须等到它完全成熟。从数字制造的技术扩散及其正在产生的影响（本章的主题）来看，从三次数字革命的历史沿革来看（第 3 章），从未来的研究路线图来看（第 5 章），第三次数字革命都有迹可循。这些章节综述了理解第三次数字革命所需的科技知识，以及形成这次革命的背景。

三次数字革命的指数级发展洪流都始于最初的一缕涓流，今天，第三次数字革命正方兴未艾（如果你关注它的话）。本章讨论的是当前的形势，介绍雪莉·拉斯特的初创发现（我们称之为“拉斯定律”），即“数制”工坊的数量每一年半翻一番。本章还将解释何为“数制”工坊、如何使用它、它的应用和含义，以及它是如何组建的。

环视当下对展望未来至关重要，因为拉斯定律这一意义非凡的概念持续发酵，如同摩尔定律一样，不仅改变了技术的内容，还将改变技术的操作者。我们将在这一章中读到先行者们利用“数制”工坊完成一系列优秀作品、塑造物品物理形态、编程物品功能的故事。今天，完成这些任务需要“数制”工坊的工具，以及支撑工坊运转的供应链。假以时日，将有更多人能够用上同样的设施，而随着技术进步，工坊运营成本将会降低，数字制造的功效将会提升。这些内容会在后面几章中做介绍。

制造：可编程的原子世界

Fab lab[①] 是“数制”工坊的简称（也可以是神奇实验室的简称），是

① Fab lab 即微观装配实验室（Fabrication Laboratory），是美国麻省理工学院比特和原子研究中心建立的一个新型实验室项目，这个实验室就像一个“几乎可以制造任何产品和工具”的小型工厂。该中心主任格申斐尔德教授认为，迄今为止，数字革命的发展已经经历了两个重要的阶段，分别是通信和计算。以移动技术为代表的普适计算通过上述两个阶段的发展，已经形成无所不在的个人通信网络及个人计算系统。目前，人类正处于第三次数字革命的前夕，在这次以“个人制造”为核心的革命中，相关的材料技术和信息技术已经露出苗头。从某种意义上说，fab lab 正是这即将到来的革命大潮前跃起的浪花。——译者注

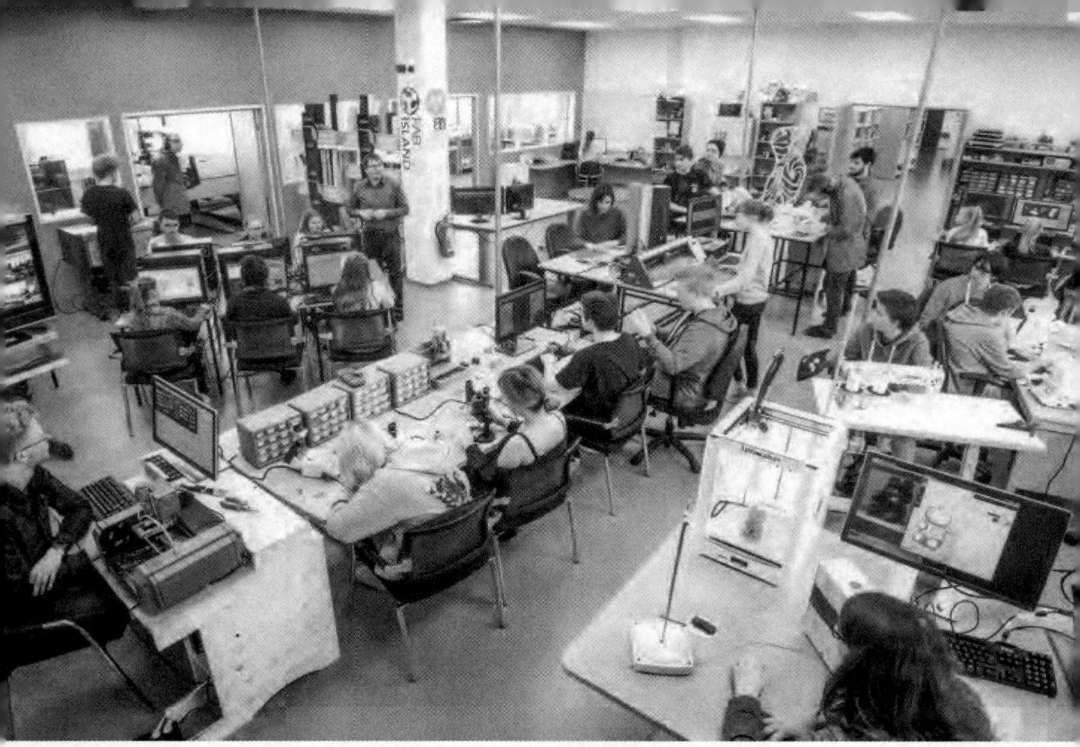

图 1-1　冰岛韦斯特曼纳群岛的一个“数制”工坊。弗罗斯提·吉斯拉森 / 塞瑟尔·维都摄

麻省理工学院比特和原子中心（CBA）的一个外延项目，我是这个中心的主任。成立比特和原子中心的目的是研究计算机科学与物理学之间的边界，这是个令我百思莫解的问题。计算的目的和用途是表达物理。比特和原子中心的研究人员参与了一些项目，比如首次使用计算机创建微观量子系统，利用其奇特的手段解决重大问题，其速度快于计算机的传统方式。另一个比特和原子中心小组致力于用计算机设计、初创一些生物有机体。这些工作没有硬件和软件之分，它们是紧密集成在一起的。该研究得出的最重要的结论，是认识到数字通信和计算与制造之间存在一个基本交汇点，这一概念将在后面几章中展开。

创建比特和原子中心的最初资金来自美国国家科学基金会（NSF），旨在支持我们的宏伟计划，集成一套设施用以构建并测量小到分子、大到建筑的东西。比特和原子中心的设施包括价值百万美元的研究仪器，如电子显微镜和X射线扫描仪。中心内部设有一个工作室，配置有价值数十万美元的制造工具，就像用来开发实验装置的加工中心。工作室内还配有价值上万美元的快速原型工具，比如激光切割机，用来制造项目的零部件。再就是那些用于执行工序的1 000美元左右的工具，比如模塑组件。理解“数制”工坊的关键是它处于这些嵌套的层级的中间位置，已经具备制造几乎任何东西的核心能力。

最初，“数制”工坊是一项试验，目的是看看如果广泛向外部提供比特和原子中心的内部工具会产生什么样的结果。它们的出现，实话实说，更像是为了完成一个官僚主义的指令，而非基于推动变革的愿景。2001年比特和原子中心成立之时，美国政府刚刚实施一项名为《政府绩效与结果法案》的规章，要求机构根据绩效目标来衡量工作进展，并将其在更广范围的影响记录下来。美国国家科学基金会积极响应，要求比特和原子中心等被资助机构展示其工作的广泛影响。我和我的同事当时对此毫无头绪，却碰巧遇上了印度农村的一个意外事件。

2002年我去印度出差，遇到了卡尔波，他当时在印度联合利华从事研究工作。那时他已经到了印度传统上即将退休的年纪，然而，作为一名科学家，他却选择开设一所学校（“科学学堂”，Vigyan Ashram）来教授辍学儿童科学技能。他有意把学校设在最贫苦、最干旱的地方——帕巴村，它位于马哈拉施特拉邦西部。我见到他时，他列出一个长长的清单，清单中列的都是他以前接触过、当地需要但是在帕巴村十分短缺的工具。于是，我们放弃了投资专用实验室昂贵设备的打算，与他合作装备实验室，以满足农业测量等目的。这可以称之为“数制”工坊的雏形，蛋生的第一只鸡（或者鸡生的第一颗蛋）。波士顿的第一所全装备“数制”工坊就是受其启发设立起来的，它本身也于2005年发展成一所装备齐全的“数制”工坊。尽管卡尔波在2003年去世了，但这个实验室在其继任者约各什·库尔卡尼的带领下仍继续发扬光大，教授课程，进行创业孵化，回馈社区。

为了响应美国国家科学基金会关于体现广泛影响的要求，我们计划在帕巴村的实验基础上实施一个外延项目。干劲十足的项目经理们一致同意，“数制”工坊的概念就这么诞生了。其内容基于麻省理工学院比特和原子中心管理思路下的市场研究，包含最实用的核心工具套件。这个套件重约 2 吨，可以填满一个房间，目前其价值已经增加到了 10 万美元左右。一个“数制”工坊包括一台 3D 打印机，这种设备现在已在媒体上有广泛报道了，但它只是实验室数控设备的一种。在第 5 章，我们会接触其他设备，包括速度远快于 3D 打印机的激光切割机，一台可用来制造家具的大型铣床，一台可用于制造电子集成电路板和零部件铸模的小型精密铣床，组装和编程电子元器件的工具，用于物品数字化的扫描仪，用于设计与造型的计算机。

20 世纪 50 年代，微波炉问世，它是那个时代厨房自动化的标志。当然，人们在用微波炉的同时，也可以使用炉子、烤箱或者面包机。所有这些工具都可用于加热食品，但每一种工具都有一系列不同的烹饪方法。今天“数制”工坊的工作，类似于厨房烹调。想象一下，3D 打印机就如同“数制”工坊里的微波炉。你可以只用微波炉，但也会因此错过其他设备的功能。就像烹饪中有一套基本流程一样，数字制造也有一套基本流程。

可以把“数制”工坊形象地想象成一台机器：输入数据，输出物品；输入物品，输出数据。随着时间的推移，能够改变的不是我们能做什么，而是我们需要做什么。今天，“数制”工坊使用可在当地采购的大宗商品（比如木料或纸板），以及一系列小型高科技消费品（比如精密轴承和计算机芯片），就可以开始新的创造。尽管有的高技术材料目前尚不能在“数制”工坊中进行生产，但在未来也能实现。随着越来越多的供应链被越来越少的输入所代替，“数制”工坊的能力会持续提升。

我们计划设立第一批“数制”工坊时，时任麻省理工学院建筑系主任、深谋远虑的比尔·米歇尔，建议我与波士顿的梅尔·金先谈一谈。梅尔是一位社区活动家，通过摸索帮助波士顿闯出了一条城市综合开发的路子。他领导了一个名为“城市帐篷营地”的运动，迫使开发商在一个计划建造的停车场项目中增加了廉价房和社区空间。梅尔在该项目中的一个综合体上建造了南端技术中心（SETC），一时之间成为电子媒体的宠儿，而当时主流媒体鲜有关于城市内部的报道。之后，为了应对成为互联网信息孤岛的危险，南端技术中心对计算机网络接入模式进行了创新。因此，沿着数字通信、计算再到制造这一自然路径，2003 年波士顿开设了“数制”工坊。诚如梅尔所言，“除非火车自身发生戏剧性变化，否则火车后轮是永远追不上前轮的”，意思是上面提及的每一次干预都是一个颠覆性事件，改变了技术在社会中所扮演的角色。

在南端技术中心设立“数制”工坊，我们只着眼于此，并无他想。它建成后，我们原以为可以就此回归研究工作了。但是一个强大的加纳社区在发现梅尔的“数制”工坊后，于 2004 年在加纳海岸的赛康第–塔科拉迪合作创建了另一个“数制”工坊。一而二，二而四，10 年间“数制”工坊的数量每一年半就翻一番：每次我们建立一所“数制”工坊，就有人提出需要再建一所。雪莉·拉斯特是第一个注意到这一指数级增长趋势的人。她负责管理比特和原子中心的“数制”工坊项目，领导着一个从比特和原子中心剥离出来的智造基金会来支持项目的发展。拉斯特来比特和原子中心时，其身份是一名电视科学节目制作人。她崇尚科学发现，而这也是她自负责“数制”工坊网络项目以来孜孜以求的方向。

2005 年，我在最初一批“数制”工坊设立之后，写了《智造》（*Fab*）一书。那一年，一家名为《爱上制作》的新杂志找到我并首次采访了我，这个杂志是由戴尔·多尔蒂创办的。他把那些用“数制”工坊的工具将计算与制造联系起来的社区爱好者命名为“创客”。2006年，他在加利福尼亚的圣马特奥发起了一个活动，名为“创客嘉年华”，现已成为当地最大的创客集会，虽然最初只寥寥数人，但2015年时已吸引145 000人与会。

同样也是在2006年，吉姆·牛顿创建技术工坊，以分享大多数人可望而不可即的数字制造工具。其店面以付费会员的方式运营。发展到2016年，他共开了10家分店。还有一些为同类爱好者提供聚会场地的非正式创客空间和骇客空间，这种空间由于提供的服务不同而形态各异，目前已有数千家。

次年，也就是2007年，比特和原子中心推出了一个移动“数制”工坊，目的是把工具带给人们，而非让人们来找工具。值得纪念的是，托马斯·迪兹、埃米·孙、张永安（后面还会提到）驾驶着工坊车参加内华达黑岩沙漠的“烧人”狂欢节，在湖床上展示了快速原型制作。移动工坊后来在网络中孕育出另一个网络：全国各地工坊漫游网。

所有这些“数制”工坊都是第三次数字革命早期形态的展现。在这一快速增长的生态系统中，“数制”工坊的两个特征格外引人注目。一个是所有的“数制”工坊配备的核心套件都是标准化的，而且同步升级，使不同工坊的人和项目都可以共享，避免了工坊间的差异性。计算机网络先驱鲍勃·梅特卡夫发现了著名的“梅特卡夫定律”：计算机联网的价值与网络中计算机数量的平方成正比。他之所以认为这是指数级的影响，是因为它反映了人与人交互的可能性。有些创客空间采用会员模式，会员仿佛加入了一个健身房。健身房向个人提供训练用的设备，而如果某人在其他地方训练，健身房就不产生直接的利益。但是，联网或使用“数制”工坊的价值，会在其他计算机或其他人加入网络或“数制”工坊时得以提高。在“数制”工坊网络中，人与项目是流动的，内容得以分享，人们可以合作完成自己单独无法完成的任务。

“数制”工坊的另一个显著特点，是其内容可根据第5章提到的数字制造研究路线图进化升级。一开始，它们是一张仔细编制的普通机器、材料、零件和项目清单，现在发展到由“数制”工坊开发的硬件和软件的开放式设计，目标是由一个“数制”工坊创制另一个“数制”工坊。尽管“数制”工坊中各种设备的成本随着时间推移有所下降，有关工坊可制造物品的雄心壮志却在同幅度增长。因此，从社区资源的角度来衡量，总体上的规模保持基本稳定。

这些特点结合在一起，使“数制”工坊形成一个网络发挥作用。单独来看，每一个工坊可能并不起眼，但所有工坊合在一起就积微成著了。没人强迫你建立“数制”工坊，但是很多网站持续加入这个网络，是因为它们可以从一个更大的网络中获益。

最令我诧异的是世界各地“数制”工坊的用途的相似性，而非差异性。梅尔·金是一位来自波士顿的社区活动家，当我们带他去挪威北部会见有萨米人血统的牧人哈肯·卡尔森时，梅尔也注意到了这一点。在哈肯的工坊逗留数日后，梅尔评价：“就跟在家一样。”他可能只在北极圈里盘桓了几个小时，但在那里他体会到的希望与恐惧跟他在波士顿城市工坊里如出一辙。

多样性是各地“数制”工坊的另一个共通之处。参与者从黄口孺子到皓首苍颜，跨越各个年龄段，其应用还涵盖教育、娱乐和商业等多种方向。在这种多样性中，工坊扮演着类似于图书馆的角色。安德鲁·卡内基于上一个世纪之交（1900年）投资设立城市图书馆，他功成身退时，已有大约250个此类图书馆遍布全美。该图书馆的总体使命是普及文化，增加获取知识的途径。然而在完成这一使命的过程中，他们努力使其普惠于托儿所、学校、研究机构，乃至所有公民。当时图书馆还是个新生事物，而今它已经成为一个文明社区的标配。“数制”工坊也具备同样的使命，但是它们所瞄准的是一种新型的文化普及：从比特到原子的转化。

教育：从 DIY 到 DIT

在比特和原子中心建立数字制造研究设施之初，我们曾面临一个问题：由于这些工具传统上是按照学科与操作量级来分类的，麻省理工学院的学生终其一生也无法掌握所有工具的用途。于是我走了个捷径，在 2001 年开设一门新课程：如何智造（几乎）万物。这门课主要面向从事数字制造研究的少数学生，不过自开设以来，每年都有数百名学生来听课，他们就是想要学习如何进行创制。

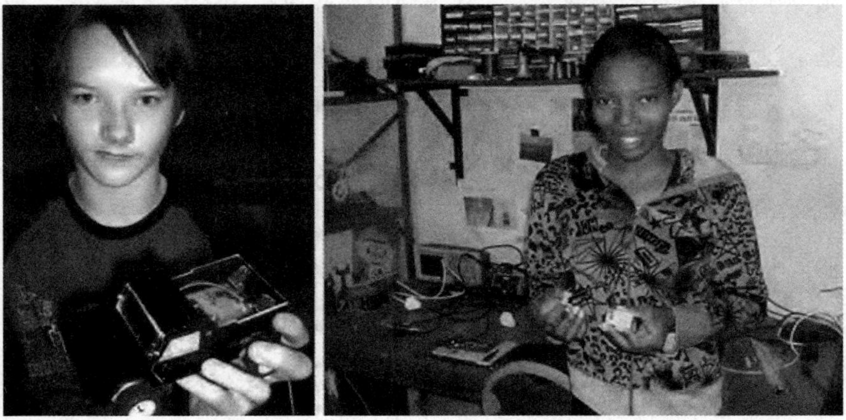

图1-2 汉斯－克里斯蒂安·布鲁沃尔德（左）与策皮色·莫娜蘅在“数制”工坊中工作。尼尔·格申斐尔德摄

除了掌握单项技术外，他们还将技术集成起来做项目。其中一位明星学员名叫凯丽·多布森，后来成为罗得岛设计学院数字与媒体系的系主任。她制作了一个用于收集尖叫声的可穿戴装置，这个装置还能在之后方便或有需要时对收集到的尖叫声进行回放。几年后，后来成为麻省

理工学院建筑系系主任的尹美真，制作了一条装满传感器和刺针的裙子，以捍卫着装者的个人空间。此类发明项目年复一年不断涌现，我意识到参与这个课程的学生正在回答一个我未能提出的问题：数字制造的好处究竟在哪儿？当我叩问数字制造的途径而非缘由时，他们则以行动回答，如同数字计算的杀手级应用是个人电脑一样，数字制造的杀手级应用是个人制造。重点不是制造市面上可以购置的东西，而是制造市场小到只有一个人的个性化商品。

比特和原子中心的研究工具面临的培训难题，被“如何智造（几乎）万物”课程所化解。同样，“数制”工坊的普及也面临着全球性的培训难题。如果聪明的孩子在“数制”工坊中所学的技能大大超出了当地的教学范围，他们就可能会愤而出走。汉斯－克里斯蒂安·布鲁沃尔德生活在遥远的挪威北部，从当地的林赛德教学体系标准来看，他是个问题学生。因为他已经掌握了老师教授的所有内容，所以上课很不专心。后来他尝试去哈肯的“数制”工坊，我在那里见到他，并把“如何智造（几乎）万物”课程中的一些项目演示给他看。当我再次回到哈肯的“数制”工坊时，震惊地发现他已经用所学技术创制了一个玩具机器人卡车，从设计车身，到组合舵机和控制器，他还给玩具卡车增加了一个挡风玻璃显示器。与此同时，我们在南非一个曾处于种族隔离时代的索山谷小镇也开设了“数制”工坊，并惊喜地发现当地一个名叫策皮色·莫娜蘅的姑娘已经通过工坊的设施与我在麻省理工学院的授课内容实现了远程同步，这令我惊讶不已。

对汉斯－克里斯蒂安和策皮色这些人来讲，人们通常会说他们“才华横溢，当志存高远”。为了获取更高深的学问，这些出色的学生只能远走他乡去求学。不过，这种迁移却使最有价值的人远离了最需要他们的地方。我们试图与各地的学校合作以弥补这一遗憾，却总是发现比缺乏技术技能更大的局限在于，学校严格管制的教育方式会遏制学生的创造力。因此，我们启动了如今称作“智造学院”的项目。

这个项目一开始是个联网视频，当时我创建它是为了方便各地的“数制”工坊远程旁听麻省理工学院“如何智造（几乎）万物”这门课程。后来，加入听课的“数制”工坊比课堂上的学生还多，我们就把远程教学部分拆分出来，作为一个独立的课程设置。课程的当地导师由曾经参加过远程学习的那些人来担任，其作用就十分重要了。只要新生决定加入当地的“数制”工坊工作组，就要与导师、同学和机器为伍。于是，我们把全球各地的人用联网视频聚到一起，进行互动讲座，分享合作内容。

可以把麻省理工学院想象成一个大型计算机，你在其中做数据处理。当人数有限时，它还运行良好。也可以把大型开放式在线课程（MOOCs）视作分时时代的计算机，用户分坐于中央主机不同的终端前进行工作。而我们无心插柳创建起的智造学院模式则更像互联网，联结学习网络的众多节点，其中的边缘节点比中心发展得更快。

一开始我直接指导所有学生。后来随着模式的发展，我只督导各地导师，由他们来指导学生。当模式进一步深入发展后，我就只管理那些超级节点的负责人，由他们督导区域内的工坊，再由工坊的导师来指导学生。这样，这一模式又与互联网模式不谋而合，沿着一个树状路径来传递信息，有树干、树枝和树叶。与互联网一样，任何节点之间都可以交互，每周智造学院的例会本质上就是一个大型视频会议，实现了人与人之间的视听交互功能。会议内容包括对过去一周成败得失的热议，并对下周要推出的新材料进行互动介绍。整个会议的技术支撑都是由卢恰纳·阿辛纳利领导的分布式工作组来完成的，而非中心办公室。

这一架构在维护质量控制的关系网中，实现了直接的可追溯性。但是我们需要用某种方式把它记录下来，于是我就去找了 EDUCAUSE（一个高等教育的信息技术专业组织），“.edu”（教育）的域名就是由这个组织管理的。申请“.edu”域名的机构需要该组织对网站进行授权。接待我的几位授权人对我们的事业表示欣赏，却说如果给智造学院一个“.edu”域名就会违反他们的规定，因为获得其授权的机构必须要有可识别的实体场所，而他们无法识别网络。不过，授权人随后表达了善意：“就当作你们有场所吧。”他们的意思是我们的学生必须建立一个文件夹记录所学技能，然后他们再派人上门检查学生的学业并评估学院的价值。虽然智造学院没能取得全球的授权，但区域性的授权依然使智造学院桃李满园。从中我们也发现，就学生未来的深造、就业或投资资质而言，这个文件夹比陌生人的证明函更能说明问题。对授课内容的审查与评估历时 8 个月，不过对学生进步程度的评估是由其技能掌握程度而非听课时长来决定的，因为有些学生用了好几年才完成学业。学生的背景各不相同，包括在家里接受教育的神童、在校大学生、不上大学以制作为业的人、职业生涯中期的专业人士、职业生涯后期需要再培训的人、退休的业余爱好者。这种当地学习小组的全球联网，可以根据对导师的需求量来平衡“数制”工坊的分布。

缺乏良师，则易误入歧途。“创客”这个词其实具有正反两个方面的内涵，用来形容热情很高但信息却不太灵通的人。创客运动的一个主题是 Arduino[①]，一款售价20美元的小型电脑插件，用于在项目中构建智能装置，包括读取传感器、控制输出装置和网络通信装置。Arduino 原本是在一个计算机芯片家庭 AVRs 的基础上设计的，设计者是两个挪威学生。智造学院在引入 Arduino 以后，会先向学生展示如何用寥寥几美元的部件制造这

① Arduino 是一款便捷灵活、方便上手的开源电子原型平台。包含硬件（各种型号的 Arduino 板）和软件（Arduino IDE）。由一个欧洲开发团队于 2005 年冬季开发。——译者注

样一个电路板。之后，再教他们学习如何使用其他电脑芯片，有的电脑芯片只有一粒米大，有的电脑芯片则可以驱动桌面操作系统。创客运动的另一个主题是3D打印。智造学院不仅教学生如何使用3D打印机，还演示如何使用那些运行速度更快，产品尺寸更大、硬度更高、质地更好的数字制造工具。后来，学生们又学会了如何制造3D打印机。上述每个事例都为从学习简单技能过渡到掌握复杂技术提供了可参考的路径。

DIY① 只能使你在前人的基础上略有进步，而无法集前人之大成，DIT② 和DIWO③ 则是构建在群策群力基础上的活动。我们意外地发现，智造学院处于一个良性循环的核心。每个循环在"数制"工坊全网推广最佳实践案例，建立当地导师的核心队伍，向社会输送大批训练有素的学生，从而又对新的工坊与项目有所助益。

创建智造学院是为了教授数字制造技术。不过，我们之前并没有局限于这一内容来设计学院，其基础设施可以用于任何一种分布式学习，而非单纯的远程学习。早年我忽视了通信、计算、制造与学习之间的深刻联系。如果说数字通信使我们得以全球交互，数字计算使我们能够分享知识，那么数字制造的兴起则使我们可以交换思想甚至物品。利用"数制"工坊的核心工具套件，"随需而制"已经成为可能，可以有效地把校园搬到学生面前。

世界著名的遗传学家乔治·丘奇很关心那些无法到哈佛听他讲课的

---

① DIY是"Do It Yourself"的英文缩写。最初兴起于电脑的拼装，逐渐演绎成一种流行生活方式。简单来说，DIY就是自己动手制作，没有专业资质的限制，想做就做，每个人都可以DIY一份私人定制的、表达自我的"产品"来。——译者注

② DIT是"Do It Together"的缩写，也将应用到更多领域。DIT不同于DIY，它不是个体的行为，它强调的是团体合作以及共同努力。——译者注

③ DIWO是"Do It With Others"的缩写，与DIT相似，在信息化的时代，没有人能学会一切软件，因此也就需要合作，需要互相帮助以达到同一个目的，完成同一项任务。——译者注

学生。这一想法促使他利用“数制”工坊的网络增设了分布式的第二课堂，主题是“如何种植（几乎）万物”。数字制造与生物制造在两个层面联系密切。生物学家可以借用“数制”工坊制造生物实验室所需的工具；生物设备常常昂贵而笨重，“数制”工坊制造机器的技术同样被用来制造用于 DNA 扩增的热循环仪和为生物反应编程的液体处理机器人。从一个更深的层面来看，生物本身也可以用于制造。我们在第 3 章将会看到，生物反应的过程基本上是数字化的，我们正在逐渐学会如何对这些过程进行编程，从而实现“数制”工坊与生物实验室的功能交汇。

奥拉维尔·艾利亚松是世界知名的艺术家。与乔治一样，他想要扩大工作室的影响，使其受益于无法直接接受现场培训的学生。不过，他的兴趣不在于如何创制物品，而是为何创制。这促使他也开设了一门分布式课程——“为何智造（几乎）万物”，来探索制造流程的影响和冲击。

我的学生纳迪娅·皮克把这种不断发展的课程集合戏称为“（几乎）万物学术”。学术名称是个难题，只好先简称为“Academany”，目前由让–米歇尔·莫莱纳管理，法国格勒诺布尔“数制”工坊（Grenoble fab lab）就是由他启动的。每个课程都遵循同样的模式，有当地的工作组，也有全球联网的导师，可以由负责分享协作内容的世界级大神们开展交互式讲座。

与“数制”工坊在全球开枝散叶同步，我帮助麻省理工学院设计了一个新建筑。这项工程历时 10 年，耗资上亿美元，可容纳数百人。在这 10 年中，涌现了上千个“数制”工坊，每个“数制”工坊都拥有一个用户规模在百人以上的社区。这些数字反映的问题不言而喻：在上亿美元的建筑与上亿美元的“数制”工坊之间，投资哪个更加合理？

麻省理工学院当前的组织架构是建立在稀缺性这一假设基础上的。受实验室设备、图书馆藏书，以及教职员工的时间精力等资源所限，我们拒绝了大多数申请者，挤在剑桥[①]的一角，在那里，每平方英尺[②]都弥漫着对资源的竞争。有人顾虑某个学生有可能正在孤苦伶仃地坐在联网在线学习平台的电脑前，这是个伪命题。智造学院已经反复证明，学生要成功就需要置身于某种学习环境中。现实的选择是分布式教育而非远程教育，就像智造学院所做的那样。随之而来的问题就是，对于麻省理工学院这种地方而言，有多少内容是可以进行分布式教学的？又有多少内容需要在校园内集中教学？

我看应当是平分秋色。我们每开设一个“数制”工坊，都能遇到极具创造性的人才，他们和麻省理工学院那些与我共事的人同样出色。这种人遍布全球，之所以频繁现身于“数制”工坊，是因为他们在其他地方找不到知己、导师和工具。麻省理工学院的校园里大概有半数的教学活动可以用“数制”工坊的形式来代替。另一半情况有所不同，它们需要昂贵的工具，比如用来编写分子级别汇编程序的纳米装置。使用这些昂贵的工具需要极为专业的技能与知识，因此将其教学研究活动集中在一地进行是有道理的。这两种空间形式并不矛盾，我们可以将其视作一棵树的枝叶，其中有万元级别的创客空间、10万元级别的“数制”工坊、百万元级别的超级“数制”工坊，也有千万元级别的研究实验室。要想利用地球上的智慧，不仅要种植树木，还要让它枝繁叶茂。

西摩·派帕特是教育信息化之父，曾在瑞士师从于著名儿童心理学家让·皮亚杰。皮亚杰坚持认为研究儿童的学习方式应当像科学家一样进行实验、检验理论。后来，西摩在麻省理工学院搞到几台早期的实时数字电脑，希望能拓展儿童可及的实验范围。这个想法在当时有些不切实际——那些电脑既昂贵又庞大，而且很难使用。为了提供一个更加友

① 此处的剑桥是指美国马萨诸塞州波士顿都市区的剑桥市，麻省理工学院所在地。——译者注

② 1英尺≈0.3048米，1平方英尺≈0.0929平方米。——编者注

好的界面，西摩开发了一款机器人“海龟”联结到电脑上，还开发了一种计算机语言（Logo）以方便儿童指挥海龟行动。

与西摩共事的人中有一位名叫艾伦·凯，他在此基础上开创了现代计算机图像用户界面的范例，并开发出笔记本电脑。这些设计最初并不是为商业主管们准备资产负债表，而是为了方便儿童进行探索。西摩的另一位研究伙伴米奇·雷斯尼克则开发出乐高的头脑风暴套件（是以西摩的一本书名来命名的），使电脑融入可编程的乐高积木游戏。米奇还领衔创造了供孩子们编程使用的 Scratch 软件[①]，风靡全球。

随着“数制”工坊数量的快速增长，智造学院不断发展，西摩来找我商量合作。那时我觉得“数制”工坊纯粹就是个历史性偶然事件，但他却十分有信心地说，孩子们可以对“海龟”的行动进行编程，却不能制造出“海龟”，这对他来说如芒在背。这是他始终追求的目标。从这个角度看，“数制”工坊提供的教育直接延续了他数十年以来奋斗的事业。这绝非偶然，从在麻省理工学院玩中央计算机，到去商店花钱玩电脑驱动的游戏，再到去“数制”工坊玩创制的电脑，这其中是有自然发展规律的。

应用：漫长供应链的定制化可能

一旦你获取了“数制”工坊的工具，并掌握了其使用技巧，就有可能在当地制造出各种各样处于漫长供应链末端的物品。“数制”工坊不但具备使用当地技能并创造当地就业的好处，还使按需生产与本地需求定

① Scratch 软件是一款由麻省理工学院设计开发的少儿编程工具。其特点是使用者可以不认识英文单词，也可以不会使用键盘，因为构成程序的命令和参数通过积木形状的模块来实现。——译者注

制化成为可能。下面就介绍几个“数制”工坊运作的例子，意在说明问题，但并不十分详尽（同时也避免枯燥乏味）。

脱胎换骨的手艺

库克湾部落理事会（CITC）是阿拉斯加库克湾地区一个非营利性的部落服务机构。它所服务的阿拉斯加当地社区具有深厚的文化传统，但也面临着高失业率、高酗酒率、高自杀率等严重问题。库克湾部落理事会管理着一个2013年建成的“数制”工坊，致力于将文化与技术融合起来，以服务下一代，以淡化他们成长中的本土色彩，使他们生活于全新的数字化设备环境中。根据白宫2014年本土青年报告，当地高中学生的毕业率在全美所有族群学校中是最低的。

图1-3　分别来自美国阿拉斯加州、墨西哥、美国缅因州和日本的“数制”工坊工艺品（从左上角起按顺时针顺序，每两幅图出自一个地方）。本杰明·亨特－弗朗西斯二世、冈萨洛·佩雷斯·拉米雷斯、安德丽娅·德佐、田中裕也摄

本杰明·亨特–弗朗西斯二世是一个16岁的少年，他从阿拉斯加一个

只有 349 人的马绍尔村搬到安克雷奇，也处于无法从高中毕业的危险边缘。在学校里他的学业远远落后，与当地出生长大的孩子文化意识迥然不同。他成为“数制”工坊的常客，利用工坊设施提升课业，还做自己的项目。其中一个项目是制作一款传统样式的木制雪橇，但他利用数控设备制成，还雕刻上代表自己社区的图案。在另一个项目中，他利用激光切割机完成了镶嵌作品，传统上这类作品是手工刻制的，费时费力。他由此赶上了学业进度，也喜欢上了学校，而且觉得“数制”工坊能帮助他继承先辈遗志，弘扬传统文化。

草垛山工艺学院是美国艺术类院校的最高学府之一。玻璃吹制、铁艺、陶艺、版画等很多领域的艺术大师都归隐到这个位于缅因州海岸的工作室群落，锤炼并教授他们的技艺。2009 年，时任院长斯图 · 凯斯腾鲍姆提出了一个引进数字化制造工具的试验计划，于是我们在那里设立了一个临时的“数制”工坊。当时的场面有点儿像 1965 年鲍勃 · 迪伦[①]带着一只电吉他现身新港民歌节，成为一个被观察家描述为“一半被电击，一半被电死”的事件。半数艺术家对技术入侵传统艺术殿堂感到惊恐不已；而另外一半则震惊于前一半没能认识到其所有艺术实践原本就是以当时的新技术为基础的，而这次只不过是另一次技术进步而已。

如此之多的艺术家在“数制”工坊经历了脱胎换骨的改变，于是这个工坊在 2011 年改为固定设施，唯一的矛盾就是激光切割机多得令人应接不暇。不过，“数制”工坊不仅被视作一种工艺形式，还被广泛应用于各种工艺加工。它并不是对艺术家技艺的替代，而是一种对技艺的发展。艺术家们一般都利用传统媒介进行设计，然后利用“数制”工坊的

① 鲍勃 · 迪伦，1941 年 5 月 24 日出生于美国明尼苏达州，美国摇滚、民谣艺术家，美国艺术文学院荣誉成员，2016 年获得诺贝尔文学奖，成为第一位获得该奖项的作曲家。——译者注

工具以手工制作难以企及的方式完成作品。

安德丽娅·德佐是一位视觉艺术的访问学者，擅长制作美轮美奂、精巧复杂的剪纸和印花。她先画一个草图，随后就是旷日持久、劳心费力的剪切过程。而在“数制”工坊，她只要把草图扫描进电脑，就可以迅速完成作品，所呈现的成品与手工制作的相比既大又精致。对她来说最有趣的莫过于与机器的协同作业，常常产生出乎意料的效果，有时甚至比她设想的还要好。比如，在剪切一个设计图案时，当刀具运行轨迹不经意间超出走刀步长的设定值时，她发现，剩下的材料在图案周边形成了令人回味的能量场。

墨西哥北部安纳华克大学于 2012 年开设了墨西哥第一家“数制”工坊。这个工坊非常注重社会效益，助力那些被边缘化了的墨西哥妇女制造当地工艺品。其中一个项目与一位单身母亲和她的 6 个女儿以及她们的表亲——阿雷奥拉家族有关。尽管他们没什么工作，但是阿雷奥拉家族会制造手工巧克力。不过巧克力外观粗糙，限制了他们的销售。他们借助“数制”工坊制造巧克力模具，定制个性化礼品包装，结果产品质量大大提高，显著提升了销量，还省时省力。

镰仓“数制”工坊，由田中裕也和渡边洋香于 2011 年创建，占用的是一个有 150 年历史的木结构库房，那里曾是个清酒酿造厂。这个工坊致力于把日本传统工艺与现代化工具结合起来。有一个项目是把日本漆器套在 3D 打印产品外面，形成一个外观漂亮、坚韧、光滑的成品。另一个项目是关于这个建筑本身。针对“数制”工坊过度使用简单凸舌结构的情况，工坊的一名学生金崎健二总结了日本传统木工中的 54 种榫卯结构，极大丰富了木质结构的连接方式。他把这些成果编成了一套可用“数制”工坊工具制成的参考设计文件，把日本传统榫卯与数字化制造实践紧密地结合了起来。

从贫民区到庇护所

戴维·雅姆尼特斯基是 2013 年来上“如何智造（几乎）万物”这门课的。我在课上最喜欢布置的一项作业是让学生们“造个大东西”。我是在教授学生使用大型工具时布置这个作业的，那是一台自动铣床，可以处理分发给学生们的一块 4 英尺 × 8 英尺的胶合板。雅姆尼特斯基的女朋友想要一张立式办公桌，但在市面上找不到合适的款式，因此他就利用这个作业为她定制了一张。为了造出桌子，他设计并裁制了一套组件——类似于那种可以从大卖场买到的平板组合家具。不过，和那些大宗生产的家具不同，这套组件的每个部件都是独特的。许多人在看到他的作品后，都提出了不同的样式需求。后来这成了一个创业项目，获得了好几轮融资。我有一个学生叫阿曼达·加西，她也找不到一款喜欢的立式课桌。与戴维的桌子不同，她需要的是在桌子下面设计出存储空间，以容纳工作所需用品。完成设计之后，她一个下午就分步制造并组装出了桌子。

2016 年，卢旺达开设了一个“数制”工坊。基加利的家具是在加金吉罗地区进行制售的，那是一个脏乱差的地方，人们用手工工具加工家具。一位名叫奎恩（雷内·伊曼尼施姆维）的年轻女士发现，她无须跑到家具市场，只要到“数制”工坊就能按自己的设计制造家具，就像戴维和阿曼达那样。她开始利用一块从厨房天花板回收来的木料进行加工，使“数制”工坊里里外外都是自己定制的家具。

欧哈德·梅雨思在 2012 年参加了智造学院的学习之后，就于 2013 年在特拉维夫南部的霍隆开设了一个“数制”工坊。霍隆是个贫民区，住着大量移民，犯罪率很高。“数制”工坊隔壁是个社区中心，对当地孩子来说，这是个安全的庇护所，却也是个荒芜的地方。2014 年，他利用“数制”工坊对社区中心进行彻底改造，孩子们设计了契合这个空间

图 1-4 “数制”工坊家具，来源于戴维（左上）、欧哈德（右上）、奎恩（下排中间和右下）和阿曼达（左下）。戴维·雅姆尼特斯基、欧哈德·梅雨思、格蕾丝·科普尔斯通、阿曼达·加西摄

的实用家具，然后在一个星期内就造出了所有东西。其结果是，他们不仅营造了一个令人骄傲的热闹场所，还激发了设计与创造的热情。

博物馆庭院里的拖车式活动房屋

收容所 2.0 项目是由两位木匠（罗伯特·布里奇斯和比尔·扬）启动的，他们俩也是数字化制造的先行者。这一背景促使比尔就职于 ShopBot——一款热门的大型铣床制造商，“数制”工坊也配备了这款铣床。受海地救灾工作中凸显的对收容所的需求启发，按需现场建造、个人需求定制的前景深深触动了他们。他们发明了一项开源设计，分享了设计文件，并向海地运送了一批平板式收容所的制作材料，当地难民很快就将收容所搭建了起来。这些收容所比周边的临时住所更牢固，而且每平方英尺的成本只有几美元。

拉里·萨斯从小在纽约哈林区长大，因酷爱建筑而就读于麻省理工学院，后来成为比特和原子中心的第一批教员。他致力于利用数字制造技术大规模定制住所，将少数人才能拥有的定制建筑推广至普通人。“卡特里娜”飓风灾害一年后，他发现新奥尔良的灾民仍然居住在联邦应急管理中心的拖车式活动房屋里。于是，他就去找当地的一些房主进行调研。后来，他为新奥尔良开发可利用数字制造技术制造的住房。这是一种联排结构，现在已经有人提议用美式住所设计来解决非洲和海地的住房问题，就在新奥尔良联排住房样板的基础上进行改装。他尝试利用激光切割工具设计模型，然后在比尔·扬的帮助下扩大规模，裁切符合实际尺寸的组件。这些组件只需要一个橡皮锤就可以进行组装了，首次安装后于2008年在纽约市现代艺术博物馆的庭院里展出。

比森特·瓜利亚尔特组建了西班牙加泰罗尼亚高级建筑研究院，这也是巴塞罗那首个“数制”工坊所在地，他后来成为该市的首席建筑师。托马斯·迪兹和丹尼·依班娜带领一个由来自25个国家的成员组成的团队，创建了一个“数制”工坊住所，并于2010年荣获欧洲太阳能十项全能竞赛的“人民选择”奖。其他几个参赛项目试图利用大型3D打印机打印房子，这个方法耗资巨大而成效有限，而他们这个团队却能裁切出可以现场组装的独特组件，组装出完整的太阳能住房，甚至包括房内的设施。

瓜利亚尔特的设计对太阳能转化利用设备以及通风装置进行了优化，使其成为建筑不可分割的一部分。这种建筑因其造型而被称作“花生住房”、“肉桂潜艇”、“森林飞艇”或“鲸鱼之腹”，有效实现了能源的供大于求。团队成员收到了不少复制这种建筑的订单，他们将其扩展为一个可调整的住房设计组合，广泛适用于从简装农舍到大型别墅的各类住所。

图1-5　数字制造住所（由上到下）：收容所 2.0 项目、新奥尔良数字制造住所、“数制”工坊住所。比尔·扬、拉里·萨斯、巴塞罗那“数制”工坊（加泰罗尼亚高级建筑研究院）摄

无人机

在“数制”工坊中创制的各类机器人中，最时髦的大概是那些能飞的东西——无人机。人们对无人机的爱好有的是消遣性的，有的则很专业。无人机的机械装置、推动器、驱动电子装置、控制系统和通信系统都可以在“数制”工坊制造出来。通过这些在“数制”工坊造出的组件，创客们可以定制一款无人机，其乐趣远远超过仅从目录中选出几个小装置来安装。单从技术而论，发动机也可以在“数制”工坊造出来，不过它是规模生产的商品，无须定制。

马特·诺里斯是位航空工程师，他在塔尔萨市创建了一所“数制”工坊。这里有个项目招募当地老师学习制造和操作无人机的技术。老师再把这种技术传授给学生，帮助他们培养全面掌握无人机技术的兴趣，而不是让他们只把无人机当作一个航空记录仪来使用。

在2014年进入巴塞罗那智造学院学习之前，奇拉格·兰霍力亚在印度攻读建筑学。他的毕业设计是开发一款无人机，并将其与一个可编程摄影支架集成起来，而这个支架又是阿尔多·索拉佐的毕业设计。后来，两人在毕业设计的基础上合作，建立了网络环境机器人组织（NERO）。他们不卖无人机，而是提供无人机收集的数据。该组织向巴塞罗那城市发展局提供NDVI（植被归一化指数）的测量数据，帮助该市进行绿化规划与管理。该组织还在哥斯达黎加编制农业地图，帮助该地治理虫害。这种方式比卫星图像成本低，而且更易于形成定制化服务。

丹尼尔·英格拉西亚首次造访托里诺的“数制”工坊时，还是意大利一家信息技术公司的研究员。此行使他大开眼界，于是他在2015年投身米兰的Opendot工坊参加智造学院的学习。他的毕业设计也是一台无人机，不过他的无人机集成了导航系统，可以避开障碍物，直接到达目的地。他沉迷于此不能自拔，辞去了原来的工作，后来被莱茵－瓦尔应用科学大学开设的智造经济网站（“数制”工坊的一个商业性平台）录用。他一边经营“数制”工坊，在智造学院担任导师，一边继续研究无人机。目前，他正在研发一系列不同尺寸的无人机，这些无人机都可以在“数制”工坊制成，其控制系统还集成了智能水平更高的装置。

图1-6 “数制”工坊无人机系列。丹尼尔·英格拉西亚摄

乔纳森·莱贾德长期担任《经济学人》杂志驻非洲的记者。他目前在洛桑联邦理工学院与英国建筑师洛德·诺曼·福斯特合作，在非洲建设“无人机港”项目。福斯特事务所已具备部分世界性大型机场的设计经验，而此类“无人机港”将是其中最小的一种。在非洲，只有1/3人口的住所在方圆两公里以内拥有全年可通行的道路。莱贾德和福斯特的目标不是在非洲大陆修路架桥，而是实现空中的互联互通。他们最初集中精力发展高价值货物的运输，这些货物包括医疗物资和水泵等关键设备的零部件。莱贾德与福斯特从卢旺达开始做起，这是一个地貌险恶却管理有序的国家。我在卢旺达推动当地首家“数制”工坊的建设时，莱贾德在一个非洲领导人的会议上找到了我，请求我将“数制”工坊建设在“无人机港”附近，以方便无人机的维护和修理。我解释说，他们其

实可以再深入一步，在“无人机港”制造无人机。这种无人机不是简单的悬停四轴飞行器，为了提高远程效率，需要制作固定翼的飞行器，利用三维塑形模具将纤维树脂复合材料堆积成高性能的结构。我的学生格雷斯·科普尔斯通回到卢旺达协助“数制”工坊筹备无人机制造流程的首次展演。这次展演促使卢旺达组成一个本地无人机开发小组。

迄今为止，最大的无人机是由我以前的学生雅艾尔·马圭尔研制的，她在 2016 年时担任脸书公司（Facebook）连通实验室主任。这种无人机航程远，飞行高度高，其翼展堪比大型客机，配备太阳能动力系统，提供全球范围的空中互联。现在，这款无人机需要吸引投资，建造大型客机所需的生产线以投入生产。不过，随着对大型复合体离散式组装研究的不断推进（详见第 5 章），此类无人机也会被纳入未来的“数制”工坊力所能及的范围。

羊只与驯鹿

2002 年，挪威电信公司派人找到我，商谈在奥斯陆合作一个智能家居项目。我解释说，此类项目如此泛滥，没什么人会感兴趣的。然后我问他，挪威电信公司能否另辟蹊径。来人经过一番尴尬的推诿，说公司正在与一个古怪的牧羊人合作，在挪威最北部的羊只与驯鹿身上安装手机。这位牧羊人就是哈肯·卡尔森，他想通过这种方法来追踪牧群。传统上，萨米人放牧都是游牧式的，人跟着动物跑。随着土地使用方式的转变，牧人越来越需要在某地定居，但他们还想保持远距离的联络。哈肯的项目促成了一次合作。我们设立了一个“数制”工坊，初期致力于制造天线和无线电设备，以在手机信号塔覆盖不到的地方建立无线通信网络。这个项目后来被南非茨瓦内的“数制”工坊复制，以延伸互联网的接入。南非电信运营商制度严苛，一些地方很难获取互联网通信能力。我的学生埃米·孙与基思·勃克本、斯玛丽·麦卡锡（现在是冰岛议会的海盗党议员）合作，把这个项目带入了阿富汗贾拉拉巴德“数制”工坊，那里根本就没有互联网的接入。贾拉拉巴德项目后来发展到包含了 45 个站点，两个站点间最长距离不超过 6 公里。这个项目被称为 FabFi。肯尼亚的“数制”工坊也借鉴了这个项目，部署了超过 50 个站点，实行商业化运营。与商务实体建设运营的通信基础设施不同，这个项目建立的是区域性社区无线网络设施。

图 1-7 “数制”工坊制作的数据网络与通信终端。埃米·孙、基思·勃克本、斯玛丽·麦卡锡、戴维·克拉诺、马克斯·洛博夫斯基摄

我们只需要花大约 100 美元在“数制”工坊组装一台单板机，再加上一个小屏幕和键盘，就可以制作一台简单的定制笔记本电脑，以连接这些网络。不过，如果只想获取互联网接入，还能更加简单。马克斯·洛博夫斯基和戴维·克拉诺（创建了 3D 打印机公司 Formlabs）在 2009 年参加了“如何智造（几乎）万物”课程之后，继续从事一项称为薄客户机（小型电脑）的项目。“薄客户机”是计算机领域的一个老套路，就是一台没有本地储存、把所有内容储存在远程服务器上的简易电脑。这种电脑的现代版本就是流行的谷歌网络笔记本，只能运行一个网络浏览器。洛博夫斯基和克拉诺设计了一种极简的薄客户机，这种电脑

在“数制”工坊中用价值几美元的部件就能组装出来。它可以在屏幕上产生影像，可以连接键盘，也可以实现互联网通信。这种电脑可以规模生产，不过由于它是本地制造的，每一台都可以采用不同规格，人们可以随意增加一个本地储存器，调整图像的分辨率，集成辅助技术，或者为了方便携带而增加一个无线通信装置。通过本地制造，制造者在参与本地投资的经济活动的同时，也获取了技能。

图 1-8 “数制”工坊制作的用于生产部件与食品的机械。纳迪娅·皮克、吉拉姆·泰西摄

用“数制”制造“数制”

一个“数制”工坊的技术性目标是制造另一个“数制”工坊。小型精密桌面铣床是如今“数制”工坊最常用的工具之一，也是我用得最多的工具。2011 年，在上了我定期教授的机械制造课程“如何制造用来智造（几乎）万物的工具”之后，纳迪娅·皮克和乔纳森·沃德开发出一款可在“数制”工坊制成的机械：MTM 咬合机（MTM 的意思是用于制造的机械）。她们用一台大型铣床切割高密度聚乙烯——一种高强度的、可回收

的塑料。整个机械不是用紧固件连接起来的，而是通过嵌入缓冲接头使部件相互咬合。驱动装置使用的是规模生产的定制电机，利用滚轴丝杠把机械安装起来。这台机器还能切割出自身使用的电机控制电路板。纳迪娅和乔纳森的设计思路，Handibot 和其他机械公司的商业产品都有借鉴，也对我们在第 5 章探讨个人制造路线图有很大的启发。

同样的技能在制造其他多种物品的机械中屡见不鲜，比如食品制造机械。食品生产并不需要分子生物学上的突破，只要对几千年前的配方进行简单的优化集成，就能取得进展。吉拉姆·泰西在瓦尔道拉（巴塞罗那市区外的山区里）的“数制”工坊工作，重点研究可持续化生产。他在 2016 年智造学院的项目中开发了一种养耕共生的系统。

养耕共生是基于鱼类养殖与植物水培之间的共生关系的一种新型复合耕作系统，利用鱼类产生的废物为作物施肥，同时利用作物为鱼类过滤水质。这种系统比单纯把种子播到田地里高效得多。利用养耕共生，人们可以精准地控制农业投入，在垂直方向上而非水平方向上拓展系统，使其在城市里得到广泛应用。不过系统要求人们为作物和鱼配备棚舍，在两者之间实现水的垂直循环，还要求人们在控制系统中配备传感器、加热器和光源。

整套养耕共生设备可以在市面上买到。不过，通过在“数制”工坊制作，泰西得以将其按照自己的意愿进行定制，并且节省了远程购置的开销。他的系统已经被开发为“水养拓展”项目，他与同事已在“数制”工坊种植了莴苣、芹菜、豆类、西蓝花、花椰菜、草莓、薄荷、罗勒（紫苏）和香菜。

启示：创制物品的红利

有人会问“数制”工坊能生产些什么，接着就会问谁会为这些东西买单。尽管这个问题的答案，通常都被认作进一步推广“数制”工坊的障碍，但其中也隐含了工坊可能形成经济冲击的重大机遇，而且机遇可能大于挑战。

比特和原子中心部署的首批“数制”工坊采用的是同样的财务模式，与安德鲁·卡内基运营其图书馆的模式如出一辙。我们捐赠设备、进行安装，当地提供空间与管理者，一方面可以扩大初始投资效用，另一方面有助于树立主人翁责任感。之后，“数制”工坊已经向多种投资主体开放，包括公共部门、私营企业、慈善机构、营利机构，不过它们通常都要负责工坊的运营成本。

图 1-9　在霍隆“数制”工坊合作社区。欧哈德·梅雨思摄

承担运营成本的一条明路显然是出售工坊制作的物品。对一个商业化产品而言，考虑到设计、生产、组装、运输、销售等所有环节的总开销，其售价通常是材料成本的 5 倍。如果这些环节都能在同一时间、本地的同一地点实现，其成本就可以大幅削减。由于存在削减成本和定制

化的可能，我们试着把成功企业家与“数制”工坊投资者撮合起来，围绕造出的原型进行商业运作。这些努力一直都很失败。企业家觉得投资者不听话，而投资者觉得企业家不靠谱。让“数制”工坊倾尽所有来支撑一个企业也不现实，虽然有些工坊的确找到了途径将其设计进行规模化生产，但这违背了“数制”工坊使经济活动回归个人的初衷。

问题在于这种方式是在重蹈上一场战争的覆辙。想想谷歌是怎样耗时多年才得以确立今天的模式的。答案是放弃搜索引擎，出售搜索红利（通过定向广告）。同样，“数制”工坊运营模式最值得玩味的地方恰恰是不出售创制的物品，出售创制物品的红利。比如，布莱尔·埃文斯在底特律的工坊从事挽救危机青少年（包括早孕青少年和服刑中的少年犯）的工作。他的很大一部分资金，都是通过证明将这些孩子吸引到“数制”工坊的投资比花费在当前社会服务的其他开销的实际效果更好而得来的。他的产品使人重生。

创建这些模式，创新思维与技术支撑同样重要。不过，这些都无法在商学院的传统课程中进行讲授。成功的“数制”工坊已经能综合利用社区开放时间、会员限定时间、授课、辅助创业和基础设施建设等渠道来融资。这一融资方式已经成为“数制”工坊的特色，而非缺陷，因为单独依赖任何一条融资渠道，都会限制工坊的发展，而将它们综合起来却可以提高效率。将单个工坊融入一个更大的网络，形成网络效应，是这些融资模式的共同驱动力。单个工坊并不具备提供所有活动的能力。

“数制”工坊的融资模式可以分为营利性和非营利性两种，但是更为宏观的核心思路是一种可以称为“后营利”的模式。全球化与自动化导致的失业以及经济竞争对底层人民产生的危害，使社会变革与政治变革在世界范围内赢得广泛支持。而围绕各种财政模式与社会模式进行的辩论，所隐含的假设条件是人们对工作性质的理解。对很多人来说，这意味着迫于无奈背井离乡去打工，使用陌生人的设计，为陌生人生产产品，或者赚钱养家糊口、改善生活。我们怎能置之不理，只为自己制造呢？

现实中的经济因素建立在隐含的技术性假设之上，这是有史为鉴的。长久以来，石油峰值作为石油产量下降的预期时点，被视为一次迫在眉睫的危机。不过，令人意想不到的是，由于可再生能源越来越经济而非由于石油资源的稀缺，石油峰值的来临貌似快于预期。那么，如果我们现在面临一次财富峰值，国家满足人民群众需求的能力不再由其经济产出来衡量，又会怎样呢？

比森特·瓜利亚尔特依托加泰罗尼亚高级建筑研究院创建了巴塞罗那首家“数制”工坊。凭借消费者将成为创造者这一愿景，他于2011年被任命为该市的首席建筑师。当时巴塞罗那的经济形势异常严峻，青年人的失业率超过50%——整整一代人工作就业、独立生活的希望都很渺茫。即便如此，货轮依然不断靠港输入外来商品，垃圾车依然满载废品驶往垃圾场。瓜利亚尔特说，眼前的这座城市就是一个把商品变为垃圾的地方。他的目标是实现比特的自由传输，让原子留在城市里，他希望这座城市能够实现从输入商品输出垃圾，向输入数据输出数据的转变。为了实现这一目标，巴塞罗那在市内建设了多个“数制”工坊，将其视作城市基建的一部分，把向市民提供制造途径放到与净水和电力供应同等重要的位置。对于这一政策，人们的想法并不统一。在城郊一个贫困的移民区奎塔墨里迪纳，人们发起了一次抗议。抗议者占领了拟修建“数制”工坊的地点，要求在那儿建一个食品供应站。后来这一分歧得到了解决，抗议者逐渐认识到他们可以利用社区的“数制”工坊生产食物，为孩子们制造玩具而无须再去购买，自主创业而不用到处找工作。

2014 年，巴塞罗那主办了“数制”工坊网络的第 10 次聚会（FAB 10）。在那次活动中，时任市长哈维尔·特里亚斯按下了该市“40 年自给自足”的倒计时按钮。他们按照数字制造研究路线图的路径出发，从全市第一个“数制”工坊开始，发展到 10 个区各有一个，并持续努力，直到实现全面自给自足。这一目标可能会被视作向古代城邦的回归，但这并非出自加泰罗尼亚分离主义，而是因为无论马德里还是布鲁塞尔都对解决巴塞罗那的问题无能为力，巴塞罗那人民只能自力更生，寻求解决方案。当下情况与古代城邦不同的是，人们不是在寻求独立，而是在追求融入全球网络，成为其中的一部分。

2013 年，美国众议员比尔·福斯特首次向国会递交了立法提案，内容与巴塞罗那的计划相似，但这是国家层面的立法。福斯特背景不俗，先开创了一家生产计算机控制舞台照明设备的企业，又作为一名物理学家领衔设计了费米实验室大型粒子加速器的主要部件，之后成为国会中屈指可数的科学家。他提出的美国《国家“数制”工坊网络法案》（*National Fab Lab Network Act*）不是一个拨款案，而是一个从国家利益出发建设“数制”工坊全国性网络的章程。美国国家“数制”工坊计划不是要形成大多数人难以企及的资源孤岛，而是要通过向人民普及工坊以弥补现有实验室的不足。在这个政治极端两极分化的时代，福斯特提案的联署人来自城市与乡村，既有共和党人又有民主党人，使其成为当今少有的跨越党派政见的提案。国会并未对该法案进行投票（美国国会的运转效率还谈不上登峰造极）。不过，提案得以再次提交，而且引起了私营部门的兴趣，它们针对提案目标做出了一些承诺。雪佛龙公司首先向智造基金会认捐 1 000 万美元，在其设厂的社区内开设“数制”工坊。

比特和原子中心还有一个流动的“数制”工坊，2014 年首届创客嘉年华时我们在白宫进行了展示。它就停在总统办公室外面，那个地方平时连佩戴白宫徽章的人都禁止通行。安保人员看到工坊内配有大功率的激光器和机床，十分戒备，不过作为一名资深的社区活动家，奥巴马总统却很欣赏它。表面上看，这是个创客运动的庆祝活动，不过媒体拍照时段的安排却意味深长：活动凸显出新的工作机会不太可能回归传统工厂了。正如小型机生产商把个人电脑视为玩具却被其颠覆一样，个人制造可能瓦解规模生产。

2015 年的 FAB Ⅱ是“数制”工坊第二次年度聚会，来自 78 个国家的与会者齐聚麻省理工学院校园。这次活动中，波士顿、萨默维尔和坎布里奇的市领导也加入了巴塞罗那宣言的行列。他们并没有制订各自的时间表，而是采用了巴塞罗那的倒计时。此后，很多其他城市也加入了这个称为“智造城市宣言”的活动，现在的活动负责人是托马斯·迪兹。

智慧城市是指将城市的一切都物联化以实现实时响应，现在已成为城市规划的流行趋势。“智造城市”则自然而然地成为下一步发展目标，跨越数字与物理的界限，实现消费品的可持续生产与循环利用。这种转变并非一蹴而就。相反，它是一个持续演进的过程，或者更准确地说，是一种由伴随新能力产生的间断平衡[①]带来的进化。进化的早期步骤包括制造都市无线数据与传感器网络，以及装备公共空间。与“数制”工坊一样，目前还没有一个城市具备独立实现这些目标的技术能力，只能多个参与城市联合，从把城市的输入与输出进行量化开始跟踪其进展，而目前的量化水平还很低。

智造城市宣言目前正在引发一些国家的行动。2014 年，我出差去不

① “间断平衡”理论是一种关于生物进化模式的学说，对古生物化石缺少中间演化类型进行了新的、系统的解释。“间断平衡”理论描述了一个系谱长期静止或平衡的状态被短期的、爆发性的大进化打破，同时伴随着大量新物种的产生。在此，作者借用间断平衡概念来表明，新能力的突破打破了城市演进的既有节奏，实现了飞跃性的质的变化。——译者注

丹，筹划开设“数制”工坊，并拜访了思想深刻的策林·托杰首相。他谈到了电饭煲，这使不丹加入智造行列的机遇变得具体、明确起来。众所周知，不丹经济是以国民幸福指数而非国民生产总值为核心的。但这并不意味着人人都能感到幸福，而是不丹人民更加重视生活品质而非能买多少东西。然而，不丹人民的这一关注点并未涵盖供应来源，他们通常还要越过不印边境车载进口日常用品。电饭煲对不丹家庭生活至关重要，大多从日本进口。制作一个电饭煲的容器、一个温度传感器、一个加热元件，以及一个控制系统在“数制”工坊是个简单项目。伴随着对电饭煲成品的进口替代，本地制造使每个电饭煲都可以被定制，以适应家庭规模与厨房的设计。

2016年，我曾与卢旺达贸工部长方济各·坎尼姆巴有过类似的交谈，当时我在那里筹建“数制”工坊。他是卢旺达经济改革的主要设计师之一，推动该国成为撒哈拉以南非洲发展最快的经济体。谈话中，他最关心的是卢旺达数额巨大且不断增长的贸易逆差。卢旺达人试图用进口替代来解决这一问题，主要依靠吸引跨国公司投资设厂进行生产。直到基加利首家“数制”工坊开业，卢旺达才实现对生产资料而非最终产品的分配。非洲在很大程度上跨越了有线电话时代，直接进入无线通信时代，同样，它也能跨越工业革命的历史阶段，直接进行分布式生产。

2016年，“数制”工坊网络聚会FAB 12由深圳市主办。深圳是中国规模生产生态系统的心脏，令人玩味的是，我们在那里举办的原因，是中国欢迎“数制”工坊和创客运动，而这些运动也在拥抱深圳。

深圳的华强北路是我最喜欢的地方之一。那里有巨大的市场，你可以在林立的小柜台上买到单个电子器件或一袋器件，可以在楼下的小店买到一盒器件，可以在路边的仓库买到一卡车器件，也可以在附近的乡镇企业买到一集装箱器件。这个市场以所谓的“山寨产品”闻名，我觉得这些产品的生产技术大概相当于快速眼动睡眠，就像梦是不相关的体验与幻想混合的产物一样，这些产品也是技术混搭的产物。对生产者来说，他们为巨量出口订单而生产的产品就相当于睡眠。我上次买了一个貌似苹果手表的产品，但这个产品与真正的苹果手表有两点不同：一是价格只有 25 美元，而不是正品的 250 美元；二是它有一个苹果手表遗漏了的 SIM 卡插槽的设计，这只表不是手机的外围设备，它就是一个手机。

如果将来巴塞罗那或者不丹能自力更生制造自己的消费品，它们的人民将不再需要深圳为他们生产。深圳的领导能够预见，规模化生产无往不利的时代已接近尾声。然而，今后的许多年里，这一设想的基础将很难在本地实现。这些物品不是最终产品，甚至不是制造最终产品的机器，而是这些机器的部件。深圳是规模生产产品的巨大中枢，拿纳迪娅和乔纳森安装机器使用的集成丝杠，或者将设备与内置互联网协议的无线网络连接在一起的嵌入式无线电来说，由于这些要素需要巨大的资本投入来生产，具有一定的规模，无须定制，因此进行量产是有意义的。由此，深圳迅速将多重功能集成于单个物品，以简化后面的工程设计。

这与计算机产业发展史上个人电脑的横空出世和小型机产业的整体消亡类似。在第三次数字革命中，从商业角度来看，我们可以把小型机比作中型企业。不过，借着云计算大数据中心这面大旗，大型主机已经比以往更加重要。对多数人来讲，计算机的前端是智能手机、平板电脑或个人电脑，但是它们依靠的是后端的云。“数制”工坊并不替代规模生产，而是将其延伸。

思考一下软件或音乐的境遇吧。曾几何时，软件是由微软和 IBM（国际商业机器公司）这种巨头编写的。然后，开源软件不期而至，使任何人都有了参与编写的可能。今天我们拥有了应用软件平台，一个应用软件可以由 1 个人、10 个人、100 人、1 000 人或 100 万人来编写。大型专有软件包仍然存在，不过可以说，这已成为软件开发中最无趣的一部分，因为它们必须瞄准共性需求。目前实现开源的软件市场在从前是难以存活的。同样，音乐曾经一度由唱片公司销售。接着，文件共享平台出现了，一夜之间没人再花钱买音乐了。现在有了买卖音乐和歌曲的交易平台，其市场同样也会有 1 个、10 个、100 个、1 000 个或 100 万个买家。在第一个例子中，一串数字变成一个程序。在第二个例子里，一串数字变成一段音频。而现在，一串数字可以变成一件物品。只要人们的需求还有一致性，规模生产就会存在，而在规模生产与自己制作之间，存在一个新的制造规模层级，它是开源的，而且在从前是难以存活的。

在前两次数字革命中，人们曾希望小内容提供商通过长尾效应推动新经济并从中获益。事实却截然相反。大多数钱都被少数几个拥有平台的巨擘赚走了，这些公司包括谷歌、脸书、苹果和亚马逊。在第三次数字革命中，一些公司已经在试图开创类似的市场份额，垄断自由分享和付费产品设计的市场。其中有些做法很吃香，不过距离垄断音乐软件和应用软件的程度还有天渊之别。可能是努力得还不够吧。“数制”工坊今天还需要所有能力来制作一系列最终产品，只有一些小塑料件用入门级的 3D 打印机就能制成。不过，另外一个原因可能是，相较娱乐选择，制作物品更像烹饪。尽管有分享配方的网站，烹饪的商业性行为还是以出售食品与炊具为核心。

让我们来看看平面打印机的发展历程吧。从麻省理工学院分拆出美国数字设备公司（DEC），从而催生出小型机产业。后来美国数字设备公司衰败，被康柏公司收购，然后康柏又江河日下，被惠普收购。惠普得以幸存，其中一个原因是喷墨打印机的经济意义。惠普的喷墨打印部门在俄勒冈州科瓦利斯，因为打印部的工作人员需要躲着身在加利福尼亚州帕洛阿尔托的领导。一群工程师觉得他们可以制造出印制精美的廉价打印机，不过打印速度较慢。那时，打印部门有一项每台打印机每秒打印页数的分级标准，管理层的反馈意见是慢速打印机是一着臭棋。所以这些工程师搬到科瓦利斯的低端计算器部门所在地，在这个地方悄悄研发喷墨打印机。当然现在的观点是，你根本不需要一个桌面大容量打印机，因为你打印的每一页都不相同。可能当时也会有放在楼下的工作组激光打印机，放在地下室的组织使用的行式打印机，放在仓库的城市使用的卷对卷打印机。但是小型喷墨打印机每次打印一页，累积起来就是庞大的卷对卷打印机的产量。没有谁更好，重要的是谁的印刷方式更灵活。在从出版向桌面打印的变迁中的这一分级标准，可以用来类比即将到来的制造变迁。

对能力的衡量可以双向进行。2016 年，白宫举办了从创客过渡到制造的活动，主题是如何由原型形成生产。在那次活动中，我的学生纳迪娅·皮克大胆引导与会者逆向思考，即如何从制造走向创客。在“数制”工坊中，将快速成型过渡到快速成型机的快速成型技术是一种自动化技术，不过这是一种能够灵活适应需求的快速自动化技术，不需要大型固定资产投资。由于担心自动化将取代工人，人们已经把我们（指工人）与他们（指机器人的拥有者）对立起来。但是第三次数字革命的经验是，他们就是我们，对制造的所有权可以像对计算机的所有权一样，广为普及。

把握经济影响最重要的尺度不在于生产能力，而在于观念。2015 年，关于麻省理工学院剥离企业的产出报告显示，所有企业年营业收入总额达 1.9 万亿美元，处于世界第九大经济体（俄罗斯）与第十大经济体（印度）的生产总值之间。这几千人为何能匹敌 10 亿人的生产力？这其中有两个秘密。

首先，麻省理工学院不是一个以营利为目标的技术孤岛。它是根植于肯德尔广场的一个生态系统——一个长期研究与短期开发并重，小型初创企业与大型公司集团共生，咖啡厅、俱乐部和公园林立的环境。它对哪项活动应当在哪里举行这类事并无定见。

其次，我认为麻省理工学院的核心竞争力在于，它对新人而言是个安全可靠的地方。我有很多同事都与上流社会格格不入。不过很明显，要发明创造，你就得质疑假设，而那不是限定于某个细微生活侧面的。很多业务创新并非始于富豪的梦想。其中一个驱动力在于改变世界的愿景，比如说对可飞行汽车的需求。而一个更大的动力在于找到一个适合你的工作。我有一帮研究早期量子计算机的学生，为了能继续共事，他们开设了一家公司（ThingMagic）。这家公司后来开发了一个参考平台，该平台可以读取商店收银台的无线射频识别（RFID）产品——电子标签。他们最初并没有进军零售业技术的规划，而是偶然发现有一项需求与他们的技能相匹配。

智造城市、城镇与乡村所面临的机遇同样适用于全球。邮编为02139的麻省理工学院成功的秘诀，随着“数制”工坊的普及传播到世界各地。这些工坊作为生态系统中的节点而发生作用，没有地理差异，却是智力的标识，使那些不适应严苛教育或者企业层级的有创造精神的人找到归属感。这种社会基础设施可能看不见摸不着，不过麻省理工学院剥离企业的例证显示，它比实体基础设施更为重要。世界上无数区域性经济开发项目都斥下巨资，试图打造下一个硅谷。但在第三次数字革命中，下一个经济引擎不是一个地方，而是一个由数字化通信、计算与制造连接起来的网络化集群。

组织：仁慈的"独裁者"

2005 年，我发现自己登上了一艘引擎失灵的船，随波漂流擦过冰川，驶离斯瓦尔巴群岛的海岸，停靠于北极边缘。在那里我遇到哈肯·卡尔森——前述在挪威北部的林根执掌"数制"工坊的牧羊人。我们在这个国家最偏远的地方四处了解需求，寻找机遇。引擎终于得以修复，但是冰川迫近、绝处逢生的经历使我们心有余悸，在尝试满足不断增长的"数制"工坊普及需求以及人们投身这场运动的愿望这一过程中，我们的感受如出一辙。我们意识到必须建设比我的"数制"工坊或他的牧场更加有力的组织架构。

问题是个老套的普通问题。要为能够看到的"数制"工坊部件设备筹资并不困难，难的是为运转这些部件设备的基础设施（一个你看不见的基础设施）筹资。费用涵盖"数制"工坊可能需要的技术开发、全球供应链的管理、筹建工坊的团队建设，以及支持工坊的计算能力。这些基础设施所需资金最初都出自我的研究经费，没有任何扩展余地。

我们尝试与慈善基金合作，不过它们缺乏这方面的技术能力。这些管理投资基金的人确实了解投机性技术风险，但他们对资助平民并不感兴趣。研究基金也不支持特定领域组织。万般无奈之下，我们只好决定创建自己的组织。

我们试了 5 次才成功。前 4 次都试图为这些共性支出来筹资，因为当时确实需要。那些尝试都以失败告终。不但因为资助者没有兴趣，而且分散管理的"数制"工坊并不欢迎集中管理的实体机构。在第五次尝试中，我们不出售最终成果，而是出售人人都需要的"数制"工坊服务。因此，"数制"基金会应运而生。

人们普遍错误地认为开源项目都来自扁平化组织。这方面的大型成功案例都是以一名仁慈的“独裁者”为核心的组织架构，比如林纳斯·托瓦兹之于 Linux，以及米切尔·贝克之于摩斯拉。这种强领导模式促使每个团队成员都积极投入。人们并非被迫接受这种领导，权威性来自激励人们参与的软实力而非命令和控制。

有关软实力技术性领导的最著名的例子，是互联网架构委员会（IAB）——一个向互联网提供技术指导的机构。委员会有 13 名成员，他们在网络社区以外都鲜为人知。他们的工作方式从其管理标准的标题［请求评论（RFC）］上看就一目了然。这些标准不是强制性的，但由于能获得接入互联网的好处，几乎每个使用电脑的人都会遵循这些标准。

IAB 是互联网工程工作小组的一个委员会，同时是互联网协会的咨询机构。它们都起源于 1979 年创建的互联网结构控制理事会，旨在为当时还是政府研究项目的互联网架构工作提供咨询。这些组织经历了互联网几十年的指数级增长，寿命远超其前身。

当前，“数制”工坊网络的发展正与这些组织框架的大发展处于同一阶段。相当于“请求评论”的标准包括阐明了“数制”工坊权利和义务的智造宪章、“数制”工坊的设备清单、智造学院的课表，以及“数制”工坊分布列表（在 fablabs.io 门户网站上）。这些内容都倾注了许多人的心血，不断进化着；任何一项决策对某一特定目标而言都可能不是最优的，但拥有这些统一标准的集体利益会超越决策最优但碎片化的机会成本。随着“数制”工坊网络组织能力的增长，一些项目合作方正在进行接触，就其无法独立完成的任务寻求与“数制”工坊的协同工作。有一种补充方式是公司通过一种一举两得的投资来履行其社会责任，既支持在公司所在社区设立“数制”工坊，又借此机会识别并培训有前途的技术人才。还有一种方式，即“数制”工坊与援助机构合作，在目标地区建设“数制”工坊群落。

帕特里克·科尔根运营了一个欧盟的机构，以支持北爱尔兰冲突后的和解工作。该组织试图以不同方式对和解工作进行投资，从而催生了德里（Derry）的神经中心（Nerve Centre）与贝尔法斯特的阿什顿中心的两个“数制”工坊。这两个工坊所在地都邻近被婉称为“和平墙”的地方，这个“和平墙”实际上是教派隔离的藩篱。现在，墙两侧的孩子们在“数制”工坊一起工作，跨越了两个教派的历史分歧。在看到工坊产生的影响后，把该项目扩展到爱尔兰其他地区（北方和南方）的想法应运而生。

印度的工程学院可能因为把正规教育学习与培养实践技能分离开来而名声欠佳。比特和原子中心在喀拉拉邦的科钦和特里凡得琅设立了“数制”工坊。目前，喀拉拉邦创业促进部和喀拉拉科技大学正在与智造基金会合作，计划在该邦的工程学院建造 150 个“数制”工坊，首批 20 个工坊已在建设之中。智造学院的毕业生接棒初期的麻省理工学院学生，投入设备安装和培训工作，为该项目提供能力支持。

埃及的首个“数制”工坊是由迪娜·埃尔－赞法利和几名共同创立者于 2011 年创建的，她之前在麻省理工学院进行研究生学习期间参加了“如何智造（几乎）万物”课程。2011 年埃及骚乱期间，她致电工坊询问大家是否安全。工坊接电话的人哈哈大笑说，那段时间是他们最忙碌的日子，因为聪明好学、不落窠臼的青年人无意参与教派冲突，纷纷借着骚乱不上班上课，来工坊工作。他们的工坊已经与埃及教育部、美国国际开发署和智造基金会合作，在全埃及实施 STEM（科学、技术、工程和数学）教育的高中设立“数制”工坊，其中包括车载流动“数制”工坊（FLOW）。去年，这家工坊组织了开罗的创客嘉年华，一天的活动就有上万名来自社区的参与者。

贝诺·华雷斯在 2009 年参加了智造学院的学习，随后创建了秘鲁的首家“数制”工坊，这是一个巴塞罗那“数制”工坊与西班牙援助部的合作项目。西班牙方面并不直接出钱，而是帮他们识别、培训秘鲁创新者并将这些创新者送回国，还附赠一个“数制”工坊。这所工坊颠覆了秘鲁僵化的教育制度。当华雷斯所在大学开始宣布“数制”工坊的使用规则时，华雷斯与同伴争辩说工坊是他们的，而非学校的，如果不能保证工坊是人人可获取的资源，他们将会搬离学校。华雷斯在亚马孙地区长大，在那里他发现，人们只有三种职业选择，即农民、士兵和恐怖分子，而他的选择是“以上均不选”。现在他领导着一个位于亚马孙河的流动“数制”工坊项目，以帮助本土社区实现可持续生产。

我们在联合国开设了一个快闪式“数制”工坊，旨在发起可持续发展目标（SDGs）倡议，那是一次史无前例的国家首脑聚会。这些目标来源于一个遵循了富有白人发展目标的包容性进程。可持续发展目标包括获取卫生保健、教育、清洁能源与水等资源，以及消除贫穷与饥饿。与会的外交官也许会面带揶揄地看着我们，盘算我们为何会出现在那里。之后，当他们意识到多数可持续发展目标都需要具备从比特到原子的转换能力，以实现卫生保健传感器、水过滤器等物品的本地制造时，一个令人顿悟的时刻就会降临。

我们还在达沃斯世界经济论坛上开设了快闪式“数制”工坊，目标是向与会政治与商业领袖展示数字化制造，而非简单介绍。在一次展示活动中，我们与当时负责联合国人道主义救援的领导不期而遇，显然她因为活动干扰了关于提供基建、教育机会、商业孵化和难民营娱乐等内容的重大讨论而火冒三丈。随后，当她意识到数字制造技术的获取是她那些议题的共同要素（一个当权者没有考虑的共性问题）时，怒气就烟消云散了。

这次偶遇促成了全球人权工坊的诞生，由戴维·奥特和奥利维尔·德拉鲁负责运营，他们分别来自红十字会国际委员会和联合国难民事务高级专员办事处。他们的组织实际上都处于这个星球上最灾难深重的前线。奥特和德拉鲁找到我们讨论各种可能性，比如传输比特而非原子以实现快速反应，当地制造义肢和庇护所等所需物资，等等。当他们考察在建的专用工坊时，他们意识到可以通过覆盖整个“数制”工坊网络的资源来实现其目标，这与跨互联网提供的系列服务并无二致。他们可以利用“数制”工坊，使其成为人道主义援助的实际平台。

在这种全球领袖的集会中，我发现政治家们都忧心忡忡。他们都在为失业、不平等、移民这些棘手问题，以及两极分化和矛盾冲突带来的冲击而殚精竭虑，而传统上用来解决这些问题的手段（如调整货币政策）却收效甚微。

相反，如前所述，那些在一线引领第三次数字革命的地方领导聚会起来却常常是谈笑风生。他们正在对所在社区产生实质性影响，社区未来发展空间广阔，而且关键是，他们从中获得了乐趣。

从自上而下与自下而上两种领导方式的现实差距中，我们深感未来的领袖将不会通过传统组织形式产生。“数制”工坊的当前技术有种“功成不必在我”的倾向，我会在第5章中继续讨论。如同互联网是在小型机上发明出来的一样，得以延续的不是目前的具体技术形态，而是随着发明创造而不断进化的生态系统。与首批互联网网站出现时一样，在“数制”工坊数量未过千时，单纯的数字增长就很激动人心。而现在重要的不是它们的存在，而是它们为何存在。如果人人都能在任何地方制作任何物品，我们的生活、学习、工作、娱乐将会走向何方？

（本章由尼尔撰写）

第
2
章

第三次数字革命

造访一个欣欣向荣的“数制”工坊，任何人都会立即被其间弥漫的无尽能量、快乐与满足感染，那是一种由数字制造技术设计和制作物品带来的感受。尼尔提到的，以及我们即将介绍的那些早期智造先驱正在开创高度分布的个人制造新模式，这可能会深刻地改变我们的生活、学习、工作和娱乐的方式。

尼尔重点强调了社区“数制”工坊里的人是如何日益增强能力，制造食品、家具、工艺品、计算机等几乎一切物品的。这是一个先兆，预示第三次数字革命将会赋能于个人与社区，实现全球互联和当地的自给自足，尤其是在技术持续指数级发展的情况下。不过，尼尔只讲了事情的一个方面。“数制”工坊并非都欣欣向荣，“数制”工坊中的人并非都快乐满足。数字制造是一个复杂的过程，包含了多重相互依存、不断发展的技术和能力。虽然人们有越来越多地制造消费品的潜力，但目前只有极少数人能真正做到这一点。在今天的“数制”工坊里，有不少原材料还是不可再生的。数字制造推动社会变革的潜能与实现这一变革的现实之间还有巨大差距。

尼尔是个经典的技术乐天派。他的乐观主义根植于对基础科学的深刻理解、与早期智造先驱的频繁互动，以及对路线图的研究。但他经常大大低估社会因素对技术发展步伐的重要限制作用，低估技术最终对社会产生的影响（也有可能没有产生影响）。在本章中，我们采用当前智造生态系统的新视角，为技术图景提供社会平衡。理解当前的技术能力与智造生态系统的成功案例固然重要，但我们也必须了解渗透在生态系统中的挑战与矛盾。客观看待“数制”工坊的成败得失，理性分析经验与教训，对实现第三次数字革命的愿景至关重要。

前两次数字革命形成了海量财富，引起了重大社会变革，但这个星球上仍有很多人在两次革命中落伍。在戈登·摩尔发表论文之后的半个多世纪里，人与人之间仍然存在巨大的数字鸿沟。数字技术对地球上近半数人来说还遥不可及。在地球上的很多地方，收入与财富的不均衡、新技术造成的失业，以及数字回音室效应正在使社会产生着严重分化。很多人都在为“永远在线”的生活而奋斗，这种生活受数字技术的影响越来越深。

第三次数字革命可以帮助我们解决这些社会挑战，也可以使挑衅更加严峻。“数制”工坊衍生技术的发展速度及其对社会的影响，无论好坏，都不会被一些看不见的手操控。随着技术被引入社会，进步将取决于我们的决策和价值观，无论是个人的还是集体的。技术快速发展的最佳时机是在早期，那时，研究重点正在显现，构想正在形成，而且支撑组织机构的生态系统正在形成。现在到了第三次数字革命发生的时候了。

为了写这本书，我们进行了不少研究，造访了世界各地的“数制”工坊与其他创客空间，采访了几十位智造先驱与创客先驱，还调查了几百位相关人士。走遍这些社区，我们发现，这其中既有令人喜悦的成功，又有令人惋惜的挫折，我们对数字制造地未来既深表乐观又深深担忧。在第 1 章中，尼尔强调了乐观与可喜的一面。然而，我们知道技术发展的潜力不一定会被发挥出来。我们必须对挑战有清醒的认识，拓展思路，提出方法，以进行有效应对。

这绝非易事。2016 年年初，美国国防高级研究计划局（DARPA）宣布了一项新计划，以应对“下一代社会科学”。项目主管亚当·罗素强调，社会科学已经“由于其主题——人类的复杂多变性和不可预知性——而受到本质的挑战”。然后他又说：“在物理学家之间有个玩笑，如果原子或电子具有人性，那他们的研究领域将会变得多麻烦，不过这正是社会学家面临的问题。”数字技术在传播过程中发现并纠正错误，人们也试图发现并纠正错误，但这个过程要更加复杂、混乱。在本书中，我们不仅要看到技术，还要看到第三次数字革命中人性扑朔迷离的一面。

即使被技术能力的发展速度碾压，人性的基本轮廓也不太可能在短时间内改变。好消息是我们将坚持梦想，通过个人努力和集体协作创造并改造我们的世界。坏消息是，这一梦想、创造和改造未必能帮助我们挖掘更好的自我。从社会维度关注第三次数字革命，需要考察关于人性的基本假设和个人、组织与机构适应快速变化的能力。改造比特和原子可能比改造人和社会更容易，不过它们都是紧密交织在一起的。

“如何（几乎）智造万物”由尼尔原创的课程戏谑而来。如果学生的项目失败了，他们就开玩笑说，这门课感觉更像“如何（差点儿）智造万物”。这一感受常常波及更为广泛的智造社区，反映了制造的民主化面临的严峻现实挑战。在本章中，我们会探讨一些基本挑战，包括智造获取、智造素养、赋能的智造生态系统的培育，以及技术传播过程中的风险的降低等问题。在第 4 章中，我们会梳理历史脉络，研究社会体系对新技术的反应，提出具有前瞻性的建议。在第 6 章中，我们将总结智造未来的宏伟愿景，那时的社会与技术体系将服务于创造更加自给自足、互联互通、可持续发展的社会，同时，我们会为应对挑战、实现远大抱负给出具体指导。

智造获取

截至2017年，全世界有大约1 000个“数制”工坊，共惠及几万人，而地球上大概有70亿人。尼尔已经阐述了“数制”工坊如何改变人们的生活，但真正的风险是只有少数幸运的人能从中获益。在我们的采访中，大家普遍担忧，如果不优先考虑数字制造技术的广泛普及，就会出现“智造鸿沟”的潜在危险，就会有太多的人被时代抛弃。因此，智造的获取是首要的基本挑战。

每次技术突破都会形成新的社会分化。前两次数字革命在世界范围内创造了海量的财富和深刻的变革。但是，并非人人都从中获得了益处。电脑或互联网对世界上数十亿人来说仍遥不可及，人们缺乏参与第三次数字革命最基本的数字化基础设施。互联网的发展也是一把双刃剑，一方面，它是第三次数字革命中展现指数级变化潜力的范例；另一方面，鉴于数字鸿沟的泛滥，我们也必须对它保持谨慎。

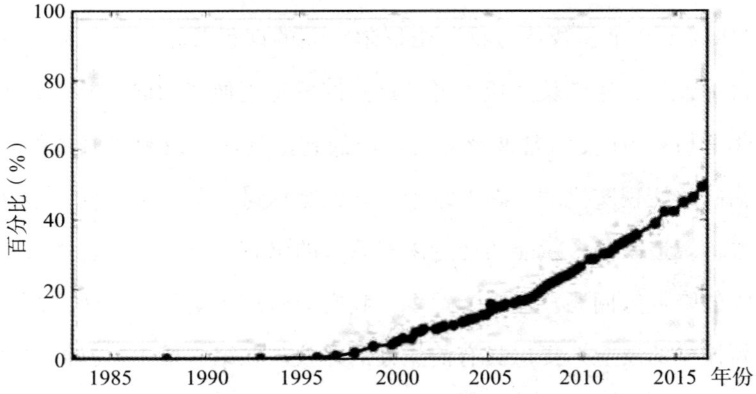

图2-1　互联网用户占世界人口的百分比。互联网世界统计中心、国际数据公司、英国国家承销机构有限公司提供

1983年，传输控制协议/互联网协议（TCP/IP）成就了计算机网络发展中的互操作性。1989年，全世界只有5万个互联网用户——多数是学术用户和军事用户，也是在这一年，美国国防部出资研发的阿帕网对公众开放。互联网接入的历史轨迹呈现了如下数据特点：最初应者寥寥，然后就爆发式增长，到今天，世界上已有半数人能够以某种形式进行互联网接入。

这一数据的增长速度发人深省。不过，尽管技术性能是遵循摩尔定律，呈指数级增长的，我们还是发现互联网的发展速率基本上是线性的。互联网的底层技术其实早就足以支撑全球人口100%接入互联网了。个人、组织和机构的作为（或不作为）交织在一起，既解释了互联网为什么能产生令人印象深刻的影响，又说明了互联网无法产生进一步的影响的原因。如今，政府、基金会与社会企业家、营利性公司纷纷寻求创新性解决方案，旨在实现全面接入互联网的各类计划不断出现。如果早在1983年就开始增加对这些人力、财力、能源与创新的投入，那么今天的世界会是怎样的呢？

而且，“互联网接入”不是一个非此即彼的概念，不能简单地用“有”或“没有”来划分。从全球来看，计算机与互联网接入的质量与可靠性参差不齐：有几十亿人只获取了移动设备接入，连通性不稳定，或者获取了分级接入，速度更快的层级需要付费获取。我们可以先试着在翻盖式移动电话或低端智能手机上用多媒体编写、分享一个文件，再想象一下如何在同一部手机上运行CAD（计算机辅助设计）和CAM（计算机辅助制造）工作流程。

互联网的接入与质量问题不只发生在发展中国家。芝麻街工作室的琼安·冈兹·库尼中心最近发布了关于美国数字鸿沟的报告，对数字包容性问题进行了开创性研究。在美国，有1/3的贫困人口依赖移动设备上网，许多人由于当地基础设施薄弱或无力支付规定月费而时常被中断联网服务。数字接入对经济秩序中的低端人群而言，是一个真正的持续性挑战。考虑到数字技术已经渗透到几乎所有工作（以及此外的大部分人类活动）中，那些数字鸿沟无疑已成为全球财富与收入不均持续恶化的主要推手。

我们在 2017 年年初调查了超过 175 位智造领袖，对他们而言，在数字制造的世界里，稳定可靠的互联网接入被视为一个明确的基本挑战。80.4% 的受访者认为互联网接入非常重要。同时，2/3 的人表示仍然很难接入。重要性与难度之间的矛盾，反映了一个制约数字制造指数级增长的疼痛阈值。为了更好地理解这些反馈，我们使用乔尔与同事开发的数据可视化方式，来观察涉众之间的一致性与偏差。

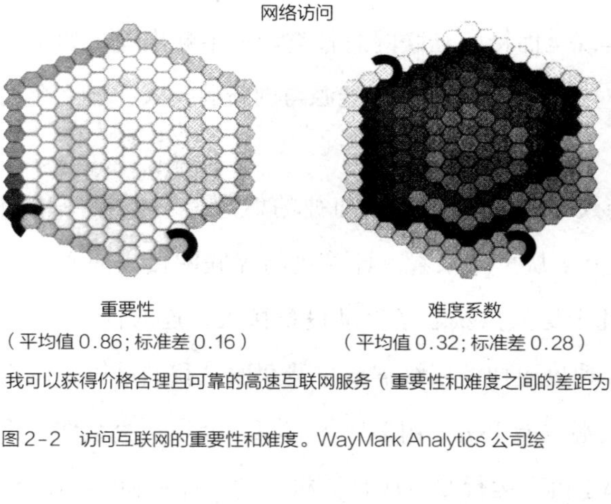

图 2-2 访问互联网的重要性和难度。WayMark Analytics 公司绘

在图 2-2 中，每位受访者都被分配到一个小六边形，颜色代表其观点。代表观点的颜色一般为红色、黄色和绿色，分别表示受访者对问题持否定、中性与肯定态度的程度。因为插图是黑白的，所以我们用较深的阴影代表红色，中等阴影代表黄色，较浅的阴影代表绿色。小六边形呈螺旋

状排列，从每个图形的中间开始，与最接近平均值的小六边形排列在一起，然后围绕平均值上下交替分布，最终，离平均值最远的小六边形（其实它代表了异常值）排列在图形外部。中间是核心趋势。括号中的小六边形表示“不适用”的数据。关于互联网接入，对比很明显——几乎所有的受访者都说互联网接入很重要，几乎同样多的人认为接入很难获取。

第三次数字革命并不仅仅依赖于前两次数字革命的技术性基础设施。它还引入了新技术，这些新技术很可能会使当前的矛盾更加深化。因为数字制造需要持续发展的硬件、软件和消耗品（制造过程中使用的原材料）以及空间、计算机、网络连接和合格的员工，所以我们在智造获取方面面临的挑战，甚至比前两次数字革命的挑战更大。

我们对数字制造领导者需要的软件、硬件以及软硬件集成的获取进行了问卷调查。同样，结果也有很大的差距。在“数制”工坊，设备获取非常重要，却很难实现。软件的情况也大同小异。如同后面指出的那样，在软件和设备的集成方面，情况只是稍微好一些。

从反馈的结果来看，对于软件、设备和二者的接口的获取难度各异，其中软件的获取难度最大。当被问及设备获取的难度时，反馈的数据呈双峰状，超过 1/3 的人表示设备的获取非常困难，而另外 1/3 的人则表示很容易获取设备。这组数据反映的涉众取向分化暗示了一个挑战。如果不顾最后 1/3 而只提升前 1/3 的水平，我们所面临的智造鸿沟就会越来越深。

正如我们在序言中指出的，当美国前总统奥巴马于 2015 年对外宣称“高速互联网是必需品，而不是奢侈品”时，摩尔的论文已经发表整整半个世纪了。如果我们再等半个世纪，国家领导人才意识到智造获取就像电力、水和数字连接一样属于必需品，那么形成一条严重的智造鸿沟几乎在所难免，这反过来又会加深现有的数字鸿沟，使未来的财富和收入差距更大，技术性失业现象更严重，并进一步增加社会的不稳定性。

另一方面，如果我们积极利用数字制造技术来提升个人与社区的自给自足能力，那么其益处就会惠及社会各个方面，这可能会颠覆我们对工作和日常生活其他方面的基本定义。要实现智造获取全覆盖的目标，就需要那些开创技术与社会体系以驱动第三次数字革命的人们聚精会神、持之以恒、齐心协力地共同努力。

虽然智造的获取对全社会都是不可或缺的，但是对那些在前两次数字革命中落伍的人来说尤为重要。在我们的采访中，最感人的故事来自市中心平民区和乡村的“数制”工坊，过去，在那里，年轻人能获取的个人权益与自给自足的工具十分有限。

梅尔·金是波士顿的资深社区活动家，与尼尔共同创建了南端技术中心“数制”工坊。在谈到“数制”工坊对城市青年的影响时，梅尔强调:“我们为有前科的人和药物滥用者开设了一堂课。几年来我们一直在与各种机构合作，把这些人送进‘数制’工坊，为他们找回生活的意义。看到他们在创制物品时是那么含情脉脉，我们意识到我们走对了路子……我发现他们的生活已经发生了翻天覆地的变化。”

另一个例子是印度农村的“科学学堂”。在那里，人们初次创设“数制”工坊。工坊管理员约各什·库尔卡尼是这样描述工坊如何提高当地青年的能力的:“我们与14至20岁的年轻人一起工作，其中许多人是辍学者。在‘数制’工坊，他们通过解决问题和学习设计流程，培养各种各样的技能。我们鼓励学生们回到村庄，设计水压灌溉系统，然后在工坊里把这些系统制造出来。一些学生购买了诸如激光切割机之类的设备，并在当地创立了服务公司。还有人筹集资金开设了‘数制’工坊。”

从“数制”工坊中受益的不仅仅是年轻人和失过足的人。如果制造的民主化能使全球收入和财富日益扩大的差距得到缓解或重新平衡，那么每个人都将获益。在《公平之怒》（*The Spirit Level*）一书中，公共卫

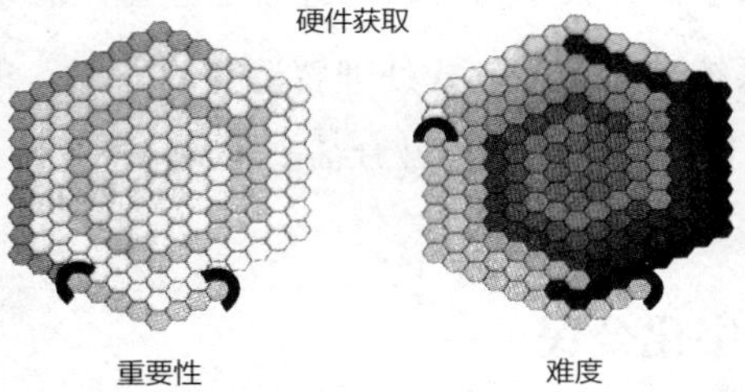

（平均值 0.90；标准差 0.12）　（平均值 0.44；标准差 0.30）

我可以使用所需的数字制造设备（重要性和难度之间的差距为 0.46）

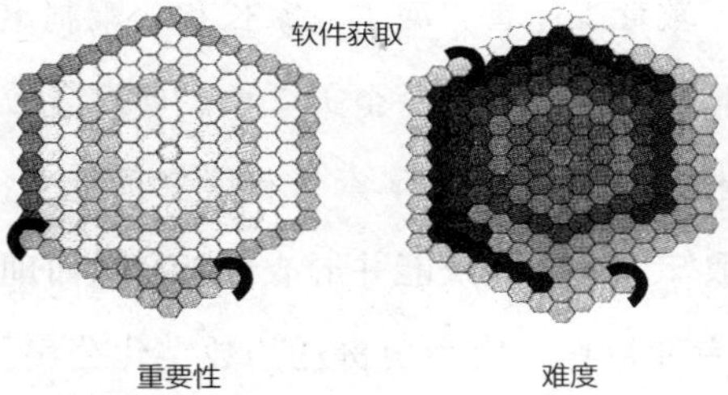

（平均值 0.86；标准差 0.15）（平均值 0.34；标准差 0.27）

我可以使用所需的数字制造软件（重要性和难度之间的差距为 0.52）

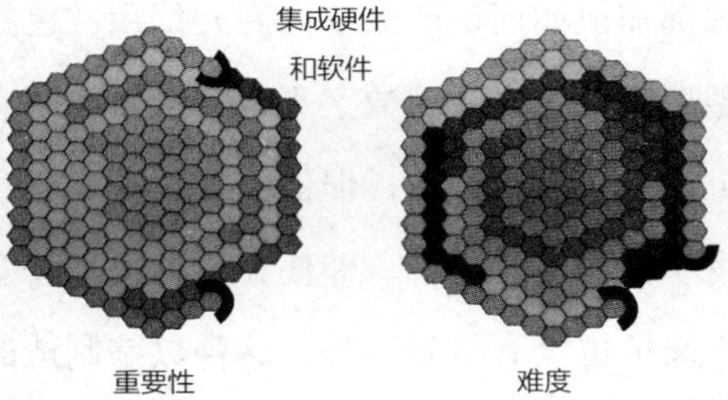

（平均值 0.84；标准差 0.16）（平均值 0.52；标准差 0.26）

数字制造设备与数字制造软件的集成（重要性和难度之间的差距为 0.32）

图 2-3　获取硬件、软件以及硬件和软件的集成的重要性和难度。WayMark Analytics 公司绘

生研究人员凯特·皮克特和理查德·威尔金森记录了最健康和最幸福的社会是如何缩小贫富差距的。数字制造技术可以成为缩小这些差距的重要解决方案，但前提是必须以系统和全面的方式处理智造获取问题。我们会在第 6 章进一步拓展思路，以应对智造获取及其他基本挑战。

数字化公民

第二个基本挑战，是如何确保个人在获取智造技术后，学会应用这些技术。经历了前两次数字革命，教育工作者、雇主、家长和政策制定者都意识到，数字素养对于数字时代的生存和繁荣至关重要。要跨越数字鸿沟，素养问题与获取问题一样重要。虽然数字素养有很多种定义，但从广义上来讲，它需要人们获取知识、培养技能并形成思路，从而理解和使用数字技术，实现个人和专业目标，成为负责任的数字化公民。数字素养含义广泛，包括发掘并运用数字媒体，利用数字技术进行创造和交流，等等。

能获取数字接入的人大多数都知道如何访问数字内容并使用“色拉布”等简单工具。大多数人对塑造其日常生活的数字平台和技术理解有限。青少年平均每天有 8 小时沉浸在数字媒体中，但他们并不一定具备数字素养。想想世界上大量青少年失业的状况吧，即使在移动设备普及率很高的地区，许多技术性工作岗位也没有得到填补。这种数字制造的鸿沟与素养息息相关，当我们进行从比特到原子的创造时，这一问题极易恶化。

数字制造纷繁复杂。它引入了一套新的技能，包括对不断更新的计算机辅助设计软件和计算机辅助制造软件的导航、增材制造与减材制造、嵌入式计算，以及对用于制造的材料的生物学性质和化学性质的理解。

它还需要设计思维、创造力、协同性、问题解决和灵活性。这些都需要跨越不同学科和领域的知识、技能和思路，因此目前还未被很好地整合。我们将智造素养定义为：利用数字制造技术实现个人和专业的有效目标所必需的社会和技术能力，以及以负责任的态度使用技术的承诺。没有智造素养的普及，我们就无法建立一个更加自给自足、互联互通和可持续发展的社会。

纳迪娅·皮克是来自比特和原子中心的个人制造的先驱，她认为："数制"工坊的数量可能会呈指数级增长，但被机器赋能的人的数量却并非同步增长。她将这种差距归咎于数字制造各个方面的复杂性，"软件既古奥又难学，人们可以学习打印塑料制品，但这并不意味着他们充分掌握了生产方式。"换句话说，智造的获取需要素养。

数字制造本质上是一种新的语言。正如素养学者詹姆斯·保罗·吉指出的那样："识字离不开语法。语法造就了交流，但同时也限制了人的选择。"吉注意到语法之于语言就像规则之于运动一样。除非所有参与者都遵守规则，否则篮球或足球比赛几乎没有举办的可能。他还认为，学习一门语言需要潜移默化。语言兼具可供性（使某些思维方式和行动成为可能）和局限性。价值和假设都是在语法中建立起来的。

尼尔的"如何智造（几乎）万物"课程，实际上引入了一种用于数字制造的语言。他创立了一套语法，即一套规则，甚至很大程度上是一种文化。智造学院和各种不同的新的拓展课程［比如如何种植（几乎）万物］都可以被视为这种基础语言的方言。甚至像智造宪章这样的社会概念，作为管理、运作和发展"数制"工坊运动的共同基础，也是这种语言的一部分。一种语言要生存下去，需要一种基本语法，但也必须具有适应性和可扩展性。

创客运动、骇客空间、技术工坊和其他创造方式都提供了各种语言，其语法、规则和文化各不相同（而且相互重叠），这些语言的核心都是如何制作东西。每种方式都兼具优缺点，吸引了不同的人群。要形成智造素养，我们必须认识到智造社区正在开发新的语言，包括基础语法、规则和文化。在各种实用语言层面上形成素养，是使进入数字制造世界的新人融入社会的关键，也是促进不同“数制”工坊、创客空间、骇客空间和其他社区之间对话与协同增效的关键。

数字制造不但涉及一种新的素养，而且是建立在传统素养的基础上的。正如吉警告的那样：“数字制造中的素养取决于多种其他素养，如阅读、写作和各种数字素养。这些传统素养可能会在数字制造的背景下得以重建，但人们依然离不开它们。”根据美国教育部 2013 年的一项研究，我们意识到要正确看待传统阅读能力的重要性，美国有 3 200 万成年人不能阅读，近 1/4（21%）人口的阅读能力还未达到五年级水平。

关于智造素养的另一个挑战是工具的易用性。智造生态系统中的许多人都提到了对计算机辅助设计 / 计算机辅助制造工作流程的渴求，这些流程更直观，更易理解。但与此相对应的还有一种深切的担忧，即工具可能不易掌握，以至它们变成“黑匣子”，人们可以通过它们智造（几乎）万物，却无法得知智造（几乎）万物的工作原理。“黑匣子”实际上是与智造理念背道而驰的。如果伯爵红茶不再温热，那么皮卡德船长很可能无法修复《星际迷航》（*Star Trek*）中的复制器。

挪威奥斯陆“数制”工坊的创始人延斯·戴维克描述了易用性和“黑匣子”之间的矛盾：“尼尔关于修复星际迷航复制器的引喻有点儿令人担忧。它鼓励过度消费，而不是赋能创造……这是一个可怕的未来。你家里有台复制器，又能怎样？你应有尽有，就会开心吗？轻而易举地制造出大量的东西也可能适得其反。这是很少有人考虑到的挑战。”当技术变得复杂时，存在这样一种风险，即只有少数神父（创造者）才能掌控一切，而广大信徒（消费者）只能对技术背后的知识望洋兴叹。现在，智造的生态系统确实有一个高级神父阶层，他们讲着一口流利纯正的数字制造语言。

让我们来看看尼尔的“如何智造（几乎）万物”课程中的一些设置：

1. 数字制造的原则与实践：1 周

2. 计算机辅助设计、计算机辅助制造及建模：1 周

3. 数控切割：1 周

4. 电子产品设计和生产：2 周

5. 数控加工：1 周

6. 嵌入式编程：1 周

7. 3D 造型和铸造：1 周

8. 协作技术开发和项目管理：1 周

9. 3D 扫描和打印：1 周

10. 传感器、执行机构和显示器：2 周

11. 接口和应用程序设计：1 周

12. 嵌入式网络和通信：1 周

13. 机械设计：2 周

14. 数字制造应用及其影响：1 周

15. 发明、知识产权和商业模式：1 周

16. 数字制造项目开发：2 周

智造素养的提高，取决于智造获取程度的提高。与其他形式的素养一样，智造素养的形成也需要足够的时间，使人从一知半解进步到得心应手，从而用掌握的知识和能力教育他人。与智造获取一样，如果我们

不积极为智造素养的普及奠定基础，现有鸿沟同样会扩大，而其他素养（无论是阅读素养、写作素养还是数字素养）的差距都加深了这种鸿沟。然而，如果能持续以创新的方式来提高智造素养，从特殊劳动力的发展到个人能力的提高，我们可以从中获益良多。

斯科特·西门森是明尼苏达州白熊湖世纪学院（一所帮助人们就业的两年制学院）的工程“数制”工坊兼增材与数字制造项目的负责人。斯科特指出：“工业正在融入数字化进程。我们要未雨绸缪，为新兴工作岗位培养人才。”他分享了这么一个例子：5名学生组成一个团队，应邀会见了威尔伯特塑料服务公司的代表，这家公司是为汽车工业和其他行业生产零部件的热成型制造企业。该公司的代表觉得3D打印技术可以将喷射造型设备模具生产的时间缩短2~4周，由于他们不具备专业技术知识，希望聘请几位学生作顾问。斯科特报告说：“通过三四次系列会议，学生们与公司高管确定了装配线上的夹具，然后就能制作原型了。在项目初年，学生们就已经能在这个领域的前沿胜任咨询工作了。”

素养的提高不仅体现在人才准备工作中，还体现在个人能力的提高上。斯科特借鉴尼尔的“如何智造（几乎）万物”课程，开设了一个为期两年的新课程，其中一部分内容就是增材与数字制造。他的初衷是所有学生最终都能制造自己的3D打印机。而事实上，有4名学生在课堂上就已经把打印机制造了出来。他风趣地说，现在得想出一个更具挑战性的顶级项目了。不过，此事更深远的意义在于，这些学生不仅在使用设备方面提高了素养，还深化了对基础技术的理解，提高了创新的能力。

赋能的生态系统

智造获取与素养的普及是更加自给自足、互联互通和可持续发展的社会的基石。智造获取和智造素养并不是空中楼阁，环境也很重要。目前，数字制造的环境包括一系列相互作用、相互独立和相互抵触的元素。一个基本挑战是如何将环境塑造成赋能的生态系统，在个人和社区层面实现更大程度的自给自足。

我们将重点放在赋能生态系统的5个要素上，这5个要素包括：培育更有效的协作方式和知识共享模式；确保广泛分布的指导和领导；建立开放、健康的智造产品服务市场；吸引各种公共机构、私人机构和慈善机构的融资；设计契合新兴智造社区价值观的有效管理模式。一般来说，更宏观的环境常被视为稳定的外界因素，要想让数字制造以指数级速度增长并终将改善生活、造福社会，生态系统的这些方面就必须发展。

协作与知识共享

数字制造赋能生态系统的一个关键要素是，任何人在任何地方都可以相互协作，分享知识、建议和经验。由于数字制造需要广泛的专业知识，而且技术正在迅速发展，人员和项目的网络共享既是必不可少的，又是挑战重重的。在有效协作与知识共享机制下，人们就可以协同完成难以独立完成的工作：网络效应助梦想成真。根据尼尔在第1章中提出的梅特卡夫定律，协作产生了更多的协作，知识共享创造了新的知识，这样，数字制造就能更快地发展，并赋予更多人能力。

要获得网络效应，数字制造生态系统需要社会层面和技术层面的交互。设计"数制"工坊的架构时，我们至少在技术层面考虑到了这个目标。"数制"工坊试图为数字制造硬件和软件建立一个共同的规范，以促进"数制"工坊内部和全球"数制"工坊网络的协作和知识共享。虽然在大多数"数制"工坊中都有一个硬件占用空间，但是在这个过程中仍然存在大量的不协调。数字制造充斥着开源的、专有的计算机辅助设计软件和计算机辅助制造软件的“大杂烩”，当涉及跨工坊协作时，这些软件的多样性和可变性导致了大量的分歧与摩擦。如果要跨越创客空间、骇客空间、技术工坊及其他类创客场所和社区的各种配置与文化，情况就更加复杂。

在大型智造和创客生态系统中，互操作性和可扩展性的挑战背后隐藏着一个关键的矛盾：对标准化的渴望和对分层决策的抵制。当然，制订符合既相互依存又相互独立的涉众利益的标准并非新鲜事物。从消费类电子产品到交通运输再到互联网，每一种事物都需要进行一定程度的标准化。这方面的历史教训很深刻。正如密歇根大学信息学院前院长约翰·莱斯利·金总结的那样：“在早期没什么人关心标准的情况下，建立标准相对容易，但当标准的重要性已经凸显时再建立，难度就很大了。每个人都想建立一套标准，但只想让其他人都采用自己的标准。”

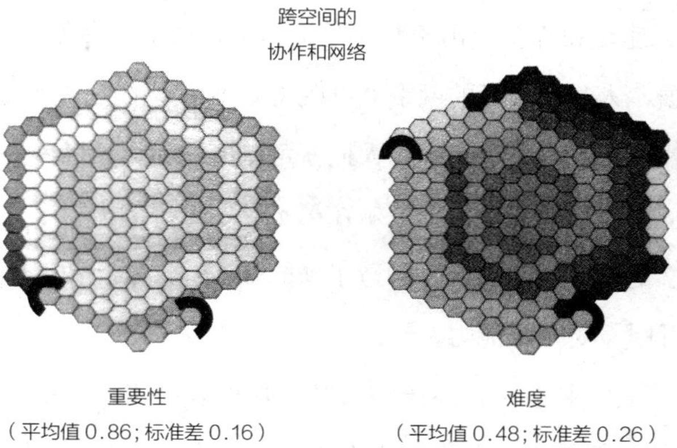

在“数制”工坊、创客空间、骇客空间和其他涉及数字制造的地方，人们之间的协作和社交网络（重要性和难度之间的差距为 0.38）

图 2-4　跨空间协作的重要性和难度。WayMark Analytics 公司绘

为了在数字制造的协作和知识共享标准上取得一致，我们需要尽早解决不同涉众如何在一个无管理环境中运作的问题，其进展取决于能否有效辨识当前实践中的利益、一致性和不一致性，以便涉众（个人和组织）获得共同利益，实现各自的目标。这一过程被乔尔和他的研究团队称为“横向一致”，它在不同的创客社区内及社区之间都始终是个挑战。

在对数字制造领导者的问卷调查中，我们询问了他们与不同类型的创客空间的联系情况，通过一些选项来检查所有应用。尽管这项调查是通过智造基金会电子邮件列表分发的，但回复显示社区之间的联系情况存在大量的重叠，81.1% 的受访者表示与当地“数制”工坊有联系，42.3% 的人表示与创客空间有联系，31.4% 的人表示与创客嘉年华活动有联系，17.1% 的人表示与骇客空间有联系。当我们问及这些空间的合作和社交时，人们的观点差距显著，77.5% 的人表示高度重视，超过 1/3（36.9%）的人说很难做到，超过一半的人说这至少有点儿困难。

这些社区的运作可能有相当大的重叠性和协同作用，但在“数制”工坊、创客空间、骇客空间、技术工坊设施和其他新兴创客社区资源之间，语言、身份和文化也普遍存在着微妙的矛盾关系。这些社区都是平行发展的，但在它们共同发展的可能性与必要性问题上，不同的人的认识程度各不相同。在社会科学中，要处理好同质性（与你这样的人联系）和多样性（欣赏那些不同于你的人）之间的矛盾，需要不断地平衡与迭代。要取得平衡，首先要了解共同点和差异性的根源。

每个社区都渊源各异。当我们与创客传媒的创始人兼首席执行官戴尔·多尔蒂谈论《爱上制作》杂志和创客嘉年华的名称时，他用了早期健身房来进行类比：“第一家健身房是一种健身工作室，来健身的人主要是男性举重运动员。这种健身房对于许多想要锻炼但并非专业举重运动员的人来说并不受欢迎。”他曾考虑使用“黑人”或“骇客”，但又觉得这些术语对许多团体，尤其是学校来说，可能难以接受或不够友善。他还考虑过用"'数制'工坊"来命名（《爱上制作》杂志第一期中有一篇尼尔的专访），但又担心启动"数制"工坊的成本和技术复杂性超出了大多数人的承受能力。他希望，任何人在任何地方，都能以较少的成本和较低的难度开办创客空间或参加创客嘉年华。最终，在女儿的建议下，他使用了一个简单的词：make（制作），因为正如她所说："每个人都喜欢做东西。"

有趣的是，在过去10年里，由于创客社区和智造社区都在扩展，两者在某种程度上越来越紧密地联系在一起。数字制造硬件和软件的成本虽然还相当高，但已在稳步下降。创客空间的技术水平也在稳步提高。多尔蒂开玩笑说，他认为尼尔"是创客运动的研发部门"。尼尔也深以为然。在许多方面，"数制"工坊运动是更为广泛的创客运动的前沿，因为它利用迅速发展的数字制造技术，更有效地在多个尺度上制造更多外形与功能兼备的物品。

骇客空间和技术工坊则有着不同的起源和文化。骇客空间一直比较分散，有一种松散的、非正式的、由社区驱动的文化，其社区内有一个由志愿者运营的网站，里面有维基、博客和其他资源，但这个网站没有创始人或核心组织。每个组织的运作模式都不一样，反映了当地社区或成员对骇客文化的理解。成立于2006年的技术工坊是一家"会员制的、自己动手的工坊和原型工作室，为不同年龄和技能水平的创客提供负担得起的，开放的，可获取各种工具、设备、资源和工作空间的机会"。

技术工坊的特点是其会员制模式，它向会员提供各种各样的数字和非数字工具。以创客为中心的组织和社区之间存在不少差异，令许多人感到困惑。在《爱上制作》杂志2013年的一篇文章中，古伊·卡瓦尔坎蒂试图解释这种差异。他发现许多学识渊博的人都无法区分骇客空间和创客空间，他说：“我认为需要区分这两者，因为在这里，两个词语的概念和表述对我来说有明显区别。”

卡瓦尔坎蒂还提到了技术工坊和“数制”工坊社区，他认为这两个社区都包含在更大的创客空间概念中：“在我看来，技术工坊和‘数制’工坊都是创客空间的专营店，它们的工作人员专注于从零开始，利用多种类型的媒体进行创作。具有讽刺意味的是，在‘创客空间’一词被广泛使用之前，技术工坊和‘数制’工坊这两个词就已经诞生了，因此它们各自的标志性名称反而比总括性术语更有生命力。”

当然，并非每个人都同意“创客”这个词可以涵盖一切。此外，“数制”工坊既不是专营店，又不是商标（尽管它兼有这两种属性）。然而，卡瓦尔坎蒂强调了这些社区的共性是如何与它们在方法、文化甚至核心价值观上的个性共存的。许多以创客为中心的社区，能力不同，文化各异，操作实践五花八门，既自然又健康。尽管如此，对一个赋能的生态系统的评价仍取决于社区协作和共享知识的能力——尤其是在数字制造方面，设计与制造可以通过数字化的方式共享、调整和共同创建。如果不同的涉众都能够围绕可共同操作的标准来保持一致，那么更多的人和群体就可以在保持各自身份特征和运营模式的同时受益。

指导与领导

赋能智造生态系统的一个关键要素，是确保指导和领导在整个社区广泛分布。智造基金会的负责人雪莉·拉斯特指出了人的重要性：“我过去认为扩大网络就是降低建立新工坊的成本。现在看来成本只是部分问题，更重要的是人。这不仅仅是以自上而下的方式建立新工坊的问题。要提供数字制造的访问途径，就需要培养与新工坊相匹配的人的能力，需要对已经启动的工坊进行可持续的领导。”

当人们启动一个新的“数制”工坊时，设备通常在几个星期或几个月内就能投入运行，但建立和运行所需的社会体系则是另一回事。要使人员配置、内部管理、可持续的财务模式和设计方案正常运作可能需要数年时间，更不用说与关键的外部涉众建立必要的关系了。所以，从一开始，社会体系就落后于“数制”工坊的技术体系。

许多早期的“数制”工坊都是由积极投身其中的社会企业家建立的，这些企业家都有强大的领导力，在发起和运营“数制”工坊的过程中克服了各种挑战。那些尝试启动工坊但未成功，或无力维持工坊运营的人的领导力则不太明显。随着对社区制造的需求的不断增长，领导能力的提高将成为生态系统中的一个基本挑战。

智造生态系统的一个相关障碍是找到经验丰富的导师，以对所有需要帮助的人在软件、硬件和材料方面进行指导。已经建立起“数制”工坊并对当地人员进行了领导力培训的智造先驱（比如延斯·戴维克和纳迪娅·皮克）则多多益善。然而，在自己研究和热爱的项目与越来越多的咨询和指导工作之间，他们很难平衡。事实上，与我们交谈过的许多智造先驱在此问题上都很纠结。许多“数制”工坊没有可以指导如何利用工坊开展各种项目的专职导师。随着“数制”工坊数量的增加，以及技术使制造由以社区为基础变得更加个人化，宏观智造生态系统面临的挑战可能会增加。

除了分布式的现场指导之外，“数制”工坊还需要大量的资源，为那些没有机会接触当地导师，但在项目过程中遇到困难的人提供及时的指导和反馈。总的来说，绝大多数智造领导人（87.3%）报告说，在当地工坊接触导师是非常重要的。与此同时，超过 1/3（35.5%）的人说这很难做到，近 1/2（48.4%）的人说这至少有点儿困难。

指导不仅局限于数字制造所需的软件和硬件方面。目前智造生态系统的另一个关键知识和资源缺口，是在数字制造的原材料方面进行指导。这是智利圣地亚哥大学教授阿莉西娅·加姆勒薇兹尝试突破的一个领域。她重点研究发展循环经济（“数制”工坊的资源可以在本地获取并持续重复使用）而不是线性经济（资源被获取、使用和丢弃）。她指出：“我们需要了解我们周围的材料，利用天然聚合物和其他未被充分利用的材料创造高效的经济。因此我们需要关于当地材料实用性和可用性的分布式信息。”目前，这样的资源在整个智造环境中是非常有限的。

在硬件和软件的设计过程中，能否获取即时信息和反馈也是一个挑战。纳迪娅·皮克对当前的复杂性、资源需求，以及在技术内部形成反馈的机会是这样描述的：“激光切割机上有数千种针对不同材料的设置——激光脉冲的频率、激光的移动速度等等。我清楚这一点，可以回答大家的相关问题，但关于这些信息的可共享的资源我却没有。”皮克补充说，不仅仅是单机才会有这一问题，“很多复杂的组件都需要标准化和互操作，并通过各种方式去适应不断发展的技术”。她指出，“我们需要发展基础设施，以便在技术中隐含知识和能力。”正如皮克明确强调的那样：“重要的是，硬件和软件变得更加直观，并向用户提供更好的反馈。”

这种人与机器有效协同工作的思路是智造经验的核心，也是最近几本关于未来工作的新书的主旨。例如，麻省理工学院的研究人员安德鲁·麦卡菲和埃里克·布莱恩约弗森是《第二次机器革命》的合著者，他们探索发现，在当前与未来的经济的一些领域，人和机器协同工作的效果强于各自为营。与其他一些人一样，他们强调“与机器赛跑”的必要性，经常引用自由式国际象棋中一个值得玩味的例子，以说明技术可以作为人类的补充。在这种类型的国际象棋比赛中，计算机与人类配对，共同与超级计算机竞争（超级计算机已经击败了世界级的国际象棋大师）。比赛中，由人和计算机组成的团队通常会击败超级计算机或顶级国际象棋大师。设计智造技术，并使之更有效地与智造创造者合作，将是赋能智造生态系统的另一个关键组成部分。

强劲的市场平台

智造生态系统还需要开放和强大的市场平台，作为发现、共享、购买和销售数字制造设计、产品与服务的载体。前两次数字革命的一个关键教训是，在任何特定的生态系统中，主导市场平台的控制者都能获得巨大的财富和影响力。尽管苹果公司最出名的是它的电脑和手机，但其应用商店的市场和分销平台是它最有价值、增长最快的资产之一。谷歌 Play 移动应用商店、维尔福的蒸汽视频游戏发布平台和游戏社区以及亚马逊庞大的在线零售平台也是如此。这些企业在塑造其运作的生态系统方面产生了巨大的影响。

无论交易规模大小，市场平台提供商都能赚钱（对于应用程序、游戏、音乐和其他内容，平台提供商一般每笔交易都会提成 30%）。创建数字内容的工具的成本已经大幅下降，而且理论上分配已经民主化。但正如尼尔所指出的，对于绝大多数内容创建者来说，应用程序生态系统更多的是饥荒而非盛宴，大部分收益都流向平台所有者和顶级内容提供商。同样重要的是，这些平台提供商已经成为重点应用程序、游戏、产品和设计的守护者，通常手段是混合算法（将最受欢迎的选择置顶）和管理（编辑选择）程序。

因此，一个关键的问题是，谁来控制智造设计、产品和服务的发现、共享、购销的主要平台？扮演这一角色的组织将通过算法和管理程序中内置的价值观来塑造文化。这些程序中的过滤并不是中立的，每个决策都有内置的假设，而且将社区影响集成到算法和管理程序中的方式也存在相当大的差异。一个典型的例子是谷歌和亚马逊算法中内置的假设，这些假设产生了我们看到的大量信息和购买行为。就像尼尔指出的那样，即使生态系统更像烹饪原料，仍然会有守护者——相当于大型连锁超市——决定哪些产品和服务被重点展示。

虽然已经有一些公司开始为3D打印或激光切割提供市场和在线服务了，但还没有出现任何一家或几家主导市场的企业。在前两次数字革命中，以平台为基础的高端市场往往由少数营利性公司主导。考虑到智造和创客运动在很大程度上是自底向上的，具有自发特性，我们不排除主导市场出现在非营利领域的可能性。像维基百科（知识普及）和可汗学院（学习普及）这样的非营利组织在其领域内都经历了指数级增长，并产生了深刻影响。当然，它们更多地体现为知识与内容的传播，而不是产品与服务的发现、分享和销售。拥有高端智造市场平台的组织将对智造生态系统的文化产生巨大影响。

多样化的融资渠道

赋能生态系统的另一个关键的基本组成部分是为研究开发提供各种私募基金、公募基金和慈善基金的混合融资机制，以及为整个智造社区的营利组织、非营利组织和任务型组织提供阶段性融资。要使“数制”工坊保持其指数级增长速度，就需要大量资金用于持续的基础研究，以支持社区“数制”工坊网络的不断发展，新工坊和网络的创建，并从有利于智造生态系统的角度为开发智造硬件、软件、材料和服务的公司提供商业融资（天使投资、风险投资和私人股权）。

智造生态系统诞生于美国国家科学基金会的研发资助项目。在尼尔所设想的数字制造路线图中，仍然存在着必须克服的重大技术挑战。从社区制造过渡到真正的个人制造，基础性研究仍然是必要的。传统上，科学技术研究由美国国家科学基金会、美国国家卫生研究院、美国国防部高级研究计划署等政府机构（以及其他国家的类似机构）进行资助。然而，现今许多政府核心机构的效能都在备受质疑，更不用说科学和社会科学基础研究的价值了。

虽然私营部门具有推动创新的可能性和必然性，但低估公共资金的影响不仅是危险的，还没有得到历史的支持。经济学家玛丽安娜·马祖卡托在其著作《企业家型国家》中直击公共资金问题，概述了美国国防部高级研究计划署在互联网发展中的作用（通过创建阿帕网来体现），描述了美国政府和欧洲国家政府的研究经费为智能手机触屏的技术研发、医疗制药领域的技术突破所奠定的科学基础。她重点举了美国国家卫生研究院资助的研究和其他不少重要基础研究的例子，指出基础研究在多年之后都促进了社会的变革，引领了产品与服务的发展。

库马尔·加格曾在白宫科技政策办公室工作 8 年，主要负责教育和创新事务。他认为，“对政府领导人而言，关键是要找出政府或公益融资机制最适合解决的最大痛点”。他还指出，在财力和人力资本有限的情况下，往往需要围绕一种系统方法做出艰难选择——是把资源用于解决多个痛点，还是集中力量解决最大的痛点，并针对这一特定痛点优先配置财力和人力资本。

对于那些有志于创建“数制”工坊的人来说，第一个常见问题是启动一个工坊需要多少资金。智造基金会的雪莉·拉斯特预测，启动一个社区工坊并运行两年的预算约为 25 万美元，这个预测包括硬件、软件、耗材、空间等方面，还包括建立和管理工坊的费用与志愿工作人员的招募。现有工坊的资金来源多种多样：政府、社区、当地企业、大学、慈善组织、投资、众筹，以及最常见的多种渠道的组合。后续资金则来源于课程培训、入会费、会员费和项目赠款。

“数制”工坊先驱者的早期团队成员都是满怀激情的社会企业家，他们能够筹集创业资金和后续运营资金。然而，要使智造网络继续发展，总成本就必须降低，战略投资的来源就需要多元化，可持续的商业模式就需要打磨和调整，以满足当地实际需要。要降低总体基础设施成本，就需要一代一代地不断改进硬件和软件。一个强大的、赋能的市场生态系统可以使硬件和软件更优化、快捷、廉价，并支持创新，从而确保成本效益高的环境友好型原材料的供应。

3D 打印技术有利于激励初创企业，吸引投资资本，从而形成竞争、鼓励创新并降低成本。我们期待对减材制造设备、耗材、其他创新和成本降低至关重要的领域的相同市场和投资支持。只有智造生态系统所提供的产品与服务成为普遍刚需，而非仅针对富裕人群，才会引起金融领域的重视与参与。

今天，对有些人来说，获取“数制”工坊资源是刚需。他们认为有必要在工坊中投入一定的时间，是因为他们可以在工坊里做些什么。这些人包括需要用数字制造技术提升工作效率的设计师和现代工匠。对于一些企业家、小业主和大型商业企业工作人员来说也是一样的，如果他们需要成本效益高的、快速成型的产品，就必须利用“数制”工坊的资源来实现。

然而，对于大多数智造社区来说，刚需更多体现在数字制造的过程中，以及融入创客与创新社区的过程中。在智造生态系统的发展过程中，我们接触的大多数人都反映，“数制”工坊的不同凡响之处，在于其社区的丰富内涵（而不是正在生产的产品）和生产的协作过程。

在更大的智造生态系统中，用数字制造工具制造物品的过程，与其产品的质量和用途之间存在着矛盾。莫里斯·康蒂在一家领先的数字设计软件开发商（Autodesk）负责应用研究和创新工作。他对人们参与制造的热情和现有产品的局限性发表了看法：“一个人能够从事某种个人制造，当然超级有趣，但它实用吗？我见识过“数制”工坊对文化的冲击，很有感召力。但即使工坊具备了世界级的设施和专业工作人员，使人们对智造更感兴趣，其产出也很少能与商业产品相提并论。”

学习如何在钥匙链上用激光雕刻人名或者打印可爱的3D小图形是一回事，能否制造万物则是另一回事了。尽管数字制造技术的学习过程蕴含着巨大的教育价值，正常人还是需要很长时间才能制作出大部分消费品。就连尼尔，这位在家里和工作中都能接触最先进的数字制造工具与技术的专业人士，也只制作出一小部分消费品。随着时间的推移和技术的进步，这种情况会逐渐改善，但目前，在“数制”工坊中制作物品和推进社区发展的过程仍然具有很大价值。

基础扎实的数字制造过程，可以培养批判性思维、设计思维、解决问题的能力、创造力、协作能力和适应能力；可以使人形成各种数字素养，加深对工程设计、材料科学等领域的理解。对于越来越多的教育工作者——至少是那些推崇从实践中学习和通过项目协作进行学习的人来说，这种知识、技能和思维方式的培养当然是刚性需求。同样，数字制造对基本STEM技能的推动方式，以及相关素养的培育方式，也逐渐成为许多教育工作者、决策者和一些行业的刚性需求，这些行业希望未来的雇员能够利用迅速发展的技术应对各种各样的新挑战。

挪威北部林根阿尔卑斯“数制”工坊“首席牧民”哈肯·卡尔森讲了一个故事，这个故事充分说明了“数制”工坊的益处。故事中，三个十几岁的女孩在工坊里度过了大部分空闲时间，后来她们都离开小镇去上大学，最后都成了医生。当地人会指着林根“数制”工坊，并讨论“林根山上那栋奇怪的房子是如何产生医生的”。重要的是，她们在经过医学培训之后返乡了。不仅仅是医生，在工坊工作的当地青年后来从事了各种各样的工作，他们当中有企业家，还有教授，他们都把自己的职业成就归功于工坊的工作经验。例如，尼尔在第 1 章中提到的汉斯 – 克里斯蒂安·布鲁沃尔德最近就成了挪威当地一所大学的副教授。哈肯是最早认识到“数制”工坊可以传授各种知识、培养各种技能和思维的人之一，这些知识、技能和思维不仅能帮助人们智造（几乎）万物，还能帮助人们从事（几乎）任何职业。

这些过程导向的益处是巨大的，这个益处需要被扩大以吸引更广泛的人群，同时也需要出现智造产品与服务。智造生态系统将不会局限于单一的杀手级应用程序或服务，而是会不断发展和融合。在社区“数制”工坊的早期阶段，杀手级应用程序很可能是以提供服务而非制作某种特定的物品为目标的，这样可以使个人有深刻的制造体验。

随着“数制”工坊网络的发展，以及早期个人制造或小型企业制造的出现，新的杀手级应用程序和服务应运而生，其目标是将赚钱、省钱和提供大型娱乐的特定设计或项目变为刚性需求。这些应用类似于个人电脑早期的杀手级应用，如文字处理软件、电子表格软件、电子邮箱和电脑游戏。随着时间的推移，杀手级应用程序从特定产品转向了使互联网内容民主化的支持平台和工具，包括制作网页、博客和应用程序的工具，以及上传和共享图片、视频、新闻和其他信息的工具。这些工具使数字内容的大规模出版与共享成为可能。

尼尔对刚性需求问题的回答，某种程度上针对的是个人制造。他认为，数字制造的杀手级应用不是你能在商店里买到的东西，而是一种为一个人这么小的市场生产商店里买不到的产品的能力。然而，为了实现这一愿景，我们需要在赋能生态系统方面取得重大进展，而这些生态系统又需要得到有效治理。

分布式管理

在任何组织中，决策和协调都是困难的，其复杂性与组织内各实体彼此独立又相互依存的分布式架构有关。虽然新技术不是早期的重点，但对分布式社区的有效治理是赋能生态系统的一个关键要素。尼尔以互联网的治理为例，论证了分布式结构的有效性。尽管互联网治理由于其规模和分布式特性而运作顺畅，但它在获取、素养、文明和其他全球性问题等关键问题上没有权威性或影响力。数字制造需要人们提高决策能力和协调能力，以便建设性地应对基本挑战，同时保持其分布性和独立性。

目前，生态系统中还没有一个共享的数字制造治理平台。主要的现行做法是依靠智造宪章，但智造宪章是不完整的。宪章里当前的内容没有任何问题，然而，它缺少了许多宪章共有的一些关键要素，包括关于共同愿景的声明、决策机制和争端解决机制。此外，生态系统缺乏一个完整的许可程序，使宪章真正代表不同涉众就游戏规则达成协议。以下是智造宪章的全文：

什么是“数制”工坊？

“数制”工坊是本地工坊的全球网络，通过提供数字制造工具促进发明创造。

“数制”工坊里有什么？

“数制”工坊共享一份动态发展的核心能力清单，内容包括为智造提供便利，促进人与项目之间的共享。

“数制”工坊网络提供什么内容？

单个工坊无法提供的运营、教育、技术、财务与物流支持。

谁可以使用“数制”工坊？

“数制”工坊作为一种社区资源，向个人开放，并有计划地向项目开放。

你的职责是什么？

安全：不伤及人员，不损坏设备。

运行：协助清洁，维护并优化工坊。

知识：建立文档并提供指导。

谁拥有“数制”工坊的发明创造？

“数制”工坊开发的设计与程序都可以受到保护并根据发明者的选择出售，但应当允许个人使用和学习。

企业如何使用“数制”工坊？

商业活动可以在“数制”工坊中进行原型化和孵化，但不能与其他用途相冲突，它们应该在工坊外而不是在工坊内发展，并使为其成功做出贡献的发明者、工坊和网络受益。

在我们对智造领导人的调查中，大多数人（69.8%）报告说，对智造宪章的认知与利用很重要，但大约 11.3% 的人强烈认为这并不重要。此外，56.0% 的反馈者报告说很难利用。最能说明问题的是，在回答这两个问题时，相当大的比例（超过 20%）的人要么回答“不知道”，要么回答“不适用”（用括号表示）。

当我们与尼尔分享这些发现时，他说宪章在早期是必不可少的，但现在就不那么重要了，因为共同的理解已经根植于智造学院的运作方式和智造全景的其他部分。我们在访谈和调查中，确实观察到了整个社区的智造价值观。我们竭尽所能将其归纳如下：

> 在“数制”工坊中寻找意义、目的和乐趣，支持工坊内部和工坊之间的协作和社区建设。在数字制造过程中培养个体和集体的能力。
>
> 通过数字制造努力实现个人与社会的可持续发展。
>
> 数字制造应该造福每个人，而不仅仅是少数幸运儿。

在当前的生态系统中，这些共同的价值观似乎起到了与宪章相同的作用。事实上，这些共同的价值观超出了现行宪章的规定，而且宪章的某些内容与当前的做法相冲突。例如，“谁可以使用‘数制’工坊”的标准是“数制”工坊对个人开放，并有计划地对项目开放。对于义务教育学校、学院、大学、博物馆和其他机构的“数制”工坊来说，这一标准并不总是可行，因为这些机构可能会受到开放的限制。

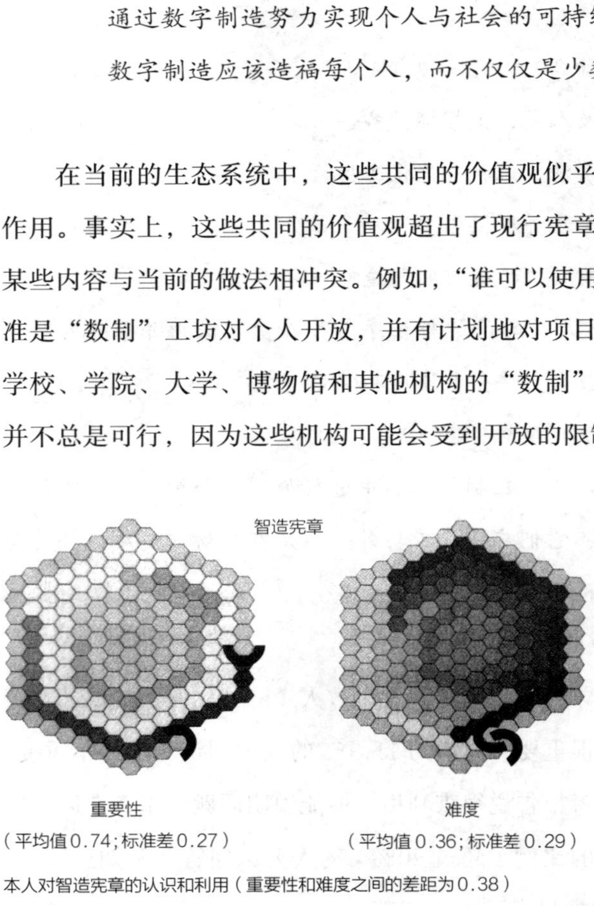

图2-5　访问和使用智造宪章的重要性和难度。WayMark Analytics 公司绘

不过，仅仅陈述共同的价值观，就会产生这样一个问题：随着生态系统的发展，是否需要进行一些修订——更新宪章与标准，以确保其一致性？特别是在一个加速变革的时代，宪章需要成为动态的文件。参考美国宪法和其他提供长远框架的章程文件，再结合智造生态系统的实际，就可以找到思路。建立这样的机制并非易事，但它是关乎事物如何在特定领域中运作的关键步骤。未来的挑战是确保生态系统的所有组成部分——赋能平台、实践和协助治理者——能够适应在第三次数字革命中事物发展的指数级速度。

防范风险

技术发烧友会承认风险，但他们的热情主要集中在技术的潜在收益上。这推动了创新，是个好事。然而，对第三次数字革命早期的清晰观察，也揭示了相当大的风险，需要我们记录、理解和防范（即使它们永远无法完全解决）。例如，智造获取与智造素养问题暴露了破坏性智造鸿沟的潜在风险。其他风险包括与耗材相关的环境恶化、技术滥用（例如，恶人制造恶果），以及人们在日益细粒化的水平上操纵比特、原子和基因所带来的意外后果。

社会的两个首要的制度性目标是创造价值和减轻损害。减轻损害的核心挑战是谁（或哪个团体）将对每一种风险承担责任。在任何大型商业或公共项目的谈判中都有一个关键环节：由谁来承担哪种风险。这一环节首先要求人们辨识所有已知风险和可能产生的各种未知风险。然后，如果谈判进展顺利，每项风险都能分配给可以管控给定风险的一方或多方，个人或团体因持有风险而获得补偿款或其他补偿。如果谈判过程中不能形成解决方案，项目就不太可能取得进展。目前这方面的一个例子是围绕谁承担自动驾驶汽车风险的谈判，选项包括汽车制造商、汽车车主、保险公司、算法编程团队、政府或其他人。

然而，在第三次数字革命中，没有与多个涉众就风险问题进行谈判的既定机制。因此，事情可能会发展，但管理风险的责任并没有完全明确。不能系统分配责任可能会给整个第三次数字革命带来一种元风险。在没有风险缓解协议的情况下，关键风险将得不到管理，当灾难性事件确实发生时，应对措施和资源将会不足，而人们相互之间的推诿塞责会进一步加剧事态的恶化。

首先是环境风险。在目前有关3D打印的炒作中，有专家提出，"要让每张办公桌上和每户人家里都有3D打印机"，这是对微软企业使命声明的改版。考虑到3D技术的目前状况，这一目标有可能导致一场环境灾难。3D打印过程基本上是将各种材料堆压在一起。虽然一种常见的聚乳酸材料是以植物为基础的，但从石化产品中提炼出来的其他材料是不环保的，而且很难回收利用。

巴塞罗那"数制"工坊的托马斯·迪兹说："'数制'工坊使用的胶合板、加入丙烯腈－丁二烯－苯乙烯（ABS）的塑料、依赖于丙烯酸酯的电子产品都越来越多。这绝对是不可持续的。"如果数亿人在不环保的材料基础上进行迭代和修补，第三次数字革命就会面临潜在的环境风险，包括自然资源的严重枯竭、碳排放量的急剧增加，以及数字制造过程中过量废弃物的产生。

然而，如果我们能够开发出环保的可重复利用的数字制造材料，就有可能产生巨大的环境红利。在智造城市白皮书中，迪兹指出了城市目前在环境退化中的作用："极端工业化和全球化使城市变成了最贪婪的物质消费者，它们通过直接和间接的能源消耗成为碳排放的主要来源。我们需要重新规划这些城市及其运作方式。"正如我们在后面的章节中将看到的那样，对本地材料的再利用、对更好的资源的开发，以及可组装和可拆卸的数字材料的出现，对于防范全民个人制造的环境风险至关重要。

发展中国家的另一个风险源自其薄弱的体制。比起许多地方机构领导者，跨国公司有能力更快地培养数字制造能力。这种情况已经悄然发生了，美国联合包裹服务公司在其仓库设施中建立了快速原型中心，以便按需生产和交付某些产品。其风险在于，相关技术的守护者不是分布式社区中心，而是大型企业，情况更类似于前两次数字革命。在这一场景中，第三次数字革命将更快地降临到发展中国家，不过变革方式将取决于对企业是否有利可图（是否符合智造价值观）。

还有一个更加凶险的风险，就是恶人加入智造会产生恶果。这种情况已经出现了。3D 打印枪支的故事很快就在社交媒体上蔓延，在互联网上层见迭出。武器的制造是一个真实的风险。尼尔在回应这一担忧时指出，“数制”工坊并非制造枪支最有效的方式——比起在“数制”工坊制造枪支，还有更有效的方法来获得枪支。然而，随着数字制造工具变得更优化、更快捷、更便宜，他的观点就变得不那么有说服力了。如果数字制造的目标是让任何人制造（几乎）万物，那么它肯定也可能会使制造具有危险性和破坏性的东西的速度加快。

解决这个问题没有万全之策，但是有多种方法可以帮助我们降低风险。其中一个方法是通过当地工坊进行指导与监督。来自印度浦那郊外“数制”工坊的约各什·库尔卡尼积极应对这一挑战。他认为，“数制”工坊可以成为一个重要的工具，帮助我们识别具有危险倾向的青年并引导他们走向正途。当被问及年轻人使用工坊制造武器的风险时，他认为，密切监督是关键。“虽然风险不大，但我们也会看到学生用磨床磨刀。当这种情况发生时，我们会加以阻止，解释这不是工坊所允许的。”这种方法类似于社区警务的工作，在突发事件的早期就能将其系统地捕捉到，以确立规矩，弘扬文化，降低更大、更具有灾难性的事件发生的概率。

系统层面的一个相关风险是数字制造世界的网络恐怖主义，更令人担忧的是数字材料世界的网络恐怖主义。这意味着我们需要无懈可击的分布式基础设施。此外，我们知道系统解决方案的提出必须考虑社会因素，同时也需要技术支撑。

虽然艾伦和乔尔的职业生涯是在截然不同的部门中度过的，但他们都对管理技术风险的创新方式有着深刻见解。这些见解源于他们各自的领域——工作场所和劳动实践（乔尔）以及数字娱乐和在线社区（艾伦）。这说明了跨部门合作和知识共享的重要性，因为几乎每个部门和领域都必须应对技术加速发展带来的持续性风险。

我们先从乔尔开始。他受雇于美国国家航空航天局（NASA），参加了负责对未来"月球—火星"任务进行安全和风险评估的两个小组中的一个。一个小组使用所谓的概率风险评估（PRA），它统计所有已知的可能会发生的失败，为每个失败加上一个概率，然后计算任务的总体风险。另一个小组由麻省理工学院的南希·莱维森领导，这个小组使用了一个系统安全模型，该模型观察整个系统的运行情况，并利用一个与其相互依赖的系统动力学模型来识别漏洞。一种方法将风险分解，而另一种方法则研究事物是如何相互叠加和相互关联的。然而，风险分析往往只关注 PRA 式的风险分解，而不太关注系统方法。在此情况下，乔尔回顾了 PRA 报告，该报告指出，这是对与任务相关的所有已知风险的全面评估——除了那些与软件和组织因素有关的风险。显然，第三次数字革命中的风险不能仅仅通过分解单个部件的风险来解决。

除了正式的风险缓解程序外，在法律方面也存在基本挑战。由于一些物品对安全至关重要，所以"数制"工坊必须确保这些物品符合要求。使用假冒伪劣产品甚至是善意的替代部件，都可能会破坏产品设计的安全性。这一挑战涉及认证和知识产权问题。冈萨洛·雷伊是穆格公司的首席技术官，该公司生产航空航天、医疗、能源和其他行业的精密控制部件，他讨论了真实性问题："我们公司确实担心真实性。比如，人们喜欢使用名牌手表。对我们来说，当务之急是金属级 3D 打印正在实现。如果你从事飞机制造或外科手术工作，就必须确认部件的真实性。这是与设计师品牌手表相同的技术载体——包括与设计配套的数字版权。在安全的前提下，真实性是至关重要的。"

另一个围绕新技术的风险涉及劳动实践。目前，数字制造生态系统中的大部分工作都由志愿者或兼职临时工——所谓的"零时工"——来承担，新出现的商业化共享设计、产品和服务的机制也发生了碎片化的工作需求。这是劳工经济学家戴维·韦尔所说的"裂隙经济"的一部分，在这样的裂隙经济中，公平薪酬、工作场所安全性、歧视的预防、表达机会与相关保护等政策目标越来越难以加强。目前的风险在于，"数制"工坊的工作将成为当前更大的社会挑战的一部分。这种风险因数字制造环境的不同而异，这些环境包括中小学校、学院、大学、博物馆、社区工坊、工业环境，某些环境涉及的工作的碎片化程度尤其严重。

一段时间后，围绕着劳动力和工作场所的实践将出现更大的风险，它将成为生态系统的特征。如果能将协作和其他建设性做法制度化，那就太棒了。风险在于，增加能力差异、减少合作的安排将占据主导地位。例如，分享设计和交换产品与服务的平台可能最终只会被少数人控制，这些平台为他们带来高额利润，而数百万贡献者的所得却不尽人意。这种情况将不利于建设一个更加自给自足和可持续发展的社会。

针对制造危险性物品或杀伤性物品的行为策略，也是一种风险缓解方式，其核心是建立跨越所有数字社区的规范，重点解决围绕数字文明和减轻不良行为的关键问题。这方面的一个有趣的例子来自一个看似不太可能的行业——视频游戏行业。一些较大的网络游戏社区普遍存在种族主义、同性恋恐惧症、性别歧视和其他毒害行为。由于商业和道德方面的原因，游戏开发商不得不直面这个问题。Riot 游戏公司就在积极应对这一挑战，它开发的《英雄联盟》（*League of Legends*）游戏风靡一时。这个社区拥有近 7 000 万名玩家，规模庞大，具有全球性。Riot 游戏公司发现，毒害行为令许多现有社区成员感到沮丧，还吓跑了新玩家。由于早期设计时并没有优先考虑这些扰乱社会的行为发生的可能性，公司不得不重新考虑其核心社区和设计假设。

Riot 游戏组织社会科学家、神经系统科学家和游戏设计者来研究这个问题。他们详细研究了社区中是谁在推动这种毒害行为，这种行为是如何传播的，以及它是如何影响社区的。他们还研究了良性行为的相同因素。然后，研究人员进行了公测，向游戏流程中整合入减少毒性并增加良性行为的机制，其中包括各种倡议。该公司还尝试在游戏中添加同行评议，以帮助玩家判断特定行为是否具有毒害性。另一项举措是提供奖励（连同信息和提示），以鼓励游戏玩家的良性行为。该公司还确保对不同类型的不良行为进行处罚，处罚力度根据违规行为的性质和严重程度来决定。他们还使用机器学习算法跨越不同语言和文化进行实时跟踪。这种方法的核心是在发生毒害行为时向玩家提供清晰的、具体的即时反馈（什么也不做，既不宽容又不强化毒害行为）。同样重要的是，这一过程既要透明又要谦逊（不夸大其意图），还要认真培养社区中更好的“天使”。

效果令人印象深刻。在接受《自然》[①]（*Nature*）杂志采访时，Riot

① 《自然》于 1869 年在英国创立，在学术界享有盛誉，常与美国的《科学》杂志并称为世界两大顶级学术刊物。——译者注

游戏公司社会系统首席设计师杰弗里·林着重描述了当骚扰导致游戏中出现不良表现时，游戏内置的警示是如何减少毒害行为的：“与对照组相比，负面反应减少 8.3%，言语辱骂减少 6.2%，攻击性语言减少 11%。”一个关于球员合作的正面提示，减少了 6.2% 的攻击性语言。在公司发布机器学习算法后，相对于其他排名游戏（电子游戏中最具竞争力的游戏）而言，语言毒害降低了 40%。

Riot 游戏公司已经表示，它将公布其成果供大家借鉴。在本例中，软件开发人员愿意“承担”风险，因为风险影响到他们的商业模式和客户体验。

在软件的设计和持续优化中鼓励积极行为，只是管理风险的众多内置技术解决方案中的一个例子。数字技术基础科学的一个关键方面涉及纠错的概念，尼尔在下一章中就此进行了更全面的探讨。对于人和社会的纠错要比技术纠错更难，不过 Riot 游戏公司的例子提供了一些可能的方式。顺着这些路径思考，可能有一天机器会感知到某些材料的误用，或者在出现新的误用形式时应用人工智能（AI）学习如何处理。当前，考虑方法和应对潜在误用事件仍然需要人来做出决定。因此，任何缓解风险的策略都应该拥有一个重要内容，即一系列广泛的论坛和机制，专门用于跟踪和解决出现的问题，同时预测潜在问题，进而将社会进程与技术结合起来。

虽然 Riot 游戏公司的例子阐明了如何利用技术使行为走向更加文明的语言形式，但它假定了玩家对技术本身的最低接受程度。贝蒂·巴雷特是香槟–厄巴纳市社区“数制”工坊的联合创始人，也是针对美国“数制”工坊中的涉众队伍进行研究的团队领导者之一，她指出了一个更深层次的风险：“指数变化的方向并不总是向前或向上的。变化的速度可能出现倒退。世界上有些势力认为倒退符合他们的利益。这包括

‘宗教激进主义信仰’和‘反智主义’。”她补充说，“对科学的强烈怀疑和不信任限制了变化的速度。这是一场规模宏大的战斗，数字制造将被许多人对技术变革的恐惧影响。”当然，具有讽刺意味的是，这些狭隘的看法又被科技手段放大了，其影响还在加速。巴雷特注意到这里有两个风险。首先，数字制造还没有准备好面对极为猛烈的意识形态阻力，而意识形态的存在本身就被视为一种冒犯。第二，世界某些地区将不会面临如此强烈的阻力，并将加速前进，进一步加深智造的鸿沟。

当我们进入第三次数字革命的后期时，随着扑朔迷离甚至已经暗流涌动的新风险的接踵而至，这些源于恐惧的挑战可能会深化。尼尔经常谈到机器是如何制造机器的，正如我们在以后的章节中所了解到的那样——装配机组装装配机，但他并不清楚人类如何融入这些召唤性图景。过程将如何开始和终止？它会停止吗？它会暴虐横行吗？当人们听说机器制造机器和装配机组装装配机时，他们很难不陷入“顽劣的人工智能肆虐人类”的想象。当我们考虑到人类的许多生存威胁时，人工智能与数字制造必然交织在一起。在这里，基本挑战始于如何围绕第三次数字革命的前景培养博闻强识且专注投入的人群。这项技术需要以一种吸引人的方式呈现，突出清晰明确、通俗易懂且触手可及的功能，消除真正的内心恐惧。正如我们即将在第6章深入探索的那样，我们必须将用脑（以逻辑为中心的方法）、人心（以情感为中心的方法）和动手（实际动手方法）相结合，其目的是确保社会体系与加速进步的技术有效地协同发展。

第三次数字革命的潜能也引发了一个问题，即社会中将由谁来仲裁技术中蕴含的价值观。我们是相信技术人员，还是会邀请伦理学家、社会学家、说书人、宗教领袖和调解员？我们（几乎）可以设想出数字技术相关道德问题的解决进程，但更为困难的是使人们相信其解决结果的合法性，它必须要经得起历史的检验。

虽然“数制”工坊必须降低自身风险，但它们也可以在降低社会风险方面发挥作用。正如尼尔在第 1 章中所介绍的那样，迪娜·埃尔–赞法利于 2011 年埃及骚乱时，在开罗与人共同创建了一个“数制”工坊。事实上，它位于离解放广场不远的地方。在抗议的喧嚣中，“数制”工坊被证明是一个中立的、安全的地方。埃尔–赞法利回忆说，这是“一个充满活力和热情的气泡。它与革命有某种联系，但也是分开的”。即使数字制造带来了新的风险，“数制”工坊也能培育社区并促进创新，从而在抗议和变革的时候降低风险。

数字制造能力可以发挥降低风险的作用的另一个领域是由美国众议员比尔·福斯特提出的。福斯特重点关心国家安全问题，他指出军事和自然灾害的威胁可能会使经济大面积瘫痪。在这些场景中，他认为分布式制造是灾后重建一个运转良好的社会的重要能力。福斯特进一步描述了一种军事场景，其中包括在战争中更多地使用机器人。在这种情况下，入侵者可能在每个街角都安置军事化机器人。反击的能力很可能取决于当地与该国的数字制造能力，以产生应对意想不到的技术威胁的快速原型反应。

福斯特在国会提出了一项法案，阐明了“数制”工坊在全美的网络价值。除了国家安全领域，他还认识到“数制”工坊是一个促进学习、建设社区和鼓励创新的源泉。但对于国会中的许多人来说，当重点放在工坊网络有可能减轻社会灾难性风险上时，人们就会更加重视。

大挑战

社会面临着许多重大挑战，每一个挑战都伴随着全球风险。联合国有 17 项“可持续发展目标”，包括第三次数字革命可以推进的许多目标：扶贫；城市和社区可持续发展；负责任的消费和生产；体面工作与经济增长；减少不平等；工业、创新和基础设施；优质教育；和平、正义和强有力的体制。尼尔甚至针对这些目标开设了一个“数制”工坊。基金会、专业协会和全球组织都在阐述重大挑战，这是有原因的。这是因为大多数社会机构并不能有效解决这些复杂的、不断演变的、相互交叉的问题。正如经济学家、历史学家、诺贝尔经济学奖得主道格拉斯·诺斯在 1990 年定义的那样，制度“是由人类衍生的、影响人类互动的约束”。简而言之，它们是游戏规则，数字制造有可能成为社会机构的游戏规则。然而，要实现这一可能，首先要把握原有的体制环境。

许多现有的机构，如那些与教育、商业、社区和环境有关的机构，正在努力跟上技术加速进步的步伐。多数情况下，现有的机构代表着保守主义，为数字制造等新事物设置了潜在的障碍。第三次数字革命将同时让现有机构参与进来，并揭示系统中的漏洞——这些漏洞将被新出现的、更加机敏的人、平台和程序利用。

在调查中，我们要求智造先驱展望 2025 年，并预测数字制造将在多大程度上改变社会的关键要素——教育和培训、商业和创业、政府和民间组织、环境和经济的可持续性以及社区和文化。在这一群体中，有许多人在这些体制性安排下发挥着作用。在设计和制造方面，64.7% 的人说自己扮演了教育角色，53.9% 的人说起到了社区组织者的作用，35.9% 的人说起到了公共领导的作用。在图 2–6 中，数字等级表示先驱者在数字制造对社会各个方面的影响的问题上的平均反应（在数字等级中，0 表示“完全没有改变”，10 表示“完全改变”）。

考虑到距离 2025 年还有不到 10 年的时间，那些最接近数字制造技术的人预计将会发生相当大的变化，其中教育领域和培训领域的变化最

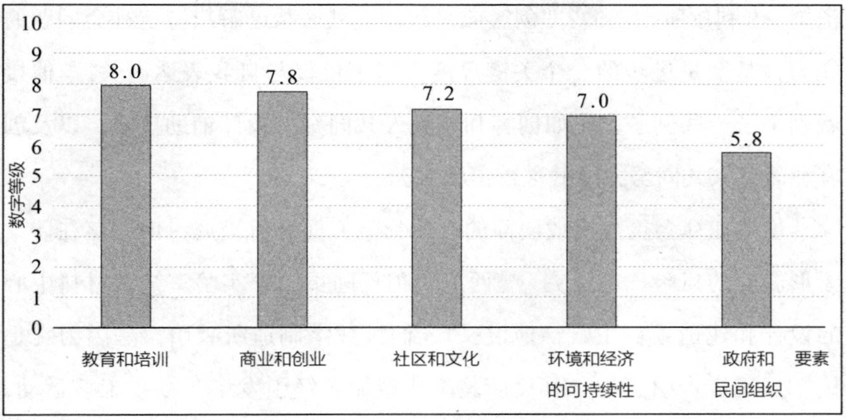

图 2-6　预计到 2025 年数字制造会对社会产生的影响。WayMark Analytics 公司绘

大，而政府和民间组织的变化最小。要知道，这些都是先驱者的预测，而非他们的意愿。预测的意义不是描述你想要什么，而是预测事情的发展方向，找出干预的方向，或者提示如何从现在做起，以实现共同的目标。因此，这一预测活动得出的结论是，那些最接近新技术的人预计政府和民间组织将在技术上落后。对于这些机构的领导人来说，这一预测应该被视为一种应当深入研究的挑战，实际上，结论证明这些机构领导人是错的。

正如尼尔在第 1 章中指出的，联合国领导人并没有看到重大挑战与数字制造之间的直接联系。但是，当他们意识到这一点时，他们对数字制造的整体态度从认为其可有可无，转变为把它看作一个刚性需求。要使第三次数字革命真正成为一场革命，不仅仅需要在技术性能方面表现出指数级的增长。这项技术必须明确地解决长期的社会需求，其模式是可复制的，并在当地适应广泛的影响。仅仅符合联合国可持续发展目标的概念并不意味着这就是现实。

正如前白宫科技政策办公室副主任、创客和智造运动的有力倡导者汤姆·卡利尔所指出的：“创客或‘数制’社区帮助解决特定社会问题的能力，是衡量进步的一个关键尺度。这不仅仅与自我表达有关。”他接着列举了一些例子，比如创客和残疾人共同努力设计辅助技术，以及创客和教育家共同努力降低学校辍学率。

虽然在社会重大挑战层面的有形影响方面取得进展，但还存在涉及无形影响的风险。德里克·曼西尼曾担任阿贡国家实验室纳米材料中心的设计和建造项目主管，他说：“人们被数字制造所吸引，是因为它是技术加速进步引起的一种反应。工业革命曾经引发了一场手工艺运动，这种情况与人们被数字制造和创客运动吸引的情况差不多人们在接触创客技术时，就会表现对个人控制的深切渴望。”这样，数字制造的兴起对于人们在加速变革的时代实现更大的个人控制提供了巨大的机遇。

总之，令智造生态系统悲喜交加的，是对第三次数字革命的未来至关重要的 4 个基本挑战：智造获取、智造素养、培育赋能的智造生态系统和降低潜在风险。此外，还存在持续的矛盾，例如技术的易用性的平衡和对“黑匣子”解决方案的避免；将对可互操作的标准和协议的需要与社区的分散性和独立性相协调；对不同涉众之间的无等级决策和集体行动的各种需要的平衡。我们应对这些挑战和矛盾的综合能力，很可能会决定我们将平衡推向怎样的未来——一个所有人都能智造（几乎）任何事物的乐观的未来，或者一个一些人可以智造（几乎）任何事物的未来。

（本章由艾伦、乔尔撰写）

第
3
章

背后的科学

想要了解数字制造的未来，我们必须要先理解它的过去。根据不同的计算方式，我们通常认为第三次数字革命是在 2000 年前后随着创客运动的兴起和第一个“数制”工坊的成立而发生的。我们也可以将其发生时间追溯到 1950 年左右，即早期的电脑在麻省理工学院第一次成功连接一台制造机器的时候；如果再往前推算，其开始时间可以追溯到 40 亿年前，即生命演化出“分子制造”机制的时候。

在各个历史时期，无论你选择哪个时间起点，数字制造都与通信的发展和计算的数字化有着密切的历史相似性。三次数字革命有着相同的核心理念。它们教给我们的共同的一课是在其演化路径变得清晰与技术到达最终形态之前，其含义都可以被理解与实践。过去发生的只是第三次数字革命的序章，就像我们在本章内容中描述的那样，我们会跟随摩尔定律在过去几十年间的发展轨迹，与现在正在发生的拉斯定律接轨。

从摩尔定律到拉斯定律

1965 年，戈登 · 摩尔发布了历史上最著名的图表，这个图表知名到被认为定义了通信与计算领域的数字革命的程度。当时，《电子》（*Electronics*）杂志希望摩尔对下一个 10 年内电子零部件的发展进行预测。那时，摩尔是仙童半导体的研发部主任，他在 1968 年的时候还协助他人成立了英特尔公司。

他通过 5 个数据点就看到了未来。把集成电路上的器件数量与时间作为参数绘成折线图，结果表明器件数量几乎每年都翻倍。经典的翻倍原理是增殖。一个细胞会分裂成两个细胞。之后，这两个细胞会分裂成 4 个，4 个细胞会分裂成 8 个，之后是 16 个，以此类推。这个数列可以写成一系列关于 2 的指数规律的式子：$2=2^1$，$4=2\times2=2^2$，$8=2\times2\times2=2^3$，$16=2\times2\times2\times2=2^4$…… 对数函数与指数函数相

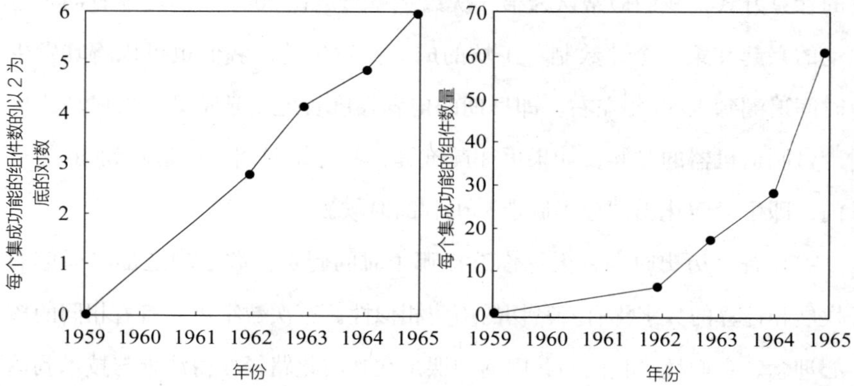

图 3-1　戈登·摩尔的原始数据，用对数和线性尺度表示。尼尔·格申斐尔德绘

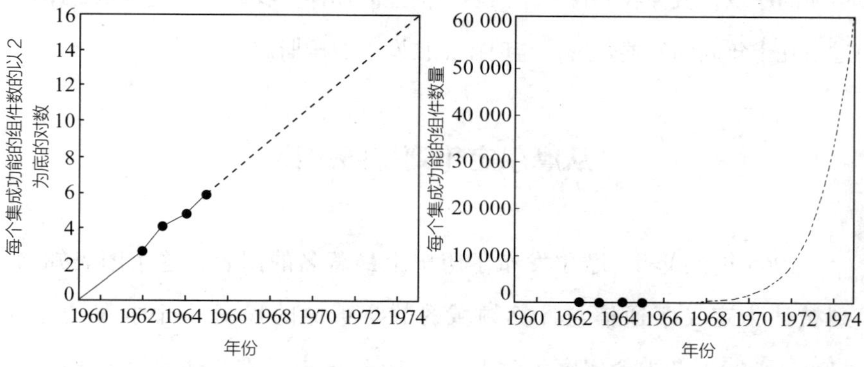

图 3-2　摩尔定律的初始投影，用对数和线性尺度表示。尼尔·格申斐尔德绘

反，它计算指数函数中的“指数”：$\log_2 2=1$，$\log_2 4=2$，$\log_2 8=3$，$\log_2 16=4$……这就是为什么对数的线性增加（1，2，3，4）与被测量数字的指数级增加（2，4，8，16）相对应。这也是为什么在摩尔把晶体管数量的对数与时间作为参数绘成的折线图中，数量翻倍的趋势会表现为一条直线。

我们的许多生理感知只对对数变化产生反应。因为我们的身体将光线强弱的翻倍或者声音大小的翻倍看作一个等量增加，所以我们才能从一个昏暗的房间走入一个敞亮的房间而不被刺瞎眼睛，或者从一个安静的门厅走入一个吵闹的剧院而不被破坏耳膜。但是，我们对世界的感知更多的是建立在线性关系上的。银行存折显示的是金钱数量的变化，而非数量级的变化；时钟描述的是时间的流逝，而非时间的加倍。在只有 5 个数据点的情况下，对数图与线性图看起来很像。但是这种关系被称为摩尔定律而非摩尔曲线，是因为他大胆地推断这种直线趋势会在接下来的 10 年中一直持续。如果将晶体管的数量画在一个线性图上，你就会发现，在一个突然的转折点之前，似乎什么都没有发生。但是，对数图能够让你很清晰地看到，晶体管的数量每年都在翻番。

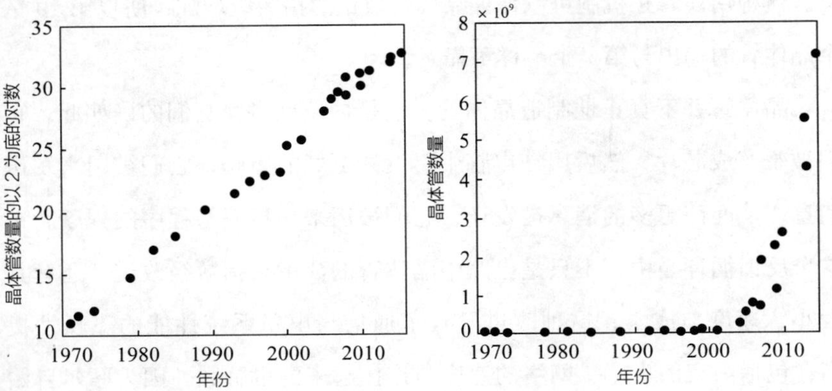

图 3-3　英特尔微处理器中的晶体管数量，采用对数和线性尺度。尼尔·格申斐尔德绘

摩尔几乎将这个趋势完全说对了。翻番的趋势实际上一直持续了50年。摩尔定律的核心可以体现在英特尔生产的微处理器中的晶体管的数量上。在接下来的40年中，晶体管的数量持续翻番（直线在对数图上延伸）。如果你用线性关系画图，你大概会得到这样的结论（除非你进行了仔细研究）：在先前的数十年中，几乎没有什么转折发生，但是在2000年左右，一个数字技术的革命发生了。这大概是线性关系带来的认知，但是对数关系图很清晰地表示了每年翻番的趋势延续了数十年。

什么是在集成电路中复制？最佳答案是间接的：比特是。模拟替代方案的表现与其不同。在这本书的序言中，我们说过，如果我们往复印机中放入一张纸，会得到两个复印件。如果这两个复印件被复制，会得到4个复印件，再之后是8个，以此类推。但是每一次复制都会使被复制的信息稍微退化，直到后面的被复制的信息变得一团糟。持续的翻番只有在能够进行错误修正的情况下才能进行。细胞会在其分裂的过程中自动检测基因组复制过程中的错误并进行修复。现在世界上最大的集成电路有数十亿个晶体管，其中每个晶体管的信号都会失真，但是由于集成电路会持续修正，恢复比特的逻辑水平，因此错误的概率会指数级下降。这种错误修正机制可以保证晶体管数量的指数级增加，所以第10亿个晶体管的输出与第一个一样可靠。

晶体管并不真正地制造晶体管，但是抽象地讲，它们的确如此。它们被生产成芯片，然后用在电脑中，设计更好的电脑；它们被用来发送消息，从而使更多的消息被发送；它们被用来编写编写程序的程序。在这个反馈循环当中，不只是电路中晶体管的数量呈指数级改进，还有其大小、速度与成本。这种改进导致了通信与电子系统性能的飞跃性提高，包括内存的大小、网络的速度与连接起来的电脑数。因为摩尔自始至终都没有把他的观察命名为摩尔定律，所以对于摩尔定律到底测量的是什么有不少争议，而最佳答案是信息科技的性能。摩尔定律的重要性不在于其定义，而在于数十年来数据点始终与最初趋势相吻合。

以时间为横坐标，以信息科技的性能为纵坐标的对数图表现为一条直线，但是这不意味着其代表的技术本身的发展是线性的。相反，其发展往往分为不同阶段。通过前驱程序发送到互联网的第一条信息是在楼房那么大的大型计算机之间传递的；当互联网连接了约 1 000 个站点时，计算机发展为房间那么大的小型机；在拥有 100 万个站点时，计算机发展为可放在书桌上的个人电脑；在拥有 10 亿个站点时，计算机已经发展为能装进口袋的智能手机。同样的事情发生在这些机器内部的所有部件上。

集成电路一开始是用手工切割的掩模版（掩模版准确地定义了硅片上蚀刻和堆积材料的位置）在硅片上制造的（这是我最初学到的一门失传的艺术）。之后这一步被自动化了。掩模版先直接接触晶片，然后变成了用还原光学器件进行投射。曝光步骤一开始是用可见光，而后来使用的是短波长极紫外光，等等。由于以上每项技术的改进都具有极大难度，在摩尔定律持续发展的每个 10 年中，人们都做出了这个定律即将终结的预测。然而，每次技术升级又确保了摩尔定律的延续。

指数增长的确最终会到达其资源极限。专业术语是 Sigmoid 函数，表示为一个 S 形的曲线。它是从一个平缓增长的区域（S 的底部）开始的，之后是一个加速增长的中间段（S 的中间），之后是一个平缓增长的区域（S 的顶部）。在一个生物细胞的增殖过程当中，增殖的细胞数量最终会被环境的空间大小以及养分的多少限制住。摩尔定律已经超出了物理学的范围，因为它达到了极限。在 2015 年左右，翻番开始减速。在大规模生产的芯片中，每个器件的构造都如此之小，以至每个单个原子的排列都必须被追踪，而在实验室内已经出现能够这样做的单电子晶体管，其开关取决于单个电子是否存在。一个晶体管不可能比这个尺度更小了，除非我们开始用原子核编程，但是到目前为止这种控制原子核的能力只在高能粒子加速器中存在。

摩尔定律也同时限制了用户数量的增长。当几乎每个人都可以接触一台连入互联网的电脑时，驱动这些设备发展的需求将不复存在。电脑与通信设备将会变成一般的缓慢取代的商品而非快速增长的新鲜事物。如果说用户就像让计算机产业茁壮成长的养料，接入用户数量的S形曲线在达到极限之前就已经开始减缓，正如乔尔和艾伦解释的那样，电脑连接最后几十亿人花的时间将会比之前连接几十亿人的时间要长很多。

摩尔定律的终结是科技界和经济界的一个焦虑的来源，因为摩尔定律对应着一段生产力快速提高的时期。假如技术停止增长，经济也会随之如此。对于绝大多数正在被海量信息轰炸且不再被计算机性能局限的消费者来说，这不是他们所关心的。

饱和的需求也将影响被称为"摩尔第二定律"的事物：芯片工厂的成本。摩尔最初并没有考虑这一点，但是最前沿的芯片工厂的成本已与其他数字世界的一切一样飞涨，这一代设备现在要消耗至少几十亿美元的资金，当前一代芯片的开发可能要花费一亿美元。一旦这些投资用完，晶体管的制造成本就会降至比一美分还要小的数字，但是如此海量的资本支出事实上禁止了除产业最大玩家与最大应用市场之外的玩家与市场。

芯片工厂耗资的不断上涨是因为芯片制造在本质上是一系列非数字化的模拟的步骤。材料被连续不断地沉积或者蚀刻，在这些步骤中对于品质与公差的要求非常苛刻，因为任何瑕疵都可能毁掉整个芯片。在这个工业中最核心的机密就是良品率——在最尖端的制造工艺下总是会有极少数的芯片质量不过关。

第三次数字革命的愿景是将生产制造从摩尔第二定律移至摩尔第一定律。大约在 2003 年，为了建立第一代“数制”工坊，我去了英特尔，见到了戈登 · 摩尔，和他讨论其可能性。他从一个不太大的格子间座位（所有英特尔管理层都是如此）起身来到我们的会议室。他对于自己在技术发展中扮演的角色表示非常谦虚；他没有自己命名摩尔定律，并且他并不轻易使用“摩尔定律”（这个名字来自一个加州理工学院的合作者——卡弗 · 米德）来描述那个法则。英特尔对于摩尔定律的遵循体现为一个清晰的组织分界线，这个分界线可以区分为集成电路开发程序和发展逻辑的计算机科学家与为集成电路开发器件和发展制造工艺的物理学家。计算机是数字化的，但是制造工艺是模拟的。

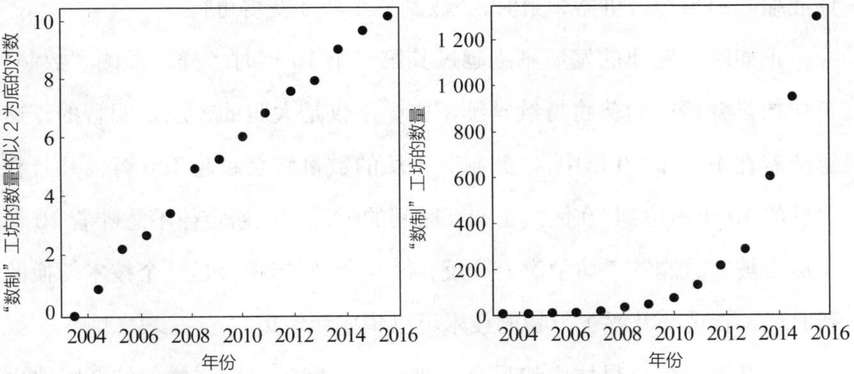

图 3-4 “数制”工坊的数量，用对数和线性尺度表示。尼尔 · 格申斐尔德绘

正如在之前的章节里描述的那样，我第一次认识到在数字制造里面或许有类似摩尔定律的趋势发生是在雪莉 · 拉斯特（比特和原子中心的“数制”工坊项目及智造基金会的管理者）注意到世界上“数制”工坊的数量大约每一年半翻一番的时候。一个决定性的观察就是她桌子上有关“数制”工坊的文件的高度在不停翻番。我们开玩笑说，这就是一

个类摩尔定律，我们称之为拉斯定律。就像摩尔定律一样，这个定律已经持续了比我们预想的长得多的时间。经过十多年的发展，现在大约有 1 000 间“数制”工坊，这是经过 10 个翻倍周期得到的结果。“增殖”的原因很简单，当一个“数制”工坊开张的时候，周围的人就受到了启发想开另一个，而这个过程当中的错误纠正机制是每个“数制”工坊都有一种功能相同且不断演化的核心能力，因此操作人员可以在不同“数制”工坊之间对各个项目进行共享交流。

“数制”工坊的发展始于 2003 年建立的第一个“数制”工坊，而非 20 世纪 50 年代计算机控制制造的发明。在 20 世纪 50 年代，一个“数制”工坊的规模与造价相当于运行所有机器所需的 10 台左右的计算机的规模与造价。感谢摩尔定律的延续，只有当数字计算与通信的造价、规模与性能缩减到与一台机器相当时，“数制”工坊才变得可行。

正如摩尔定律的发展刚刚越过其第一个 10 年时一样，预测“数制”工坊数量翻倍的趋势将持续延续下去，不仅是大胆的，还是明智的。这意味着在下一个 10 年中，“数制”工坊的数量将会超越 100 万，并且在之后的 10 年内达到 10 亿。正如互联网的扩散，拉斯定律不意味着 10 亿个房子被“数制”工坊填满，相反，每一个 10 年都会是一个技术转换的新时代，智造（几乎）万物的技术可以集成和使用。

就像很多信息科技中的量最后被归纳入摩尔定律一样，拉斯定律也很可能被应用到很多描述数字制造发展的方法当中。这些方法涉及了被组装的部件的数量、组装的速度、一个部件的尺寸与成本，以及组装工序的复杂程度。当互联网连接了 10 亿台电脑时，这些电脑内部芯片的晶体管数量达到了 10 亿；当世界上有相当于 10 亿个“数制”工坊时，它们很可能会制造出具有 10 亿个部件的物体。相信这个规律会变为现实就好像相信摩尔定律会变为现实一样荒谬。在第 5 章，我会描述到达那个未来的路径。

拉斯定律可以被视为一种对摩尔定律的延续而非替代。摩尔定律存在于一个平面上，即一个集成电路上；拉斯定律将其从二维转入我们生活的三维世界。摩尔定律被用于描述一个芯片被制造之后具有的性能；拉斯定律将其延伸到如何在第三次数字革命中制造它们以及其他一切物体。第三次数字革命的结论是，为计算的未来长期寻找的杀手级应用是制造。

通信、计算与制造

摩尔定律可以被视为类似于经济学家所说的宏观经济学或物理学家所说的热力学的一个系统的总体属性。如果要理解摩尔定律与拉斯定律之间的历史相似性，我们就必须将目光放长远，越过指数增长图，研究等价于经济学家所说的微观经济学或物理学家所说的统计力学的微观元素，即构成一个系统的单个组件。所谓单个组件，就是前两次数字革命中的计算与通信机器以及第三次数字革命中的制造机器。

当计算机首次被大型机构制造出来并且用于大型机构的时候，它的体积可以填满整座建筑。现代交互式计算机的架构可以追溯到第一台能够对输入指令进行实时响应而非分批处理的大型电脑上。旋风 I 型计算机是在麻省理工学院的伺服机构实验室中被开发出来的，可用于替代控制飞行模拟器的模拟计算机。后来，它成为半自动地面防空系统（SAGE）的基石。旋风 I 型计算机于 1947 年开发，于 1951 年开始服役。它耗资数百万美金，其机身填满了一幢大楼的好几层。

图 3-5　麻省理工学院第一台计算机控制铣床。麻省理工学院图书馆，学院档案馆和特藏，J. 弗朗西斯·赖因特耶斯论文，MC-0489，专栏 8

1925 年，第一个计算机控制的制造机器就是这个计算机项目的一个分支。一个叫约翰·帕森斯[①]的发明家给麻省理工学院提交了一个提案：

① 约翰·帕森斯，在 20 世纪 40 年代开创了机器工具的数控系统。——译者注

将一台实时计算机连接到一台铣床上，从而使铣床能够制造新型喷气式飞机需要的越来越复杂的零件。伺服机构实验室采纳了这个建议，但是没有接受他，他们将约翰·帕森斯从空军项目甩开后开发了我们现在称之为数控铣床的设备。计算机可以连续地在三维的各个方向上精确控制旋转研磨轴，从而让机器加工出技术工人用双手不可能加工出的形状。此后，很多不同的数控制造工具被用于机器的各个节点，以代替铣床的研磨轴，但是基本原理自从 1952 年开始就没有变过。

麻省理工学院的旋风 I 型计算机的继承者是 TX–0，然后是 TX–2，TX–2 是第一台使用晶体管而非真空管的具有重大意义的计算机。这个差异的重要性表现在很多地方。第一，晶体管可以被放置在更小的空间里；第二，晶体管不会像真空管那样产生大量的热；第三，晶体管运行时需要的能源更少；第四，晶体管的可靠性更高。这些优势叠加在一起，才使得计算机更小，更有效率，能够进行更加快捷的运算。

TX–0 与 TX–2 于 1956 年首次投入使用，由肯·奥尔森领导的工程团队在一年后将它们商业化并且作为美国数字设备公司的 PDP（编程数据处理器）系列进行销售。编程数据处理器使计算的成本由数百万美金下降到数十万美金，最后到达数万美金，而一台电脑的体积也从一栋大厦那么大降至一个房间那么大，最终降到一个器械支架那么大。然而编程数据处理器并不容易使用——我在学习如何使用的时候，需要掌握如何正确连接不同的单元，比如处理器、内存、存储器、输入、输出、通信和电源。由于它已经可以被小型工作组负担得起而不像以前那样只有大型组织才能拥有，像我这样的人才有机会接触到一个。今天你能用到的几乎一切计算机应用最开始都是在编程数据处理器上完成的——从文档编辑到玩电脑游戏，再到通过互联网发送信息。美国数字设备公司沿着波士顿 128 号公路发展了一个计算机产业，并且把这里变成了计算机世界的中心。与美国数字设备公司一起，所有的主流小型计算机制造商都坐落于此，包括 Prime、美国数据通用公司（Data General）、阿波罗电脑公司（Apollo）与王安电脑公司（Wang）。

从制造的角度来讲，今天的“数制”工坊在构造成本以及复杂性上已经达到了一台编程数据处理器的级别，同样是一个房间那么大，最初成本为大约 10 万美金。就像编程数据处理器作为一个系统集合可以被看作我们现在所说的一台电脑一样，“数制”工坊可以被看作一个数字制造的系统。“数制”工坊可以将数据转化为物体，也可以把物体转化为数据，但是目前这些工作必须在实验室内部完成，而且我们必须要具备使用多个不同机器的能力。正如编程数据处理器一样，现在一个“数制”工坊可以被一个工作组或者社群而非一个大型组织所拥有，它们可以被用于探索当每个人都能接触到数字制造时数字制造如何被大众使用。

第一台真正的个人电脑是阿尔塔计算机（Altair 8800）。这台电脑是由阿尔伯克基科特兰空军基地的工程师为微型仪器与遥测系统公司［MITS，他们故意选择这个与麻省理工学院（MIT）相近的缩写］设计的，它被用来制作火箭模型爱好者需要的套件。当这个为爱好者而做的套件于 1975 年出现在《大众电子》（*Popular Electronics*）的封面上时，它给予很多杂志读者（包括我——我仍然记得当时我坐在我父母的汽车后座上，双手紧抓着新一期的杂志震惊得合不了口的样子）一个类似命运转折点的体验。

当阿尔塔出货的时候，唯一一种将程序写入的方式是通过数据来翻转前板上的开关，同时，唯一一种得到结果的方式是观察前板上的灯泡闪烁情况。但是，由于价格降低到约 1 000 美元，它变成了一台普通人就可以拥有的电脑。比尔 · 盖茨和保罗 · 艾伦在哈佛大学使用编程数据处理器开发了微软的第一个产品（微软一开始的名称是 Micro-Soft）——一个为阿尔塔开发的 BASIC 语言解释器。阿尔塔计算机的到来也成为门洛帕克市的家酿计算机俱乐部第一次聚会的推动力，启发了史蒂夫·乔布斯与史蒂夫·沃兹尼亚克推出苹果电脑。

当这一切发生的时候，阿尔塔却被主流小型电脑工业忽视了。肯·奥尔森在 1977 年做出了一个著名的论断："普通人没有任何理由在家庭里拥有一台电脑。"其实他的言论很大程度上被误解了，他所指的是字面意义上的在房屋建造过程中使用的一台电脑，而不是一台被居住者使用的个人电脑。但他仍然错了，他没有预见到智能设备在家庭中的迅速普及。所有的小型电脑制造公司在个人电脑出现时期都失算了，因为个人电脑被它们视为毫无竞争力的玩具。正如我在第 1 章中提到的，美国数字设备公司最终被卖给康柏，之后康柏又并入惠普。回顾往事，组织变革的教训是小型计算机行业注定要衰落；在这种情况下，最佳的决策就是完全放弃而非苦苦挣扎。

数字制造领域今天正在经历一个可以与阿尔塔计算机的历史相对照的阶段。一些"数制"工坊内部的项目正在制造快速原型机器的快速原型。这些都是机器的"数制"工坊版本，也能够被其他"数制"工坊机器所制造。正如小型电脑行业对阿尔塔计算机的反应，制造业对于"数制"工坊一贯的反应是这些机器是为满足教育或者娱乐需求而造的玩具，它们不会对严肃的制造业构成影响。但是，这些工具已经能够在当地生产之前消费者只能在全球供应链上购买的产品了。正如个人电脑导致了小型计算机市场的死亡，"数制"工坊极有可能创造很多不会再回到旧工厂的新工作机会。

1977 年和 1981 年，苹果 II 型电脑和 IBM 个人电脑相继问世，个人电脑的现代形式由此确定。个人电脑以一个具有开关按钮的单一设备的形式出现，但是从内部构造来讲它集成了房间大小的编程数据处理器所具有的很多子系统。现在，能够与一台个人计算机相类比的个人数字制造设备仍然不存在。它不会是一台3D打印机，虽然很多人对3D打印过于看好并且暗示它就是未来的个人制造设备，但它仅仅是一个“数制”工坊里只能制造最简单的成品的生产制造设备之一；它也不会是将“数制”工坊所有机器压缩到一个盒子中的集成机器，因为这仍然需要大量的原材料与废物处理的能力。相反，我们会看见一个真正的个人制造器，就像《星际迷航》中的通用复制器那样，从更加根本的角度用数字制造的方式为物质编码。

从乐高积木到核糖体分子模型

数字是一个使用最广，也被误解最深的词之一。数字在通信、计算与制造当中的含义具有比使用“0”和“1”更加深层的共同起源。

比较一下我最喜欢的制造系统之一（孩子玩的乐高积木）与我最不喜欢的制造系统之一（今天的3D打印机）：

> 可靠性：因为乐高积木的错误纠正机制来自将积木安装在一起的步骤，乐高积木的结构要比一个孩子对运动的控制更精确；3D打印，从另一方面来讲，其准确度只与打印喷头的位置相关，而且一旦在材料流出打印喷头时出现干扰，打印就会失败。
>
> 模块化：用不同材料制成的乐高积木可以用一个标准接口组装；但是3D打印需要使用经过相同的沉淀工艺制得的材料。
>
> 局域性：孩子不需要通过尺子来放置积木，物体的整体构造取决于区域部件，这意味着一个孩子可以制造比自己大的物体；而3D打印则受制于其固有打印面积的大小。

还原性：乐高积木不像3D打印的物体，它不会被丢弃。丢弃本身是一个模拟概念，意味着该物体没有被拆解、还原成原材料的步骤。

可靠性、模块化、局域性和还原性这4个属性是第三次数字革命中通信、计算与制造的数字系统的必要组成部分。我们接下来会逐一观察这些系统的数字化过程。

1931年，范内瓦·布什[①]在麻省理工学院建造了最后一个伟大的模拟电脑：微分分析仪。它由填满整个房间的齿轮和滑轮组成，是一台可以解不同工程方程式的机器。它运作的时间越长，运算结果与正确答案误差就越大。

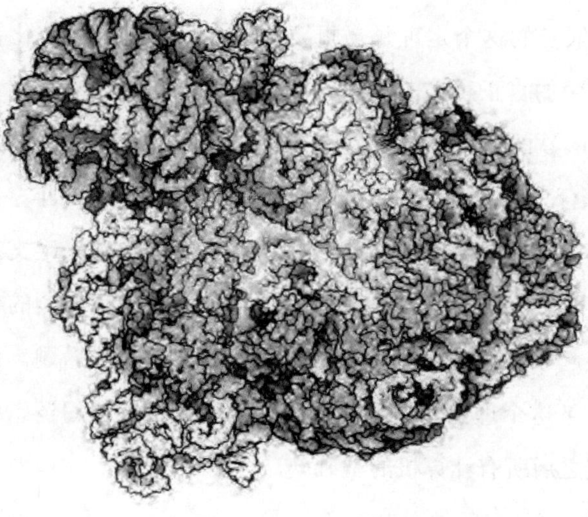

图3-6 运动中的核糖体分子模型。戴维·古德塞尔，RCSB（结构生物信息学）蛋白质数据库提供

① 范内瓦·布什，二战时期美国最伟大的科学家和工程师之一。——译者注

你今天使用的数字计算机不会出现这种状况（希望如此）。你可以为此而感谢数学家约翰·冯·诺依曼[①]，是他展示了如何使用不可靠的器件进行可靠的计算。《概率逻辑学和由不可靠原件合成可靠的有机体》是一部基于他在1952年做的一系列讲座编撰成的著作，在这本书中他证明了我们现在称为阈值定理的理论。他演示了当用离散的符号（比如0和1）而非连续的物理量（比如齿轮和滑轮的旋转与运动）进行计算时，如果一个器件在计算机当中出现错误的概率大于一个阈值（这个值取决于系统设计），这个计算就一定会发生错误；但是，如果发生错误的概率低于这个阈值，计算发生错误的概率就会随着检查结果的操作被复制的次数的增加而呈指数级下降趋势。错误发生的概率可以被迅速地减少，甚至在运行中很可能不会出现一次。错误仍然会发生，但是非常罕见。在所有的工程领域中，只有极少数见解可以实现性能的指数级提高，冯·诺依曼的这个定理是最重要的一个，并且是数字化在计算、通信以及制造中的真正意义。

冯·诺依曼的成果是建立在克劳德·香农[②]的贡献之上的，他们于1940年在新泽西州普林斯顿的高等研究院中相识。1937年，香农在麻省理工学院写下了可能是有史以来影响力最广的一篇硕士论文。在为布什进行微分分析仪的研究之后，香农意识到为调控电话而制的机电继电器可以被连接起来，使用布尔逻辑函数运算真命题和假命题。他不是简单地论述了一下这个理论，而是演示了如何设计这些通用逻辑电路，这些电路是构成之后所有计算机的基础。

① 约翰·冯·诺依曼，原籍匈牙利，布达佩斯大学数学博士。20世纪最重要的数学家之一，现代计算机、博弈论、核武器和生化武器等领域的科学全才之一，被后人称为“计算机之父”。——译者注

② 克劳德·香农是美国数学家、信息论的创始人。——译者注

从麻省理工学院毕业之后，香农转移到了贝尔实验室，那里对电话系统的研究具有更大的需求。他在那里的研究并非渐进地改进现有系统，而是回答了一个之前没人问过但是极其重要的问题：什么是信息系统的基本范围？在 1948 年出版的《通信的数学原理》一书中，他提出了关于信息的理论。在展示信息如何被压缩的同时，香农介绍了为通信设计的阈值定理。假设一个信息在电话系统中是以符号的形式而非连续模拟信号的形式发送的，并且电子噪声大于阈值，那么这个消息可能会失真。但是，如果电子噪声小于阈值，在接收端接收信息时发生错误的概率就会随着检查结果次数的增加而呈指数级下降。重要的不是 0 和 1 的具体数值，而是使用这种离散的数值可以让其错误被检测到。很多数字系统，比如一个手机系统，都在使用一些其他的、更加有效率的符号。你的手机现在正在接收一组被用来检测错误的符号，这组符号有 26 个。

电话系统花费了大约 10 年时间从模拟系统转换到了数字系统——这是一个导致互联网诞生的转换。鲍勃·拉齐是在贝尔实验室从香农时期一直工作到我加入时的一位睿智的经理，他在一次关于组织变革的发人深省的课堂上解释道：关于模拟与数字阵营的斗争在那时就一直在内部延续。这个斗争不是因某一方被说服而结束的，而是随着时间的推移自然而然地解决的：所有支持模拟系统的经理全部离开岗位，新一代支持数字系统的经理掌权。

香农在贝尔实验室的同事约翰·图基创造了单词 bit（比特）作为“二进制数字”中用来表示信息的最小单位。但是比特的概念有一个物理起源，它第一次出现在 1929 年利奥·西拉德[①]对麦克斯韦妖的分析中。在这个由物理学家詹姆斯·克拉克·麦克斯韦于 1867 年构想的思维实验

① 利奥·西拉德，出生于匈牙利布达佩斯，美国核物理学家。——译者注

中，一个微观的妖怪可以打开或者关上位于两个舱室之间的管道，以选择性地分开高速气体分子与低速气体分子，从而永久地驱动一个引擎。西拉德（后来成为制造与控制原子弹的领军人物）将这个难题简化为它的本质：整个实验只包含一个分子，而信息单位存在于这个分子的哪一边。信息与物质之间的联系直到1971年才由罗夫·兰道尔在IBM建立，当时他终于驱除了麦克斯韦妖，他解释说，一旦把妖怪的思想考虑进去，它就不是一个永动机了。他与他的同事查尔斯·贝内特进一步证明了抽象的思考必定会消耗物理资源。兰道尔与贝内特是我在学习计算机物理时的导师，他们向我传输了“信息是物理的”这一概念。对这个概念的观察不可避免地让我将计算与制造联系起来。

数字与制造之间的联系最早出现在大约40亿年前，这是我最喜欢的制造机器（核糖体）的演化时期。核糖体是制造分子的分子，它能够读取编码——信使RNA携带的基因序列。基因序列具有香农与冯·诺依曼所设想的所有数字代码的所有属性——错误可以被察觉与修复，并且这套系统的设计可以产生即使有错误出现，相邻的代码也可以生产属性相近的分子的效果。但是这些来自基因组的分子信息不只描述了形状，它们还变成了形状。

这套系统中的遗传密码可以写成A、C、G与U，分别代表腺嘌呤、胞嘧啶、鸟嘌呤与尿嘧啶。密码子是由三个字母组成的群组，与20种基本氨基酸当中的一种相对应，有点儿像分子级别的乐高积木。氨基酸先形成一个与密码子相对应的线性结构，之后再折叠成类似螺旋状或者片状几何图形的二级结构，之后再进一步构成第三级的立体蛋白质结构。在这些三级结构之上构建的是关于系统功能的四级结构，比如我们身体当中被用来探测味道或光线的感应器，以及移动我们肌肉的马达。这些氨基酸最令人惊奇的是它们毫不令人惊奇。它们有一系列性质，比如亲水或者疏水，酸性更强或更弱。这些性质都不是极端的，其涉及的化学反应都是很常见的，但是仅仅这 20 种氨基酸的排列组合就能制造你。

如果你混合两种化学物质让一个反应发生，99% 的产出率已经非常棒了，但也意味着约 1% 的物质没有发生反应。在制造蛋白质时，核糖体在每 10 000 个步骤中才会发生一次错误，因为它是在使用遗传密码进行建造。DNA 复制具有一个额外的错误纠正机制，错误率约为 $1/10^8$。这就是阈值的指数级缩放，它使像你这样复杂的物体被制造出来。生命的秘密在于它是数字化的。

遗传代码携带着信息，该信息可用来执行用于编程的计算。第三次数字革命从生命起源之初就伴随着我们，但是它被限制在制造分子生物学材料上了。经过 40 亿年的酝酿，它已经扩展到了世界上（目前）无生命的部分。

维度诅咒和智能设计

如果生命的秘密在于它是数字化的，那么它是如何被编程的？这不是一个反问句。我的实验室参与了一项合作：与美国 J. 克雷格·文特尔研究所一起用电脑设计并合成完整的细胞基因组，用其创造活的细胞。为了设计一个能自我复制的组装机器，我们首先需要学习如何在从零开始创造的系统中完成同样的动作，操控它的演化过程。

关于生命是如何被编程的最明显的答案无疑就是用遗传密码，但是这个答案就像莎士比亚的戏剧是用字母表中的 26 个字母书写的一样空洞。了解符号只是学习一门语言的起点。结果表明，这个问题是将三次数字革命历史性地统一到一起的核心问题。

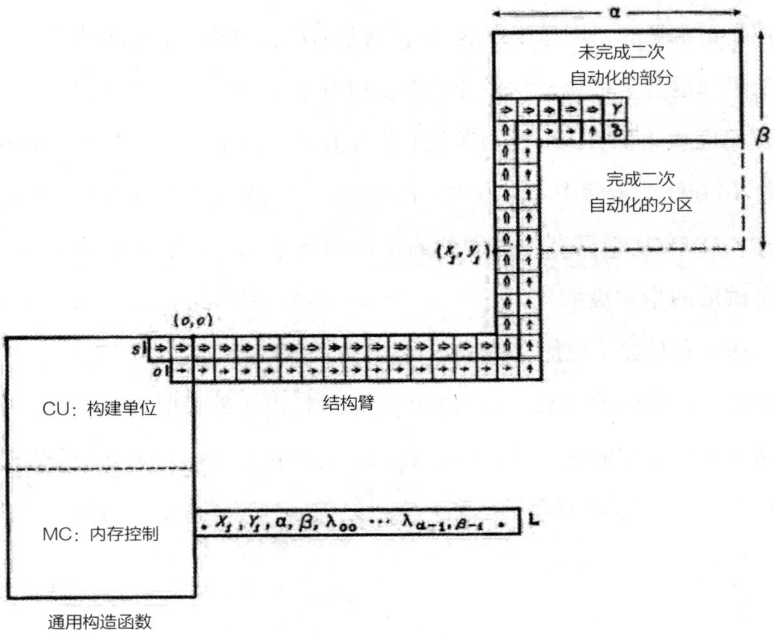

图 3-7　冯·诺依曼的通用构造函数。亚瑟·伯克斯绘

在今天，用电脑制造东西就像一种聚会游戏的很糟糕的版本，信息在一群人中传递直到彻底失真。这个过程从一个计算机辅助设计软件开始，你需要学习如何使用这种具有非常陡峭的学习曲线的程序来设计你想设计的东西；之后再到计算机辅助制造过程，将设计转换成机器可以一步步执行的指令；之后再到机器控制过程，将指令转化为一台特定机器的运行步骤；最后进行运动控制，将这些指令编译成特定部件的操作步骤。所有步骤通常只能向一个方向运作，机器没有办法告诉设计人员在制造过程当中出现的问题。而且，如果设计或者机器有任何变化，以上流程都要重新走一遍。

这种问题之所以存在，是因为历史上这些步骤之中的每一步都是由不同的人在不同的地方和不同的时间完成的。你可以将这种劳动力的分工归因于文艺复兴时期的一个错误。当博雅教育出现并掌握话语权时，知识就被划分为“三艺”（逻辑、文法、修辞）和“四术”（算数、几何、天文、音乐）（即粗略地划分为文科与科学）。当制造东西被认定为一个用来获得收益的非博雅教育的时候，艺术与工匠产生了分歧。这种分歧就是我在高中时被告知不能去职业学校的原因——我太聪明了；这也是当我在贝尔实验室工作时被训斥的原因，当时我得自己去工作室制造东西，而不是告诉那里的工人我想让他们制造什么。但是，当一个人可以在某一时间、地点将以上所有步骤都完成时，这种模式就不再合理了。表达方式从文艺复兴时期开始发生改变；3D 打印或者嵌入式编程可以像画油画或者写诗一样富有表现力。个人制造而非大众制造的需求将对“学习什么知识”的概念给予革新，社会需要把制造当作一种与阅读、写作同样基础的技能。

人们可以通过了解数字制造应当具备基础的设计素养来修正这个历史性错误，但是仍然存在着一个假想的设计师。虽然这个见解听起来好像有一定的反复性和神学性，但是，谁设计了你？这个问题的答案躺在计算与制造更深层次的联系之中。为了回答这个问题，我们必须了解数字世界与物理世界是如何分离的。

对于观察到计算机科学这门学科对计算机和科学而言都很糟糕这一事实，我很乐意居功。我之所以称其为糟糕，是因为计算机科学的标准都是建立在非物质假设上的。计算机科学教学生们如何用脱离于物理现实的语言写程序，之后让其依赖另外一些人在另外一些地方将这些虚拟代码转换成物理现实。这有点儿像电影《大都会》（*Metropolis*），一场革命正在社会底层酝酿。

我以前的学生杰森·泰勒就是这样的一个底层居民，他是脸书公司负责建造海量计算中心的基础设施部门的副总裁。另外一个底层居民是我之前的学生拉菲·克里科里安，他在推特公司做同样的工作。他们都没有跟我一起学习计算机科学，但是假如你看到他们每日工作所见到的海量计算设施，你就很难相信软件是与物理世界相分离的抽象概念——他们的工作内容是以最高的效率将成捆的美金、海量的计算设备和大量的电力转化为信息。

现在流行的软硬件分离具体表现在由冯·诺依曼创造的计算机架构（冯·诺依曼架构）中。冯·诺依曼优美而又谨慎地写下了他对此架构的开创性贡献，比如如何用不可靠的器件进行可靠的计算。但软硬件分离并不是其中的内容，这个思想起源于他于 1945 年写下的一份备忘录——关于 EDVAC 电子数据计算机的报告的第一份草稿。正如标题所暗示的那样，这个文件并非年代久远。EDVAC 是世界上最早的电子可编程数字电脑之一；该报告显示了他对编写程序的想法。他建议将软件分为他所谓的“器官”，比如一个计算单元和一个存储单元。这台计算机能够以每秒 1 000 次运算的速度进行计算，现在，任何一台稍微好点儿的智能手机或者电脑每秒都可以进行 10 亿次运算，但是我们仍然生活在 EDVAC 遗留的设计局限当中。

冯·诺依曼和克劳德·香农在第二次世界大战期间曾在普林斯顿的高等研究院遇到艾伦·图灵。1936 年，来自英国剑桥的图灵提出了一种计算的理论模型，该模型基于一种记录着不同符号的磁带，当符号经过编程磁头时，这些符号会被读取或写入。他用这个模型（后来被称为图灵机）来介绍一种通用计算机的概念，这台计算机可以模拟任何其他通用计算机。他还演示了有一些问题是永远不能被计算机解决的。这些深刻的见解并不是为了提出一个严肃的计算机架构而构思的。不幸的是，这恰恰是实际发生的事情，图灵机的零件变成了冯·诺依曼架构的组成部分。

这给我们遗留下来的问题是，当磁头被认为是独立于磁带的存在时，绝大多数电脑的能量被浪费于传递信息。只有非常少的能量被实际用来运算数学公式，虽然负责存储信息的晶体管的实际计算能力与负责计算的晶体管一样好，但是它们只被用来存储信息。计算机当中的许多安全漏洞都来源于那些在逻辑上应该分开但是在实际物理层面上相邻的晶体管。

冯·诺依曼理解这些问题。除了关于EDVAC的报告草稿，他从来没有写过关于“他的”架构的内容。他写的最后一本书是在他去世后的1966年出版的《自复制自动机理论》(*Theory of Self-Reproducing Automata*)，这本书的内容属于一个非常美妙而有意义的领域。他最终对于理解生命现象产生了极大兴趣。为了研究这个课题，他与同事斯坦·乌拉姆合作开发了一个非常不同的计算机模型，这个模型被称为元胞自动机，其本身明确地表示了空间、时间和逻辑。你可以把它看作一个自己与自己玩跳棋游戏的机器，棋子在一个给定的网格中移动。这是真实世界中的计算，不是虚拟世界中的计算。它可以计算任何其他通用计算机能计算的问题，甚至可以在所有时间、所有网格上进行并行计算。冯·诺依曼用这个计算机模型设计了可以复制它自己的机器，包括关于复制的指令。在那时这只是一个理论上的构想，但是在第5章我们将会看到，自复制机器就是第三次数字革命研究路线图的一个终极目标。

图灵也对计算的物理形态表示过赏识。在1952年发表的《形态发生的化学基础》中，他极其美妙地描绘了他的一生中描绘的最后一个事物：自然界中存在的图案模式形成过程。他的目标是解释如何由基因转换为一个功能结构，也就是如何从比特转换到原子。他通过展示特定图案模式如何在描述化学物质空间分布的方程中形成来做到这一点。

图灵与冯·诺依曼都在向作家道格拉斯·亚当斯所谓的“生命、宇宙与一切”的终极问题靠近。我们人类演化出来的一切事物当中最有趣的可能就是兴趣本身——我们的自我感知。这个演化过程的运作方式在于自然智能与人工智能之间一种令人惊奇的联系。（马文·明斯基曾经帮助比特和原子中心围绕这一联系进行规划。）

如果你在一个房间里弄丢了钥匙，你可以搜索整个房间；如果你不确定是在哪间房里弄丢的，你需要搜遍所有房间；如果你不确定是在哪栋建筑里弄丢的，你需要搜遍所有建筑；如果你不确定是在哪个城市里弄丢的，你必须搜遍所有城市中所有建筑里的所有房间。这个链条越长，你找到钥匙的希望越渺茫，直到你感觉到自己不可能找到钥匙。从技术上讲，这个状态叫维度诅咒。

最近人工智能领域快速发展背后的原因并不是对智能的理解的突破，而是在应对维度诅咒上的进展。一个能够与人交谈的计算机必须要能在所有人可能发生的对话中确定你说了什么；一台能够自动驾驶的汽车必须能够分辨在道路上发生的所有可能性事件。在被称为深度学习神经网络的模型中，寻找答案的方法实际上一直在被不断使用；新出现的状况是现在有足够的数据来让网络进行预测训练，使其有足够的运算能力来处理这些数据，从而让网络的不同层级可以足够好地表达正确的搜索位置。在我们的大脑中也在发生类似的事情，感觉的输入在越来越高级的抽象层次中被处理。

在自然进化过程当中，维度诅咒是通过改变生物体所有可能的适应性来寻求适合生存的优势因子的。生命解决这个问题的方法是利用同源基因，这是所有生物基因组中最保守的组成部分之一，这些基因在数亿年间都没有改变。同源基因控制着其他基因的表达，设计了所谓的发育进程，即一个细胞如何一步步形成一个完整生物体的过程。你的基因组里没有任何东西表明你有 5 个手指，而是有一个程序，当它被执行时，会产生 5 个手指。它是一种现代意义上的计算机程序，用逻辑联系输入与输出。

提到进化与发育之间的联系，最简单的描述方法是进化发育生物学。进化发育会经过一个叫种系特征性发育障碍或者“漏沙口”的地方。在我们所属的脊索动物门当中，有很多种生殖方式以及很多种身体结构特征。但是，所有脊索动物的胚胎在它们分化成最终形态之前看起来都是相似的。这种早期生命阶段的相似性曾经一度被错误地当成胚胎重演律，即每个生物个体的发育都经历了所有的进化阶段。但是，事实证明这个说法是错误的。所有胚胎的发育都拥有一个共同的形态发生机制，这个机制促进了形态的形成。

人类基因组有数十亿个碱基，而你有数十万亿个细胞。在宇宙所有时间里也不可能有足够时间对它们一个个地进行改变，即使有，大多数变化要么是无关紧要的，要么是致命的。同源基因为此提供了一个更小的空间限制，便于我们在更小的、可能发生的变化中寻找更加有利于生存的形态变化方案。

这就是生命的另一个秘密：生命的复杂性是一系列小且离散的建造单元（氨基酸）在其组装过程中检测与纠正错误的结果；生物多样性是被表现为发育程序而非组装程序（同源基因）的机制设计的结果。“我思故我在”是正确的，只要你认识到思考是由你的分子以及你的大脑共同完成的。

这就是我们在非生物系统中要完成的事情。在本章中，我首先描述了设计在今天是如何被完成的，这被称为命令式设计：你必须确切地指定如何制作某样东西。我在这一章节的最后展示了进化过程中的设计是通过在一个仔细设计并严格限制的空间中不断探索来完成的。进化的目标是生存，但是数字设计的原则并不被生存限制。声明式设计（或者叫生成式设计）是此类设计流程的名称，它允许你描述你想要做什么而不是它应该怎样做。例如，你可以指定飞机的速度、负载和飞行距离，但不能指定飞机的大小或者形状。声明式设计的早期尝试和人工智能的早期尝试一样有限，但是现在两方面都取得进展的原因是相同的：我们正在学会掌握维度诅咒。声明式设计的搜索部分目前是在具体制造之前在计算机上进行离线仿真模拟而生成的。但是，随着计算和制造的融合，设计和制造将会在线持续进行——飞机本身会随着负载和空气动力状态的变化而演化。到那时，仿真模拟与自动装置之间的区别会越来越语义化。

（本章由尼尔撰写）

第
4
章

路径创造

当人和机器之间的区别变得模糊时，我们更需要关注社会科学。数字技术的发展推动了一场又一场革命，过去为未来拉开序幕。但是对社会科学来讲，未来则有点儿不那么清晰。人类从过去可以学到很多东西，但过去绝不能被视为理解和塑造未来的清晰序章。

科学推动了数字通信和数字计算的进步，现在它正在推动数字制造的发展。我们认为社会科学应该是一个重要的驱动因素，与其他影响人类变革的技术因素处于同等地位。然而，目前情况并非如此。事实上，社会科学如果要在人类未来中扮演它应该扮演的角色，就必须经历一场文化变革。

与前两次数字革命相同，第三次数字革命的核心挑战是：技术正在以指数级速度发展，但人们更倾向于事物以线性速度发生变化。从历史角度来看，个人和组织适应技术加速变革的能力各不相同，变化速度最慢的因素限制了技术的全部潜力。有时，技术本身是限制因素，但随着技术的进步，社会系统可能成为限制因素。在本章，我们展示了社会系统在历史上是如何通过艰难斗争跟上技术变革的步伐的，还重点介绍了个人、组织和机构的不同变化速度的重要性。最后，我们着眼于正在涌现的研究方法和思维模式的亮点，并利用这些新元素促进第三次数字革命。

在上一章中，尼尔描述了贝尔实验室的模拟阵营和数字阵营之间的斗争是如何解决的，其解决方式不是说服对方，而是消耗时间：模拟阵营的管理者消失了，新一代的数字管理者接管了。或者，正如物理学家马克斯·普朗克观察到的那样，一个新的想法能看到光明只是“因为它的对手终会死亡”。然而，在一个加速变革的世界中，这种策略是行不通的，我们不能等一代人过世而让社会系统与技术共同演化。

反应式批判

确保社会科学主动与技术同步发展非常重要，为了描述这种重要性，我们从尼尔在第 3 章中谈到的摩尔定律讲起。人们普遍认为摩尔定律是使数字技术产品变得更好、更小、更廉价的驱动力。在过去半个世纪（20 世纪中后期），不时出现的关于摩尔定律将要终结的预测不断地被证明是错误的，给人一种“此定律必然会延续下去”的感觉。

然而，摩尔定律同样是社会力量的产物。当然，它始于戈登·摩尔的观察。在它被正式命名之前，它存在于一篇发表在杂志上的普通文章中，作者概述了他对半导体产业的变化速度和影响的观察。这篇文章推动了仙童半导体公司和其他先驱公司的科学家的研究进程，促使摩尔和罗伯特·诺伊斯于 1968 年建立了英特尔公司的前身——NM 电子公司。在英特尔公司，性能的连续翻倍成为公司的核心标准，并随着时间的推移成为其合作伙伴、客户和竞争对手最重视的指标。随着性能的不断提高，半导体改善了无数商品和服务的质量，摩尔定律融入了社会期望。维护这条定律不仅是英特尔必须执行的战略，最终还将成为社会发展的战略，社会急切地拥抱了更好、更快、更便宜的数字设备和应用。

在社会科学中，摩尔定律被称为社会构造的现象——它不是一项自然法则，而是特定人类行为不断重复的产物。在这种情况下，竞争环境是由社会构造的。在管理学中，社会构造的环境被定义为“制定的环境”。换而言之，摩尔定律是在特定竞争环境中由商业互动创造的一个案例。信息技术性能之所以持续加速发展，是因为人类将其变成了一个必需品——它对工业和社会都十分重要。数字制造在这种预期下会发生什么变化呢？要想解答这个问题，我们需要理解摩尔定律和拉斯定律之间一些关键的社会差异。首先，我们从英特尔公司的角色谈起。

半个世纪以来，英特尔公司一直致力于坚守摩尔定律。支持英特尔数据中心集团战略规划的社会科学家彼得·莱文说：“摩尔定律是我们的商业战略。”“坚持摩尔定律使英特尔公司获得了成功。摩尔定律提供了一套使合作伙伴和客户能够在很长一段时间内评估公司的工程和制造能力的标准。”他又补充道，“这并不容易。保持这种竞争优势是非常困难的——面对高昂的成本和巨大的复杂性，我们需要庞大的资金流和研究规模，以及强大的开发攻关能力。但是，在这一点上，英特尔公司做得比任何公司都好。”他用一个比喻进行总结：“坚守摩尔定律的延续有点儿像印第安纳·琼斯一样始终保持在巨石的前面，因为在电影中，巨石一直在向他倾斜。”对于英特尔公司而言，坚守摩尔定律是一个始终存在的威胁。应对这一威胁需要持续的紧迫感、聚焦重点的能力和良好的执行能力。

那么，还有一个关键的问题：谁是拉斯定律（不断保持数字制造性能加速发展的定律）的存在性驱动者？尽管可能出现一家单一的驱动型公司，但我们认为它最有可能是一个由相互依存但又各自独立的参与者构成的生态系统，这些参与者将推动数字制造性能的加速发展。在这种情况下，一个有组织（公共组织、私人组织和非营利组织）的生态系统是否可以与单个跨国公司（由管理人员、员工和股东不断改善其财务业绩）具有相同的存在性驱动力，这是一个悬而未决的问题。此外，这种分布式生态系统可能会也可能不会随着财政和人力资源的出现而出现，以维持必要的基础研究和开发。

塑造社会系统，使之与拉斯定律保持一致，这将是社会的决定性挑战之一，因此，这也是第三次数字革命中的社会科学核心问题。研究这个社会科学问题是为了解决“数制”工坊普及、“数制”工坊新手扫盲、整体生态系统的扩充以及未来潜在风险的转移等问题，这些问题也会成为我们衡量成功的标准。不幸的是，关于社会科学发挥前瞻性作用的记录呈现的结果并非良好。在摩尔定律出现后的许多年里，几乎所有的社会科学学科都未能认识到世界正处于由数字技术驱动的大规模变革的起始阶段，因为它们并没有深入参与到新兴的数字技术中，不了解其指数级增长的潜力，因此在塑造社会系统以共同发展的方面受到了限制。结果就是，我们的社会科学在紧紧追赶技术趋势。

对技术的反应式批判性分析——观察——是社会科学的规范。这种方法是必要的，但在技术发展呈指数级加速的世界中还远远不够。在社会科学中，当同时涉及人和技术两者时，我们需要把路径观察和路径创造相结合。为了理解如何实现这一目标，我们回到工业革命和现代社会科学的起源。

被动与主动

社会科学是一门研究人类社会和人际关系的学科，它与技术的关系从工业革命的早期开始就是反应式的。这种反应式的思维定式渗透了社会科学的方方面面——社会学、经济学、政治学、管理学、劳资关系、社会工作，还有其他相关领域。这种思维定式让社会科学家很难进行预测并帮助人们开辟加速技术变革的道路。

工业革命相比之前的手工业有一个巨大的质变，这个质变与之后的两次数字革命的相关转变同样重要。工业革命是被一系列相互关联的技术发展驱动的，范围跨越工程、化学、冶金，还有至关重要的蒸汽能。18 世纪晚期，产业化的蒸汽能让人类的力量增加了 1 000 倍，驱动了整个社会的转变。这些转变包括从手工生产到工业化大规模量产的转变，以及从基于土地与棉花的经济体系到工厂驱动大市场的经济体系的转变。与此相关的还有新的化学制品、钢铁工艺和纺织工业制造流程的引入加速了工业产出，运河的发展进一步促进了工业产出，从而驱动了大规模运输业的发展。

新技术的引入导致了新社会现象——阶层流动——的出现。具有创新精神的个人成为新公司的拥有者，这种现象的大规模出现呼唤了我们现在称为“美国梦”的精神（努力工作和接受教育意味着你的出身并不是你的命运）。与此同时，对于绝大多数劳动力来说，工业革命带来的是浮士德式的交易，在获得稳定工资的同时，付出的代价是凄惨与不安全的工作条件、监工的压迫，以及环境的恶化。

大多数现代社会科学在第一次工业革命时期出现或者加速发展——在“使能技术”出现数十年之后。现代社会科学绝大部分出现于 19 世纪晚期，即马克斯·韦伯将宗教与社会文化原则关联起来，埃米尔·迪尔凯姆记录下劳工的分类的时刻。社会福利学是在英国的奥克塔维亚·希尔（19 世纪晚期）与美国的简·亚当斯（20 世纪初）的研究中逐步建立的，主要回应当时民众的呼声，特别是妇女与儿童在工业革命当中受到伤害与侵害的问题。心理学在工业革命之前就出现了，但随着专业协会（分别在 1885 年的法国和 1892 年的美国成立）的成立，它转化成了现代形式。19 世纪晚期，西德尼·韦伯与比阿特丽斯·韦伯记录下当时压迫性的工作环境以及人们对工业民主的需求，劳资关系在英国成为一个研究领域；在 20 世纪早期的美国，这个学术领域起源于约翰 · R. 康芒斯发现的组织架构变化规律，比如，由手工业工会到工业工会的转变往往是随着技术与市场的变化而发生的。在这些案例中，社会科学领域的创始学者对社会变化产生良好反应，往往发生在工业革命深度冲击社会以后，因此，社会科学改变社会（提高大众生活质量、尽早转移潜在社会危害、对社会变革的阻碍者的利益进行重新划分）的能力被大大限制住了。

工业革命同时启发了文学作品的创作，当时出现了反映技术对社会的冲击的新题材。玛丽 · 雪莱的《弗兰肯斯坦》[①]（*Frankenstein*）在 1817 年出版，探索了技术善良与邪恶的双重面孔。这一点被书中怪物的观点所诠释，怪物所说的火可以被理解为一种比喻："有一天，当我被寒冷压迫时，我发现了一团游荡的乞丐所留下的篝火，我因靠近它感受到温暖而由衷喜悦，它帮助我战胜了严寒。在喜悦之中我将手伸入了余烬，但是我又因为巨大的痛苦而哭泣着迅速抽出了手。我想：这是多么奇怪啊，同样的原因竟然导致完全相反的结果！"

在工业革命的全面冲击力开始展现的时候，故事讲述者的观察变得更加聚焦于技术的危害。查尔斯 · 狄更斯在他 1854 年出版的小说《艰难时世》中瞄准了工厂中巩固压迫性工作环境的政策。同样，厄普顿 · 辛克莱在他 1906 年出版的《屠场》中描述的屠宰行业中不安全的工作环境、童工现象以及性骚扰现象引起了大众恐慌。即使当时社会制度已经根深蒂固，这些以及许多其他文学作品仍然加强了社会学家对公共政策的影响力。

---

① 又译为《科学怪人》。——编者注

今天，那些前沿学者与关注技术对社会的冲击的作家可以被称为先行者，他们定义了研究的新领域与文学的新主题，但是他们对于工业革命技术的研究路线被限制在观察技术产生的巨大影响以及解决其遗留问题上。例如，童工法以及关于劳资关系的理论本可以更加有效——如果在工业革命萌芽期就对这些领域有全面的学习与考量的话。

在技术已经进入社会并且成熟后再解决技术遗留问题的方法论限制了社会向前发展的潜力。一个组织建立之后，一个被称为“路径依赖”的现象会限制其未来决策空间。结果就是，当一个组织已经处于一条给定路线的时候，组织会有很强的停留在既定路线上的倾向。路径依赖的概念来自社会科学，而且，讽刺的是，社会科学本身也陷入了对技术的“路径依赖”。在这条轨道上，社会科学是被动的而非主动的。在某种意义上，社会科学仍然被限制在这条轨道上。

增强路径依赖是另一种动力，罗伯特·米歇尔斯在1911年把它定义为寡头政治的铁律。他观察到，新的制度安排（他专注于政党与工会）之所以存在是因为一个给定使命，但是其使命一定会演变成维持其存在的生存使命，无论最初的使命是什么。1962年，托马斯·库恩［他写了《科学革命的结构》（*The Structure of Scientific Revolution*）一书］将这种动力延伸到了学术领域。库恩观察到，如果要改变现有科学的既有制度秩序，就必须发生革命性的转变。

我们可以把被动观察新技术领域的学习方式称为路径观察。该方法在这里有双重含义——“被动”意味着对于技术更多的是观察、记录而不是塑造；它涉及观察和遵守现有规则，增强现有的路径观察方法。在社会科学中，这个方法被同行以及其他学术机制大大地增强了。路径观察当然也是必要的，但是它并不足以让社会科学在这个技术迅速发展的世界中起到领导作用。

主动帮助塑造第三次数字革命需要在社会科学领域发生某种形式的文化变革。目前占主导地位的积极的社会科学方法论是路径观察的一种，它必须被扩展，以包含更多的“规范性”方法的扩展应用。积极的社会科学聚焦于解释发生了什么，一个规范的方法论包含了什么应该发生。但是这种方法论也必须同时根植于证据以及对底层科学技术的清晰认识当中。但是目前，这种规范的方法论往往不被认为是科学——虽然现在已经有对此狂热的亚文化圈在做类似的工作。将积极的、规范的方法论结合到一起是可能的，甚至是必要的，必须通过大力开展大胆且有据可依的、对于不断加速的技术发展与我们想要的未来转变的分析来实现。

第三次数字革命给社会科学提供了一个难得的机会，让其在新技术刚刚兴起时就与之接触。这是一个通过拐角看到未来对于各个学科（经济学、社会学、政治学、管理学、劳资关系，以及其他学科）的深远影响的机会。这需要社会科学从路径观察者转变为路径创造者。

路径创造

在社会科学家中，亚当·斯密在18世纪中期发展了早期经济学原理，这一时期非常接近工业革命的开端。在这种情况下，他提出一些概念，例如，看不见的手（如自身利益）、劳动分工、交织在一起的自由市场和工业革命技术。在新技术开发早期，他具有积极主动的影响力。重要的是，他是通过仔细研究技术本身来总结这些见解的，这可以通过他对大头针工厂的分工和技术的详细描述得到证明。他是一个路径创造者，或者更确切地说，是当时企业家和新兴工业家路径的共同创造者。

当卡尔·马克思和弗里德里希·恩格斯在19世纪中期崭露头角时，

工业革命的技术已经很先进了。他们俩专注于生产资料控制权的研究。生产资料占有阶级被认为是社会问题存在的根本原因，因为正如马克思分析的那样，生产资料占有阶级只是从他人的工作中榨取价值，并以利润的形式为自己保留价值。由于当时“所有权”的概念深深根植于社会，因此马克思和恩格斯可以设想的唯一途径就是通过革命推翻生产资料占有阶级，并用一种社会所有制取而代之。从这种意义上来说，他们是路径创造者，在世界范围内激发起鼓舞人心的革命，聚焦于一系列与推动工业革命相反的运作假设。通过马克思和恩格斯，我们看到，在技术出现之后，技术假设嵌入社会系统，路径创造的工作越来越困难。第三次数字革命为重塑系统提供了新的机会。数字制造通过对生产资料的分布式控制，从根本上改变了工作的性质——减弱工业革命期间产生的工业系统对劳工的榨取的性质，而不需要采取革命的方式。

自马克思和恩格斯以来，已经有了许多著名的路径观察者，但很少有人渴望成为技术方面的路径创造者。弗雷德里克·泰勒作为一个路径创造者脱颖而出，但实际上，他的创新发明产生了一种使人们屈从于科技的影响。从 1911 年开始，随着《科学管理原理》(*The Principles of Scientific Management*) 的出版，泰勒指出：“因所有日常行为效率低下，几乎整个国家都在遭受巨大损失。”他认为，“效率低下的补救办法在于管理，而不是寻找一些杰出的人。”这些想法得到了解决——“泰勒社”的分会在全美各地涌现。通过使用其他手段对工时和动作进行研究，泰勒确实展示了如何把人们当作机器中的附加齿轮使用，以提高效率。社会科学与技术结合，产生了工业管理领域，但更多时候，社会科学是为技术服务的。

第二次世界大战后，一些社会科学家试图在人和技术方面开辟另一条道路。之后，在被称为“后工业运动”的大背景下，他们接受了我们所谓的路径创造，他们努力超越泰勒的机械逻辑并重塑技术，使技术更加人性化。这项运动的领导人丹尼尔·贝尔在1973年写道：技术“是一种艺术形式，它将文化和社会结构联系起来，并在此过程中重塑两者”。他警告说：“技术总是破坏传统的社会形式，同时为文化带来危机。”在我们考虑第三次数字革命的今天，这个观点同样适用。然而，他和后工业运动中的其他人错过了后工业发展中最重要的东西：数字技术的指数级变化。

后工业运动的一个关键部分侧重于工厂和其他组织中社会和技术的整合——促进我们对社会技术系统的理解。通过从学术组织中走出去并与工人以及管理人员进行合作，尝试工业试点实验的研究人员成功地确定了适应不同技术环境的人性化工作方法，最早采取这种工作方法的公司有英国煤矿、瑞典汽车工厂、美国宠物食品工厂、丹麦航运公司和加拿大炼油厂。然而，这类技术在很大程度上看起来是逐步变化的。即使社会技术系统人员是路径创造者而不仅仅是路径观察者，他们也没有为数字技术的先驱提供路径指引。最终结果是他们没有意识到技术处于指数级变化的尖端。由于未能将社会和技术的整合置于变革性技术背景下，试点实验错失了一个关键的杠杆来源。

弗雷德·埃默里和梅瑞林·埃默里都是社会科学技术系统运动的代表人物，早在1976年就解决了数字技术的某些问题，他们预测，“电信和计算机之间越来越多的联盟”将逐渐“形成能够收集和处理信息的网络，供所有用户使用”。他们预测到了尼尔的观察——未来已经在现在发生。他们认为：“我们可能已经迎来了我们的未来，尽管它还没被发现。”他们辩解道：新技术将允许“内容本身的自发生成，这将使内容生产者和内容消费者合为一体”。这类关于数字通信和计算的设想正是我们现在看到的数字制造领域的特征。1981年，另一位早期社会技术系统领导者埃里克·特里斯特在此分析的基础上提出："即将到来的信息技术，特别是与微处理器和电信有关的信息技术，为解决当前许多社会问题提供了极其广阔的空间——只要我们能够对其价值做出正确的选择。"同理，这句话与本书的写作目的相符。

虽然这些和其他关于技术方面的重要观察旨在鼓励共同创造具有选择性的未来，但他们误判了数字技术的指数级增长能力。在 1977 年出版的《未来的选择》(*A Choice of Futures*)一书中，弗雷德·埃默里和梅瑞林·埃默里甚至批评了"香农所谓的信息论"[①]。当然，在不降低质量的前提下纠正错误的核心概念很难让人接受。然而，如果不了解该技术的这些基本属性，路径创造就会受到限制。想象一下，如果弗雷德·埃默里和梅瑞林·埃默里能够预测并驾驭当时刚刚开始的指数级增长浪潮，那么社会科学的系统方法可能会产生什么样的影响。

技术发展仿佛一座孤岛，这个孤岛以外的每个人都没有注意到这项技术的指数力量，但它很受社会科学主流人士的青睐。斯图尔特·布兰德是《全球概览》[②]（*The Whole Earth Catalog*）和《共同进化季刊》(*CoEvolution Quarterly*)的创始人，他提出了一种分散的、个人的技术发展观——一种自由的、对生态环境负责任的观点。《共同进化季刊》的主要内容有：想象太空殖民地的日常生活（1975 年)、洛杉矶的太阳能热水器（1977 年)、遗传毒性的威胁（1979 年），以及涵盖整个系统、住

① 由克劳德·香农提出，是运用概率论与数理统计的方法研究信息、信息熵、通信系统、数据传输、密码学、数据压缩等问题的应用数学学科。信息系统就是广义的通信系统，泛指某种信息从一处传送到另一处所需的全部设备构成的系统。——译者注

② 对美国反主流文化影响最深的期刊，《全球概览》的内容包含各种各样的书籍、机械装置和户外休闲用具，它给读者提供的是产品、意见和视觉设计的混搭组合：家用的纺织套件、陶匠用的旋轮与关于塑料的科学报道相互碰撞，竹笛和介绍电子合成音乐的书被放在一起。——译者注

房和土地使用、工业和工艺、通信和社区的话题。

虽然布兰德不是社会科学家，但他早期对该技术的全程参与说明了路径创造的方式。事实上，他超越了路径创造本身，成为与一些技术先驱进行共同创造的践行者。这使他得出结论：共同进化不仅是可能的，还是必要的。编写《睡鼠说：个人电脑之迷幻往事》(*What the Dormouse Said: How the Sixties Counterculture Shaped the Personal Computer Industry*)的约翰·马科夫说："斯图尔特是第一个明白这一点的人。他是第一个了解'赛博空间'的人。'个人电脑'这一术语由他创造。他影响了整整一代人，包括整整一代的技术专家。"在史蒂夫·乔布斯于斯坦福大学2005年毕业典礼上发表的著名演讲中，他最后对布兰德和布兰德带给科技企业的深刻人文价值观表示赞赏。有趣的是，乔尔、尼尔和艾伦都订阅并深入阅读了《共同进化季刊》，三人都被其中的社会科学和人文科学深深吸引。

《软技术：共同进化》(*Soft-Tech*：*A Coevolution Book*)由布兰德和发明家J.鲍德温编写，第1章是鲍德温写的"一个高度进化的工具箱"，描述了他已经演化了15年的"便携式商店"。他的结论是"最终目的是制造自己的工具"。布兰德是一个与很多技术先驱进行合作的共同创造者。他的访问既正式又非正式。这是一个传奇的聚会场景，对共同创造来说并非偶然——高度信任的社会关系使布兰德能够通过在正常观察中无法实现的方式连接社会和技术。在1968年计算机协会和电气电子工程师协会年度联合会议上，布兰德与发明家道格拉斯·恩格尔巴特①共同展示了"演示之母"。这个演示采用了新技术，如电子邮件、超文本、鼠标等。

① 美国发明家，瑞典人和挪威人后裔。恩格尔巴特在斯坦福研究院，也就是今天的斯坦福国际咨询研究所任职期间，共获得了21项发明专利。最著名的就是鼠标的专利。——译者注

另一位不属于社会科学主流但又融入技术变革步伐的人是作家兼未来学家阿尔文·托夫勒。在他1970年出版的《未来的冲击》[①]（*Future Shock*）一书中，他接受了跟上技术发展步伐的挑战，同时注意到了主动塑造技术的重要性：

> 在过去，随着社会进化连续阶段的不断展开，人们的意识紧随事件的发展而发展，不会停滞不前。因为变化速度缓慢，人们可以通过潜意识"有机地"适应发展。今天，无意识的适应将不再适用。面对基因变化、创造新物种、移居其他行星或离开地球的能力等问题，人类现在必须有意识地控制技术演化本身。为了在驾驭变革浪潮的同时避免未来冲击，人类必须掌握不断进化的技术，塑造符合人类需求的未来。在这个历史性的时刻，人类必须预测和设计未来，而不是抗拒未来。

托夫勒很有先见之明：在很短的时间内，过多的技术变革会给人们带来深刻的心理影响。他认为，我们必须摆脱"有意识地选择进化的力量"的束缚来塑造技术的影响，认识共同进化的必要性并设计未来。

布兰德和托夫勒因在日新月异的技术世界中关注路径创造的重要性而受到赞誉。可以说，第一次数字革命和第二次数字革命如果没有这些人文路径创造者的加入，可能会有更大的局限性，但是没有发生的事总是难以证实。因此，我们认为他们的贡献堪称典范，但是，和以往的少数路径创造者先驱一样，把社会和技术系统的共同演化当作最优先事项的他们被认为是异类。

政治经济学家迈克尔·皮奥里和经济社会学家查克·萨贝尔在1984年

---

① 《未来的冲击》是托夫勒奠定声名之作，本书的出版也标志着未来学进入美国文化的主流领域。——译者注

阐明了共同进化的社会和技术体系的挑战。皮奥里和萨贝尔相信数字技术的转型具有革命性发展潜力，并认为我们正在面临着所谓的第二次产业分工。他们了解到计算机正在以新的方式与制造业相结合，从根本上改变市场与技术之间的联系，从而实现柔性专业化。他们的分析从传统的路径观察模式开始，然后进入路径创造阶段，最后为未来发展设计纲领。

从时尚行业和出版领域开始，皮奥里和萨贝尔记录了计算机和通信技术如何快速适应利基市场的制造需求。他们指出，“现有的产业机构已经无法确保商品的生产和消费之间的可行性匹配了。”他们得出的结论是“必须改善或替换这些机构”。

皮奥里和萨贝尔因对数字技术和未来工作的杰出见解而获得麦克阿瑟天才奖。他们对该技术的灵活性的理解，特别是对意大利北部社区（想想时装公司贝纳通）如何快速响应时装设计和生产的理解，在某种程度上成功地预测了社区制造的相继出现。然而，在戈登·摩尔的文章发表 20 年之后，皮奥里和萨贝尔的分析才出现。研究人员没有完全预见并充分考虑数字技术呈指数级增长的潜力。虽然这种潜力在 20 世纪 80 年代中期很难想象，但如果研究人员能够理解并完全解决数字技术如何快速发展的问题，他们就能更好地帮助我们预测数字技术对个人、组织和机构的影响。

发明家与创业者

当谈到新技术时，思维最活跃且最具影响力的路径创造者通常都是发明家与创业者。他们通常致力于将一项发明创造转化为一个成功的商业企业。在 20 世纪 70 年代末与 80 年代初期，许多技术专家理解并全面投入指数级增长的数字科技。比尔·盖茨与保罗·艾伦在微软的早期使命就是“每一个家庭的每一个书桌上都有一台电脑”（当然假定运行的是微软的软件）。这个使命是建立在数字软件的指数级增长的假设上的，同时前进的还有施乐帕洛阿尔托研究中心、英特尔实验室以及其他对数字技术与社会的交叉感兴趣的社会科学家，这些创业者与企业研究人员毫无疑问认识到了个人电脑对社会产生巨大影响的能力和潜力，但是他们的首要关注点是如何建立一家成功的公司，而不是如何借助新兴技术来解决社会挑战或者消除危害。如果年轻的比尔·盖茨拥有现在的他在社会创业领域的经验与远见卓识，情况会怎样？

在 20 世纪 80 年代，发明家与未来学家雷·库兹韦尔开始使用模型来跟踪指数级发展的数字技术并且预测未来。在他出版的书《智能机器时代》（*The Age of Intelligent Machine*）当中，他基于自己对于加速发展技术的观察，对未来进行了一系列预测。但是库兹韦尔是从一个发明家、未来学家而不是社会学家的角度来观察这些模型的。（他对未来能力的建模为他的发明提供了依据，因此这些发明都适时地利用了这些新兴能力。）在他的书中，他帮助大众提高了对指数级发展的数字技术的认知度，但是他没有聚焦于如何帮助个人和组织与这些技术共同进化。

与发明家、创业者同时把目光转向指数级增长变化的是小说作家，特别是硬科幻小说作家，即利用科学上的准确的材料构建故事的人，他们被认为是在大众、科技以及未来的交界处进行共同创作的。这些作者在描绘数字技术加速发展的社会影响时，往往具有先见之明（并能够引起共鸣）。1968 年，阿瑟·C. 克拉克在《2001：太空漫游》（*2001: A Space Odyssey*）中设想了超级计算机、人工智能，还有像“新闻纸”（newspad，iPad 的早期版本）这样的炫酷玩意儿。1984 年，威廉·吉布森在《神经漫游者》（*Neuromancer*）里设想了“赛博空间”对社会和文化的冲击，将这个几年前在短篇小说《燃烧的铬》（*Burning Chrome*）中创造的概念流行化。当然，尼尔也受到了《星际迷航》的启发，将其中的复制器从构想变成了现实。这些科幻小说作家（还有其他像他们一样的人）不仅为数字技术的未来创造了令人回味的设想，还通过将这些技术放置在真实的社会场景中，用深刻的人性叙事手法揭示以及挑战了许多对于技术的既定假设。

这一点丝毫不让人惊奇，技术企业家以及基于科学编写故事的人们在塑造新兴技术方面比社会科学家更积极。但不必须如此。挑战既要积极（在科学意义上）又要规范。我们不需要抛弃社会科学既有的核心原则与方法论，而是需要扩展其传统方法论并且进行跨学科工作，在技术对我们产生让我们后悔的影响之前，理解并确认行之有效的方式去主动参与未来技术的塑造。

社会科学同时也可以有效地分析与处理由技术冲击、大众困惑产生的负面效应（这种状况在第三次数字革命的每一个新阶段都极有可能发生）。这一点要从社会科学家花时间去了解底层技术以及社群开始。当我们开始构建整合了新机遇与社会系统的未来场景时，人文科学可以帮助我们深入锚定人类的价值观和故事叙述。当然，工程师与科学家也必须对来自社会科学与人文科学的输入以及合作采取开放态度——这种态度也需要一些文化上的改变。对于所有参与者来讲，进一步观察个体、商业组织以及社会机构对如何应对加速变革是必不可少的。

变化速率

数字技术能够以指数级的速度变化。社会系统与大众也会发生改变，但是通常来讲前者改变的速度更快。个体变化的速度（取决于态度、行为、技能以及资源获取能力）绝大多数都是比较慢的。对于商业组织与社会机构来说，改变也是渐进的（商业组织取决于战略、架构、流程、文化以及技术；社会机构取决于社会共识、标准、法律以及优先级）。号召社会科学家、小说家以及其他人一起与技术专家共同创造未来，需要对这些不同的变化速率进行更加仔细的研究、理解与观察。

社会系统逐渐增加的变化速率是技术潜能加速发展的速率限制器。这里需要注意的是，我们关注的是速率限制而不是绝对障碍。对于变化来讲，当然有可能存在绝对障碍，但是更常见的是各种形式的速率减缓而不是完全停止。

当谈到变化速率时，我们不得不着眼于社会系统的三大组成部分——个人、商业组织以及社会机构。从分析的角度来讲它们完全不同，但又在现实中相互交织。这导致我们必须理解变化在每个领域发生的速率，并且了解它们如何在技术变化的大背景下相互结合。只有完全理解了变化速率的不同，我们才能对变化产生更大的影响力。快速发生的变化可以利用缓慢变化的机构与组织的漏洞，去除变化速率限制因素。

当然，技术本身有时候也会限制变化的速率。比如，发明与安装光纤能够扫清第一次数字革命的一大重要技术障碍。同样的问题还有硬盘大小、硬盘密度以及处理器速度。向前看，如果我们不能在数字材料的基础科学方面取得进展，技术将成为拉斯定律的速率限制。（这是一个真正的端对端制造流程，在这个过程中我们可以对材料本身的构造进行编码。）当技术成为速率变化的限制时，需要解决的挑战就转变成了如何为基础科学研究获得更多的资源。

值得注意的是，社会系统从没有发展为呈线性变化，再发展为呈指数级变化。我们都经历过“没有变化”。那是一种由僵局带来的挫折感，当我们意识到对于一些参与者来讲制造僵局符合他们的利益时，这种挫折感就更深了。我们都经历过“线性变化”，我们都习惯了利率、生产力、失业率等方面的缓慢变化。这些变化的速率的确是波动的，而且波动可以是间接的，但是这些都在我们可以直观理解的范围之内。

而从指数角度进行思考并非出自本能。很多作者都会用一辆以不同速度行驶的汽车来比喻技术的加速变革。这个比喻开始于一辆时速 6 英里[①]的汽车，代表手工业时代，驾驶车辆不是个难事。一辆车以 10 倍的速度（每小时 60 英里）行驶，代表 20 世纪，即工业时代，发动、转向以及刹车变得更加困难，但是仍然可以驾驶。数字时代就相当于那辆车打破了陆地驾驶的纪录，以每小时 600 英里的速度飞速前行，路面上极小的扰动都可以极大地影响驾驶，而生存下来的关键则是拥有超越人类视力的视距，以在超远距离外就得知前方道路上有什么。这个比喻给个人、组织以及机构带来的预示就是，在这个变革速度又快了一个量级的时代，它们的良好运转都需要全新的能力。

按照汽车的类比，数字制造也会把变化速率指数级增长的趋势投射到未来，从而让汽车的速度在接下来的 10 年中从每小时 600 英里飞跃到每小时 6 000 英里，到 21 世纪中叶，可能会变成每小时 600 万英里。稳住，这将是一段非凡的旅程。正如库兹韦尔警告的那样：“今天我们预计了技术的持续进步以及随之而来的社会反响。但是，未来会比绝大多数人预料的更加让人惊奇，因为只有少数观察者真正理解了技术变化速率本身在加速这一事实的含义。”

回顾机构、组织以及个人如何顺应变化对于我们是极有帮助的，因为我们期待这三者能够积极主动地塑造第三次数字革命。

---

① 1 英里 ≈1.609 千米。——编者注

社会机构

从历史上讲，制度（人为制定的法律、法规，风俗习惯以及关于社会中应该发生和不应该发生的事情的安排）的变化非常缓慢。首先是“制度”这个词，它是在15世纪中期在法语中被创造出来的。这是它第一次出现在西方语言中。然而，它描述的东西已经存在一千多年了，比如皇权、军队、教会。这些以千年为单位的组织变化得非常缓慢，这可能是这个词出现得如此之晚的原因。对于个人和组织来说，没有必要用一个词来描述一个在几代人当中并不明显的概念。

随着工业革命的到来，变化的步伐加快了一个数量级。民主政体、政党、工会、公司、男孩女孩俱乐部、基瓦尼俱乐部等新的组织的制度安排在50~100年之间而不是在500~1 000年之间相继出现。变化的步伐加快了。在人的寿命周期中，如果这种重大的变化是明显的，我们称之为一场革命。

在当今这个以数字技术为动力的世界，机构面临着以更快的速度改变的压力。在音乐、金融、政府、婚姻、商业、劳动、教育、安全以及宗教等领域，各种制度安排都在以一种比前一时代快10倍的速度发生着巨大变革。今天的机构必须处于一种不断变化的状态，底层剧变经常发生，大约每5~10年一次，这比20世纪大部分时间的变化快一个数量级，而且这种变化的步伐还在继续加快，一些证券交易委员会正在经历以月为单位而不是年为单位的剧烈变化。

问题是，这些机构并没有迅速地进行调整。当然，我们需要机构保持稳定性与持续性，但是它们需要以前所未有的远见，通过模块化以及灵活性来平衡其核心重心或使命。如果它们保持纯粹的反应性或者刚性的态势，结果就是缺乏与外界的关联、失去机会以及停滞不前，而且常常对个人、社区、行业甚至整个社会，造成直接伤害。

2016 年，世界银行在关于数字红利的《世界发展报告》中指出，要弥补前两次数字革命造成的差距，需要关注数字社会的“模拟系统”，特别是机构制度上的安排。“为了最大限度地利用数字革命，各国政府还需要致力于‘模拟系统与数字系统互补’——通过加强监管以确保企业之间的竞争，通过增加工人的技能以适应新经济的需求，以及确保机构会承担责任。”世界银行在这当中所说的“模拟系统”指的是一种社会制度安排，它需要像与之交互的数字技术那样运作。在技术的本质中蕴涵着如何达到这个目标的线索，比如模块化和数字技术中普遍存在的自我纠错机制，关于这方面的内容我们会在第 6 章中展开。我们也可以在如何加快社会制度的变化速度方面从最近的两次数字革命中得到一些明确的教训。

考虑一下一个能够说明问题的机构：K–12 教育[①]。在前两次数字革命中，这一领域一直非常抗拒改革。如果教育机构改革步伐缓慢，那么它必定会被颠覆。目光敏锐的个人与组织可以利用整个教育系统之中的漏洞，以更快的速度推进改革，从而更好地满足教师和学生的需求。这些新兴的原创组织最终会取得成功，部分原因是它们可以作为杠杆来撬动数字科技的威力，以及它们可以用新的创新方式与数字技术共同演化。

大多数 K–12 教育是由 20 世纪的课堂模式（来源于工业模式）主导的，并且由 19 世纪的校历结构（来源于农业模式）决定，这种课堂模式激化了教师与学生在评估之间的斗争，同时，少数根深蒂固的组织控制着整个教育出版界生态系统。然而，越来越多的教育研究者、商业领

① K–12 教育：美国基础教育的统称。“K”代表 kindergarten（幼儿园），“12”代表十二年级（相当于我国的高三）。K–12 是指从幼儿园到十二年级的教育，即美国公立学校的义务教育。——编者注

袖、政治家、慈善家、创业者与教育改革家都在加入要求教育改革的大合唱，他们认为我们目前并没有针对21世纪必需的技能与观念——批判性思维创意，合作、交流、设计思维，解决问题的能力和抗打击能力——对下一代进行有效的培养，这些技能与观念都是下一代在一个快速变化的、复杂的、数字化的世界中生存与成功的关键。在这个你很可能每两到三年就更换一次工作的世界中（数据来源于美国劳工部），学习如何去学习是给予你导航能力的关键，因为未来你可能要换的许多工作现在还没有被发明出来。学生们也会面临一个由不断进步的自动化、人工智能以及全球化导致的可供选择的工作越来越少的世界。

但对于学校而言，即使是那些渴望创新的学校，也在为引入和整合以项目为基础和以技术为媒介的学习方法苦苦挣扎。为了跟上数字时代的步伐，学校、地区甚至整个国家都购买了大量技术。但是这些技术大多都失败了或者很少被使用，因为相关的教师并不了解技术驱动的学习方法，技术与支持性的基础设施（比如互联网连接）或许并不可靠，而且缺乏优良的、以教学为基础的、旨在利用该技术的资源。很多家长对于他们的孩子平均每天花费8个小时在数字技术上（在家或者学校）感到沮丧，他们对于在孩子的生活中融入更多的技术不感兴趣。担心责任与安全的管理机构会封锁互联网，创建黑名单（被屏蔽网站名单）与白名单（批准接入网站名单）。除了这些挑战，围绕联邦政府与地方政府对教育的控制的斗争还在继续，而教师被夹在中间。他们总是超负荷工作，其薪水通常却很低，由于各种制度的摩擦，他们觉得这份本已很困难的工作变得更加困难。

艾伦与他的商业伙伴迈克尔·昂斯特在他们的公司（电子线传媒）为K–12学校推出两个基于游戏的创新学习项目时遇到了这种复杂的机构生态。第一个项目是《机械师》（*Gamestar Mechanic*），这是一个教授中学生如何开发游戏以培训设计思维和21世纪技能的平台。这款游戏也为STEM教育提供了极大的动力，最初是由麦克阿瑟基金会资助，由电子线传媒游戏学会合作开发的。第二个项目是《我的世界》（教育版）（*Minecraft Edu*），是一款流行的大众游戏 [《我的世界》（*Minecraft*）] 的修订版。这个修订版最开始是由游戏教师公司（Teacher Gaming）开发的。这是一家由两名教师创立的公司，他们渴望发挥这款风靡课堂的游戏的力量。电子线传媒与游戏教师公司合作，扩大了《我的世界》（教育版）的用户群与影响力。这些基于游戏的平台总共覆盖了15 000多所学校，拥有100多万名学生用户。

与拥有庞大销售队伍的教科书出版商不同，电子线传媒没有专门的销售人员。它的产品不通过传统的学校渠道销售，而是通过直接与老师交流，从下往上渗透。由于现有教育机构的僵化，电子线传媒将重点放在了教师的挖掘、教师的相互推荐、课堂实践与教师专业会议中的实践上。这个方案需要持续不断地减少过程中产生的摩擦，实行灵活透明的定价策略，对基于教师和学生反馈的服务流程进行优化。和许多以数字技术为中心的创新型学习产品和服务的开发者一样，电子线传媒利用数字网络和教师社区的力量，绕过了制度的限制因素，比如集中采购、年度决策时间表和对新产品的恐惧。代理机构转移到了真正使用产品和服务的教师身上，而不是选择和采购的部门。

这种渗透策略利用了美国K–12教育系统出现的漏洞。虽然对以数字制造为基础的学习来讲有一些独特的挑战，特别是要考虑到硬件、软件和物理材料本身的复杂性，但在学校引入创新的、以项目为基础的学习方法时，许多相同的原则仍然适用。当越来越多的敏捷的、怀有相同理念并且有激情的机构充分利用这些漏洞的时候，这些机构的集体影响力就会变得越来越深，越来越广。它们提供了在整个教育系统生态中引发重大变革的潜力，使新市场领导者、平台和文化得以涌现。机构是重复性与模式化行为的产物，这些新的模式可以成为机构的新常态。

机构通常不会自我改造。在第 6 章中，我们将会探讨机构是如何制造机构的，就像机器制造机器一样。然而，历史告诉我们总有一些强大力量反对灵活的高适应性机构。正如我们前面提到的，罗伯特·米歇尔斯提出的寡头政治铁律和库恩的科学革命指向了间断平衡模型，在这个模型中，稳定周期总会被快速变化周期打断，直到新平衡出现。库恩记录了一个系统早期的持续变化的潜力是如何存在的。但是我们还应该知道：如果速率限制因素以保守的知识守护者的形式阻止变化的发生，同时产生不断增强的对抗力，那么，当压力超过对抗力量而导致变化发生时，这种变化往往是迅速且具有颠覆性的。

考虑一下尼尔简单地为一个“数制”学院申请“.edu”互联网域名并通过美国高等教育信息化协会审核的经历，这个协会是为管理那些名称而构建的一个机构，它提供了一个如何在机构内部制订僵化规则的绝佳例子。美国高等教育信息化协会是一个产生于第二次数字革命时期的新机构，但是它仍然以一种非常传统的方式进行运作。这里的规则是，只有那些具有实际地址的教育机构才能得到“.edu”域名。这一规则的确给“.edu”域名的发放带来了一定的稳定性，但也限制了合法的、以非传统方式进入该领域者的创新与增长的空间。新的机遇制造的教育模式出现得如此之快，甚至超过了数字机构的应对速度。

除了机构变化缓慢以外，还有一些其他的变化速率限制因素，比如内部小型利益团体制造机构整体性僵局的能力。要在社群层面了解这种动态博弈过程，可以参考乔尔和他的团队在堪萨斯州的道奇城与当地领导人合作绘制数字参与者地图的情况。在接受调查的 100 个参与者中，有 97 个人对在教育中融入数字技术的重要性表达了不同程度的支持，理由包括教育、健康信息、劳动力培训、公民参与度等方面的内容。然而，少数人以这样强硬的措辞表示反对："我认为互联网连接仍然是一个特权，我不愿意花费更多的钱让低收入家庭可以不必花钱就联网或者得到相应联网折扣。"这个论调被广泛称为"公地悲剧"——各人自扫门前雪，不愿意为公共事业投资，从而导致公共设施的失效，最后共输。在社区首脑会议上，人们必须相当重视这些观点并确保它们不会破坏整个协议。埃莉诺·奥斯特罗姆记录了新机构如何协调个体与公共事业关系从而战胜狭隘的利己主义（这会成为第三次数字革命当中的一个挑战），从而获得了诺贝尔奖。

第三次数字革命需要在指数级变化背景条件下仍然保持敏捷性的机构。在功能层面，机构必须完成两件事：创造价值和减少伤害。或者就像亨利·基辛格在外交政策机构提出的问题一样："我们的利益要求防止什么发生？""我们的利益是什么？"在一个无人驾驶汽车必须进行道德判断以及几乎每个人都能破解基因的年代，机构仍然需要持续提高它们的能力，但是变化的速度要快得多。拉尔夫·赛瑟罗恩[①]在他的2012年总统选举讲话中呼吁在全美范围内对美国国家科学院在制度上进行广泛改革：

> 今天最令人不安和令人生畏的问题都有共同的特点：其中一些问题是由人口数量与资源运用产生的；这些问题需要社会不同群体长期致力于此并由社会不同部门联合解决；单一、简单的方案不太可能解决这些问题；但是如果不解决这些问题将会导致灾难发生。从某种意义上来讲，我们目前和未来所要面对的问题的规模和复杂性是前所未有的，而且解决方案很可能必须是迭代的……机构可以

① 拉尔夫·赛瑟罗恩，美国气候学家。他在大气化学、气候变化和能源问题上的研究使得他在制定科学和环境政策方面处在极高水平。——译者注

使个人的思想与能量对社会造成更大影响，并且以个人所没有的能力将这些影响长久地维持下去。

组织

第三次数字革命将对一切组织产生深刻影响，无论是商会、非营利组织、政府部门还是慈善机构，无论这些组织是处于农业时代、手工业时代、工业时代，还是前两次数字革命时期。一般而言，策略、结构和过程的变化速度会快于组织文化，而组织文化限制组织变化速度的关键因素。反过来，文化也为深深根植于组织的各种运行假设条件所体现和维系。在第三次数字革命中，组织要想幸存并壮大，需要不断维护（并调整）其运行假设条件，使其不断创新以契合新的技术趋势。与此同时，组织运行的假设条件也会决定新技术的走向。

一个运行假设条件通常不会被陈述出来，但它代表了组织中事件发生的方式。组织学者把这些假设条件比作 DNA——形成组织本质的特定基因。1960 年，道格拉斯·麦格雷戈在《企业的人性面》一书中明确提出了“组织基本运行假设”这一概念。他将“X 理论”管理风格（工人需要被监控和控制）与“Y 理论”管理风格（工作就像游戏一样自然，只需要给工人工具和资源，他们就能尽力而为）进行了对比。麦格雷戈谈道：“下次你去参加……某个会议……要换个角度倾听关于人类行为的假设，无论这个假设是关于个人的、某个特定群体的，还是一般意义上的人。”他的观点是，一旦你掌握了潜在的运行假设，就可以预测接下来会发生什么——对产生决定和驱动行为而言，“X 理论”假设将会产生与“Y 理论”假设截然不同的效果。在预测第三次数字革命对组织的影响时，我们也需要换个角度，以适应限制变革速率的运行假设条件。

如果运行假设条件阻碍了必要的变革，人们就必须做些改变，而这种改变并非易事。以代表第一次工业革命的企业——福特汽车公司为例，福特汽车公司已经由大规模生产巨头转变为更为敏捷的、以团队为基础的企业，在质量、安全和其他关键措施方面不断提高（欧洲的社会学家仍将大规模生产称为福特主义）。冈萨洛·雷伊是穆格公司的首席技术官，穆格公司是一家为不同行业生产专业零部件的制造商。冈萨洛将过去一个世纪福特汽车公司车间的变化速度与其他行业进行了比较："如果你定格福特汽车公司的工厂车间，观察它 100 年，就会看到科技带来的巨大变化。与建筑工地或医院相比，在相同的 100 年里，劳动内容没有发生太大的变化。"福特现象"引发的结果是，汽车变得人们普遍负担得起了，而盖一座摩天大楼、买一栋住房或去医院看病的相对价格与 100 年前相比却并没有增加太多。"对冈萨洛来说，区别不仅在于技术的可获取性，还在于采用该技术并将其融入组织功能的实际过程。这才是变化的关键。

自 20 世纪 80 年代以来，乔尔一直深度参与福特汽车公司及其美国工会（美国汽车工人联合会）的重大变革。取得进展的关键是改变公司的运行假设条件。例如，福特汽车公司的经理从不得不尽力控制问题以防止被高层发现，转变为公开分享问题，讨论潜在隐患，以从中吸取教训。从隐藏问题到分享问题，这种运行假设的转变需要在组织的各个层级上进行整改。一线工人必须确保不会因为报告质量错误或通过停产来解决问题而受到指责。在福特汽车公司，一条装配线停产的代价大约是每分钟 10 000 美元。

保守策略在高管层面也曾一样盛行。各级领导都担心事故会让他们丢了乌纱帽，所以一心控制问题。文化中的这种保守策略是一种速率限制器，当组织文化转变为支持共享和集体解决问题时，这种保守策略就变成了加速器。管理机构的这些变化至关重要，但它们也花了很多年才得以实现——从“指责文化”到“共享问题文化”的转变花了十几年时间，而且正在进行。

同样，工会领导人的策略已经从直接反对不公正待遇和管理层的独断专行，演变为在安全、质量和其他目标方面与管理层建立伙伴关系。现在，工会会员在“六西格玛”质量流程管理变革中获得“黑带”称号，并协助设计质量和安全操作系统。当乔尔促成了美国汽车工人联合会与福特汽车公司之间的联合质量宪章的发布时，最终文件是重要的，但其过程更加重要。同理，智造宪章的重审过程至少和最终文件一样重要。美国汽车工人联合会与福特汽车公司的立宪过程花了几个月的时间，但是，以伙伴关系和共同责任为核心的运行假设条件已经覆盖全企业的协同工作很多年了。总之，美国汽车工人联合会与福特汽车公司关系的转变跨越了 30 年，经历了至少 56 个关键事件（如发布宪章）。以类似的方式，智造宪章要想凝聚共识，改变智造生态系统中的运行假设条件，也将需要多年的时间和许多关键事件。

多层级管理的大规模生产模式是一个组织的速率限制器，因为其核心在于指挥链条中的计划、决策和支持行动。早在 1960 年，麦格雷戈就意识到，“很可能有一天，我们会开始把组织结构图画成一系列相互联系的组群，而非个人‘报告’关系的等级结构。”要改变根深蒂固的运行假设条件，其过程并不容易。首先，现有假设必须是显而易见并受到广泛认可的；其次，人们必须能够尝试基于不同假设的新行为，而当新行为不符合既定规范时，可以免于苛责。领导者需要收集与新方法相关的证据，但又要在所有证据出现之前就克服惯性，推进新方法。当新假设“摆在桌面上”时，会产生关键的测试事件。这是一个迭代过程。

很多现行组织都是工业革命兴起的产物，其运行假设条件的改变都是为了顺应前两次数字革命的发展趋势。第三次数字革命将进一步挑战这些组织的运行假设。重要的是，许多即将公开的运行假设条件都与更广泛地利用知识和技能有关；也就是说，增加整个企业的代理权。一个更为分散的运营模式要求企业更灵活，更有弹性，不断与时俱进，而传统的模式则会限制变革。毫无疑问，这些组织将经历一系列关键事件，这些事件将像福特汽车公司所经历的那样构成一场变革，但这些组织将没有另一个 30 年的时间来进行变革。

这一挑战不仅仅适用于传统的产业结构组织。正如尼尔所指出的，前两次数字革命的许多创始机构（如美国数字设备公司、王安电脑公司、Prime 和美国数据通用公司）已经不复存在。虽然它们生产数字产品，但这并不意味着它们有足够的运行假设来适应数字时代的变化速度。以美国数字设备公司为例，限制其变革速率的因素就是在一定程度上未能解决从大型机向个人电脑的转变。再深入考察，就会发现深嵌于公司的许多运行假设，既是其早期成功的关键因素，又是后来限制其发展的核心障碍。这其中包括对创始人肯·奥尔森的个人崇拜。当他正确理解技术前沿时，这种崇拜使公司顺风顺水，但当他错了的时候，这种崇拜就是致命的。此外，生产线的一些运行假设压制了不同意见，限制了自下而上的适应能力。

这些从第二次数字革命中幸存下来的组织已经有点儿像制造机器的机器了。也就是说，这些组织正在通过兼并、收购、合资、公私合营和多种灵活的团队运作方式来组建新的组织。它们的运行假设不仅为规划、决策和行动提供了更多的横向论坛和机制，而且其功能在某种程度上与尼尔在第 3 章中所概述的模块组合的分拆大同小异。不过，这一类比还欠精准——这些组织将拒绝被完全解体。此外，数字制造将挑战以比特为中心的组织的运行假设条件。例如，这些组织将不得不考虑其计算技术如何与活跃的消费品供应链产生互动，以及如何适应对开放共享和易货交换进行强化的社会规范。英特尔仍处于从进入移动计算市场的缓慢过程中复苏的阶段，但与第三次数字革命相关的变革可能没有那么大的容错空间。

要检视组织层面的速率限制因素和加速因素，我们需要确定技术发展的速率，并判断一个组织的运行假设条件是否顺应技术的发展要求。组织层面的协调不像机构层面那样复杂（在机构层面，更多的参与者和偏好可以发挥作用）。另一方面，不适应的组织可能在意识到组织需要变革之前就灰飞烟灭了。

个人

虽然有一些技术先驱和早期接受者拥抱技术革新，跟上它的步伐，但并不是所有人都能抓住这个机会，甚至也不是所有人都渴望这一机会。托夫勒在《未来的冲击》中说，“短时间内改变太多”会引发“无助、绝望、抑郁、不确定、不安全、焦虑和精疲力竭”的感觉。今天的加速变化使许多人都有上述感受，这些反应是情理之中的。

20 世纪 90 年代，管理教学中出现了个人变革管理的模型。图 4–1 所示的过渡曲线说明了个人对变化的反应。常用的还有其他类似的模型，多数都起源于伊丽莎白·库伯勒–罗斯关于死亡与临终的模型。在图中，纵轴表示自我感知能力的相对水平，横轴表示时间。如曲线所示，在经历了新事物的最初冲击之后，人的自我感知能力会随着自身对变化的关键方面的否认程度的增加而提高。增强意识和接受的过程包括承认你不知道的东西，放弃旧的假设、看法和其他考虑。只有这样，实验、理解和整合才有可能进行。

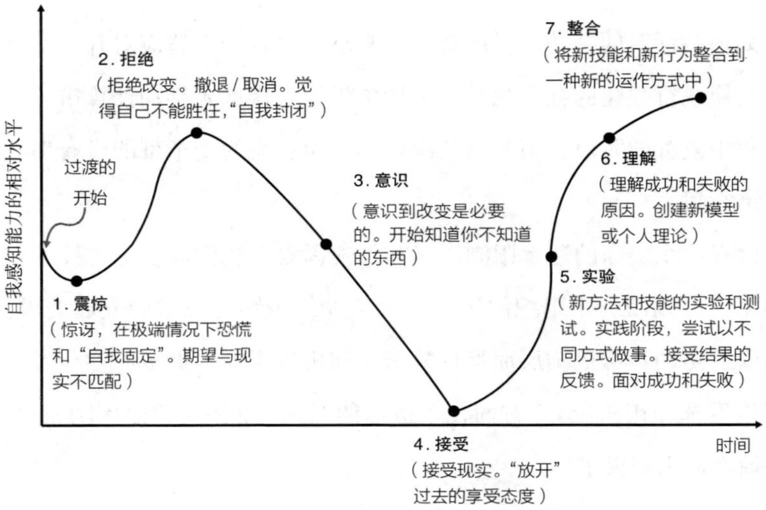

图 4-1　过渡曲线。福特汽车公司高管教育，《福特—美国汽车工人联合会转型内部》（*Inside the Ford-UAW Transformation*）提供

在第三次数字革命的背景下，过渡曲线之所以变得如此复杂，是因为它必须与呈指数级变化的速度相匹配。这种对速度的要求增加了受到震惊后对事物进行否认的可能性，并使向意识、接受、实验和理解发展的过程更加复杂。威廉·布里奇斯在 1991 年提出的“管理过渡”变化模型与上图描述的过渡曲线是一致的，它指出人们只有放下过往，驶向“中性地带”（意识和接受），才能接受新的转变。对于面临加速变化的个人来说，这意味着他们将越来越频繁地应对这些转变。

但对个人而言，随着第三次数字革命的到来，加速变革的意义不仅仅是一种新的思维方式。一些非常具体的调整也有自己的变化节奏。例如，在数字制造中普及基础知识所需的时间约为 6~18 个月——这是一个相对较快的学习曲线。然而，对材料科学、设计思维、电子电路设计和其他相关领域基本原理的深入掌握，需要几年甚至几十年。技术进步无疑将缩短基本功能所需的学习曲线，就像今天人们在使用计算机或移动设备时，无须计算机编程技能就可以操作各种应用程序一样。

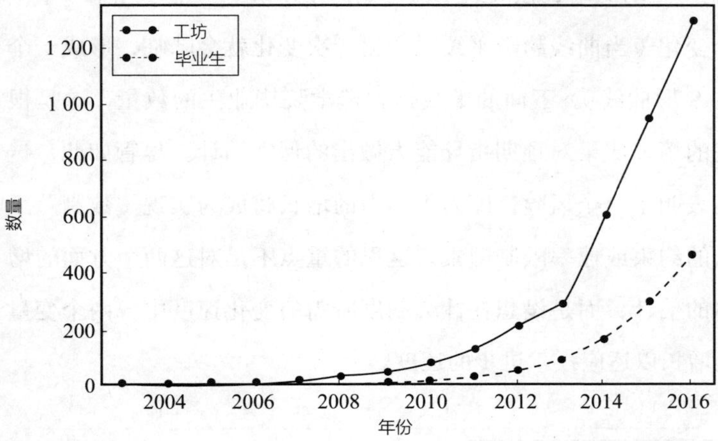

图 4-2 “数制”工坊数量的增长和智造学院毕业生数量的增长。尼尔·格申斐尔德和数制学院绘

图 4-2 显示，能够有效利用技术所需能力的人的数量在增加。上端实线中的数据与尼尔用来绘制“数制”工坊增长曲线的数据相同；下端虚线显示智造学院毕业生数量的增长情况。纵坐标中的数值既包括“数制”工坊的数量，又包括其培训合格人员（毕业生）的数量。智造学院的毕业生常常会成为新旧“数制”工坊的核心导师。当然，除了智造学院，还有更多的方法来学习数字制作，但这个数字说明，培养智造素养与“数制”导师，既是机遇又是挑战。好消息是智造学院的毕业生数量在增长，但并不是每个毕业生都有时间或意愿去指导越来越多的人，而且整个生态系统都需要导师。更重要的是，合格人员数量的增速比“数制”工坊数量的增速要慢。

为了进一步说明相关变化速率的挑战，图 4-3 对上述两条曲线进行了扩展，以表示基于当前数据的未来可能情景。上面的实线是“数制”工坊可能的增长曲线，每座超过 10 万人口的城市（世界上只有 4 000 多座）都有 5 个工坊，而在农村地区数量也大致相当。请注意，在这个场景中，“数制”工坊的增长在曲线末端开始趋于平缓——尼尔在第 3 章中提到过这个变化（当曲线趋于平缓时，另一次变化就会降临，形成一个更为陡峭的 S 形曲线）。下面的虚线是智造学院毕业生的数量，这是根据智造学院的培训成果对预期指导能力做出的保守估计。尽管如此，这个图表还是表明了一个风险，即人类能力的增长将成为实现“数制”工坊潜在增长的约束或速率限制因素。这里的重点不是对这两个方面的增长做出具体的估计，而是设想在社会制度所需的变化速度中，两个变量要如何快速增长以适应技术进步的速度。

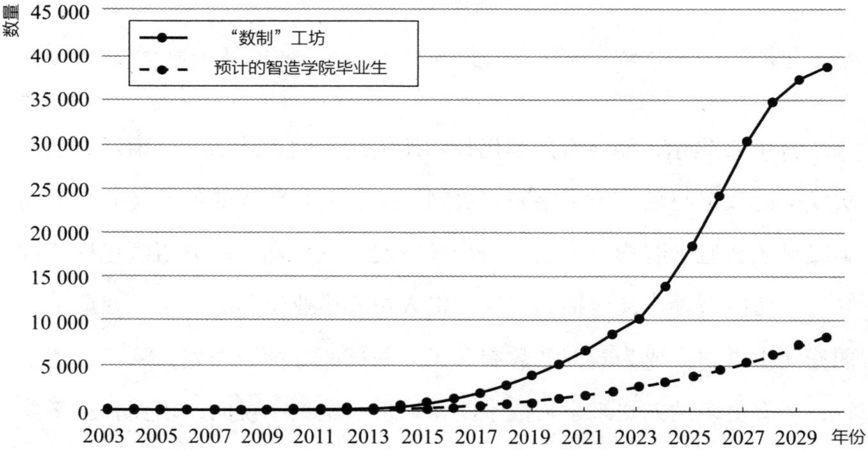

图 4-3 “数制”工坊数量和智造学院毕业生数量可能增长的情景。乔尔·卡彻-格申斐尔德绘

投入真心

本书介绍的人物主要是“数制”工坊的先驱者，他们已经为数字制造贡献了力量并给予了承诺。但这仍然是一小群人。如果“数制”工坊要覆盖更广泛的人口，就必须要让那些不了解甚至抵制第三次数字革命

的人参与其中。正如阿尔文·托夫勒在前两次数字革命的风口浪尖上指出的那样："未来的冲击是指我们通过在短时间内对其他人进行太多改变而使他们承受巨大压力并迷失方向。"这种压力和迷失方向的迹象在整个社会中都可以看见。

尽管如此，第三次数字革命对许多人来说依然是一个不受欢迎的过程。事实上，由于孤立主义观点、对技术的不信任、对失业的恐惧，以及对不平等日益加剧的愤怒，世界上大部分地区都有向内发展的趋势。嵌在数字制造概念中的是本地自给自足和全球相互依赖的独特组合，代表了另一条前进的道路——但这并不是一个像在推文、原声摘要播出和信息回声室中进行通信那样简单的概念。

像数制包容性这样的挑战成为全球优先事项，不能仅仅要求更广泛的人群接受更多的技术变革——他们需要成为促进这种变革的参与者，使其对他们自己、他们的家庭和社区产生积极影响。当受益人成为理想变革的关键驱动因素时，社会变革将会更加成功。为了应对这些挑战，我们推荐一种同时利用头脑（以逻辑为中心）、心灵（以情绪为中心）和手（以实践为中心）的方法。

我们都经历过改变目前行为以实现长期目标的困难。无论是为未来的财务健康节省资金，为未来的身体健康进行规定饮食和锻炼，还是采取积极主动的措施来缓解气候变化以确保地球未来的健康，有大量证据表明这种改变极为困难。让人们参与第三次数字革命的挑战更加困难，因为许多人仍在适应前两次数字革命。

尼尔开始了他的实验，他认为参与第三次数字革命的重要性主要在于证据、逻辑和理性。这种以头脑为中心的方法也是许多政府机构和慈善机构的首选模型，它们围绕逻辑模型和投入产出分析来设计其变革理论。对为什么加速数字制造技术能够带来有意义的教育或教育福利进行强有力的、基于证据的分析是十分必要的。但是，如果你想吸引更多的人，而不是沉浸在细节中，这种以头脑为中心的方法通常是远远不够的。

对许多人来说，吸引人投入真心这一点很重要。只要人类具有沟通的能力，讲故事就是帮助一代人指导下一代克服生活挑战和复杂性的重要工具。在书写发明之前，这些故事以口头故事、仪式和戏剧的形式传承下来。那些经得起时间考验的故事、超越文化和背景的故事，都是以极具吸引力的形式探索普遍的人类主题的故事。有一种说法是“从心灵发出的话语，进入心灵”，我们对它的起源并不清楚。同样，从心灵发出的故事进入心灵。令人印象深刻的是，将数字制造的力量和承诺嵌入深刻的人类叙事，可以激发想象力，并使更多人参与进来。除了吸引头脑和心灵之外，我们还必须与不断发展的技术进行实际互动。了解一个“数制”工坊是一回事，利用这些强大的机器来实现个人有意义的目标，然后与朋友、家人、同事和更广泛的工厂社区分享这些成就，这是另一回事。

前两次数字革命的许多先驱者将其早期灵感指向引人注目的媒体（比如《星际迷航》电视连续剧、艾萨克·阿西莫夫的小说），一些使科学变得生动的导师（例如，伟大的科学老师或充满灵感的父母），以及更重要的动手修补能力（比如家酿计算机俱乐部、电脑套件）。这三种参与模式都很强大，它们在相互加强后变得更加强大。

一个重要的注意事项，是20世纪80年代早期的家酿计算机俱乐部和计算机构建套件面向的通常是白人男性，这种刻板印象今天仍然存在。目前，“数制”工坊的生态系统存在多样性（本书中强调的许多案例研究都表明了这一点）。我们需要强调这种多样性，以继续吸引各种新的参与者。

实际上，连接头、心、手的历史非常悠久。亚里士多德将善良的心和头脑与哲学家的思想联系起来。多年来，宗教组织通过认知、情感和行为的整合将这些概念联系起来。当心理学家谈到认知、情感和行为改变时，他们会套用类似的框架。这些综合元素也可以在许多现代组织中找到，如4H俱乐部（头部、手部、内心和健康），以及麻省理工学院。麻省理工学院于1864年采用的官方印章的特色是拉丁语“头和手”（Mens et Manus）。“心”这一点被漏掉了。

麻省理工学院的座右铭“缺乏内心”这件事并没有被学生、教师和校友忽视。2015年9月，在一系列学生自杀事件发生后，麻省理工学院校长辛西娅·巴恩哈特和医学顾问威廉·凯特尔宣布了“脑手心”计划，旨在改善麻省理工学院现有心理健康和咨询服务的协调性。2016年5月剑桥市，在麻省理工学院百年校庆活动中，麻省理工学院校友和汽车讲座主持人雷·马格利奥齐与学生制造的机器人合作，公开得出结论，仅仅通过给脑和手添加“心”，麻省理工学院就已经发展为今天的这样一所蓬勃发展的学院。对于第三次数字革命中的个人而言，同时接触头部、心脏和手的行为可以成为加速器；如果不这样做，其行为将变成一个限速器。

生态系统

我们已经研究了个人、组织和机构的变化速率怎样成为限制因素。虽然分别理解每个级别很重要，但我们最终还是需要通过有意义的变化来了解这三个级别如何相互作用。如果数字制造技术要以指数级变化速度加速，并促进更加自给自足、相互联系和可持续发展的社会的发展，就需要在区域和全球范围内实现生态系统层面的转型。

在生物学中，生态系统由相互作用的生物和环境组成。生物学中的共同进化是相互作用的产物。在技术和社会方面，生态系统包括个人、组织和机构与技术和自然环境之间的相互作用。共同进化的发生，有时是计划的，有时是无计划的。为了预测实现社会生态系统变化将要面对的挑战和机遇，回顾一下替代生态系统的一些历史尝试是十分有益的。

在工业革命的早期阶段，罗伯特·欧文的故事介绍了一种生态系统方法，它可能是社会中另一种经济模式。欧文于1771年出生于威尔士，21岁时成为英国曼彻斯特一家纺织公司的经理。到1799年，作为苏格兰新拉纳克工厂的共同所有者，欧文拒绝了工厂的运营方式，并构建了被我们现在称为社会变革的生态系统方法。这些努力包括在社区中提供婴儿托儿所、工人子女学校教育、安全的工作条件、公平的薪酬、工人教育，此外，还提供工人对所生产的产品质量的反馈以及合作零售店，这样工人就不必购买“伪劣商品”了。想象一下，如果这种变化被其他企业家和影响社会的人接受，它将以更加有益的方式重新定义工业革命。

事实上，欧文的模型已经成为当时工业秩序的阻力。该工厂的其他共同所有者抗议说，他们没有挣得足够的利润。很显然，已经有人期望企业只实现利润最大化。对于欧文的工厂来说，这个问题是在社会改革者杰里米·边沁[①]和其他人的共同帮助下解决的，他们收买了反抗的共同所有者。这延长了这项尝试的寿命，但在其他环境中并不容易复制。新拉纳克工厂成功吸引了我们今天所谓的社会改革者、教会领袖、政治家和其他人进行基准测试访问，这使工厂具有更广泛的影响。

事实证明，模型中与减轻损害相关的方面确实以一些重要的方式对社会产生了影响，但并未创造价值。欧文成为1819年棉花制造厂通过工

① 杰里米·边沁是英国的法理学家、功利主义哲学家、经济学家和社会改革者。他对社会福利制度的发展有重大的贡献。——译者注

厂法案的推动力量，该法案的重点是童工和工时。他领导了“8小时工作制”运动，其座右铭是“8小时劳动，8小时休闲，8小时休息”。在这方面，保护性立法可被视为在技术变革时代减轻伤害的加速器。

然而，与创造价值有关的模式的各个方面（包括工人咨询、合作零售店、提高质量和其他社会创新）不能简单地立法或执行。虽然欧文记录了这些经验，并试图在他的国家和美国推广这些经验，但基准测试与他的书的结合并不足以让大多数人采用、适应和扩展这种替代模式。

如果我们快进到20世纪50年代，我们会发现另一种替代生态系统模型，它能够在区域范围内进行扩展，创造价值并减轻危害。西班牙巴斯克地区的蒙德拉贡合作社由一位天主教神父于1956年创立，目前已经发展为拥有7万5千名员工的数百家中小型企业。该模型在某些关键方面与传统工业模式不同。例如，如果一家公司经营失败，该模型就会为其提供收入支持和再培训，并为想要成立新公司的人提供投资机会。知识俱乐部是一个工作组的集合，作为蒙德拉贡的知识引擎，寻找新的商机和不断变化的市场。所有人都可以享受重要的社会服务。在此背景下，个人、组织和制度变革共同促进了内部增长和长期可持续发展。

虽然它是相对封闭的巴斯克文化的产物，但蒙德拉贡已经接待了成千上万人的基准测试访问，并成为几十本书的主题，将这种模型扩展到其他环境。今天，它正努力地在数字世界中发挥作用。它是一个接受数字制造的环境，这一点已经不足为奇；它致力于研发资源，开发3D打印新材料（于2015年推出一款用于增材制造的新型尼龙长丝）。尽管如此，蒙德拉贡仍然是一个相对封闭的系统，与外部市场相互作用主要是为了销售它的产品，并没有在其区域之外产生深刻的社会影响。

在讨论蒙德拉贡时，正在巴塞罗那领导智造城市计划的托马斯·迪兹指出，从蒙德拉贡模型中可以获得重要的见解，但在智造城市生态系统方面也存在差异。他强调了蒙德拉贡合作社的自给自足、相对封闭的模式与第三次数字革命所需的横向合作模式的明显区别："蒙德拉贡是一个不同的模式——我们的目标不是成为万物的经纪人。我们可以发挥作用，但我们更有能力。我们正在支持不断发展的'数制'工坊城市生态系统，但我们不需要处于中心位置。"在这些评论中，迪兹阐述了在全球范围内传播分布式生态系统的方法。

最近的一个生态系统变化模型是"重塑学习"计划，其重点是教育转型，覆盖匹兹堡地区、宾夕法尼亚州西部和西弗吉尼亚州西部。"重塑学习"计划是一个由200多个组织合作的项目，为该地区的年轻人拓展机会并提高学习效率。它旨在激励一代终身学习者，使他们在21世纪茁壮成长。该模型大致包括150个制造商空间和"数制"工坊。

这个故事始于1997年，当时曼彻斯特工匠协会将处境危险的青年与学徒的培训、艺术教育和其他形式的校外学习联系起来，在长期被忽视的匹兹堡社区领导了振兴工作。2007年，匹兹堡的格拉布尔基金会推出了"孩子+创造力"活动，以回应教师、图书管理员、博物馆教育工作者和青年工作者提出的一个看似简单的问题："我不像以前那样与孩子们交流了。"起初，这种担忧似乎与每一代人对青年人的关心都没有什么不同。但进一步的调查显示，在数字时代，对知识的追求正以许多重要的方式出现。

"孩子+创造力"始于独特的练习——10份煎饼早餐，汇集了来自学校、博物馆、图书馆，早期教育中心和校外课程的领导者。早餐参与者都主动表示他们认识两三个人，这些人也需要参与进来。早餐之后是一个超过100人的大型聚会。正如格拉布尔基金会执行董事格拉布尔所描述的那样，会议上"每个人都有两分钟的时间来发表他们的评论或进行推销，两分钟后会响起响亮的锣声，表明时间已经过去了。每个人的表达都非常厉害”。后来又有许多机构提供了额外资金和支持，包括克劳德·沃辛顿·贝尼登基金会、布尔基金会、麦丘恩基金会、匹兹堡基金会、斯普劳特基金会和阿勒格尼中介机构（一个教育服务机构）。会议还启动了试点实验，内容包括基于项目的学习、基于制造商和工厂的学习、基于游戏的学习以及其他创新教学方法，这些内容通常跨越了以前独立的领域，如学校、图书馆、博物馆、校外正式和非正式学习环境。

该计划于2011年更名为“重塑学习”，引起了全美的关注，并得到了约翰·D和凯瑟琳·T.麦克阿瑟基金会的额外支持。人们没有从教育创新者和教育技术推广者那里出现的许多竞争性术语和教学法中进行选择，而是故意选择“重塑学习”这个词作为标题来描述这个计划。2015年，雪佛龙与卡内基科学中心和智造基金会合作，在该地区建立了一个全面的“数制”工坊（这是雪佛龙向“数制”工坊提供1 000万美元承诺的一部分，作为在雪佛龙公司运营的地区支持“数制”工坊的基础）。该工厂与大匹兹堡地区大约150个创客空间相连，通过各种方式连入重塑学习网络，包括科技工坊学习中心、匹兹堡骇客、西宾夕法尼亚州聋人创客空间学校、匹兹堡创造者大会等等。

有趣的是，该计划在2014年才成立了一个顶级领导委员会（由36名地区高级行政领导人组成），在此之前它已有了7年的历史。这反映了该计划在早期具有新兴性质，指出了生态系统中的有利实践（治理）的必要性。现在有一个全职的专业人员和一个由2 000名教育工作者、社区活动家组成的互联网络，其中近40%的人在过去两年内加入其中。匹兹堡是美国30个数字教育集群之一，可以说是最先进的教育集群。外部兴趣水平促使“重塑学习”网络开发了一个剧本，总结了5个领域的经验教训：

学习环境

创新研发

学习奖学金和宣传

商业和企业

战略管理

该剧本代表了一种明确的努力方向，以帮助人们实现超越一个地区的转型变革。虽然书籍（和剧本）的编写和出版、对现场访问和基准测试的组织、立法的变化等类似于改变规模的方法都是重要的活动，但它们最终限制了变革的速度，使其无法与加速发展的技术共同有效地发展。为了实现这一目标，我们需要不断打磨数字平台和工具，不断实践，以便有效传播模型的关键部分。例如，虽然整个地区有数十个创客空间和"数制"工坊，但在整个网络上共享和协作项目的能力仍然有限。托德·克鲁斯金博士最初作为高中校长参与了"重塑学习"计划，现在担任伊丽莎白前进学区的助理主管。他评论道：

> 对于数字制造，创意项目是关键。智造基金会表示，它将开发一个分享项目的平台，据我所知，这个平台将很快被公布。这很好。我们需要有效的设计挑战，特别是帮助社区的项目理念，但我们一直努力在内部开发它们。

在这里，人们需要通过新的实践——具有挑战性的和有益的项目——来使用相关工具，这些工具可以使用、调整和扩展。由于大多数做法不是匹兹堡地区特有的，因此有可能会在该地区之外传播。

在"重塑学习"的案例中，数字制造是新的教学和学习生态系统的一部分。数字制造平台、工具和实践仍然在各个地区展现其能力，以创建更多自我可持续发展的社区，为我们的生活、学习、工作和娱乐提供新的模式。看看数字技术如何帮助个人或一小群人创建具有全球影响力的真正的变革性生态系统，对加快这一过程是有帮助的。

自然增长与规模增长

前两次数字革命为人们设计和传播变革性生态系统提供了见解。现在，一个人或一小群充满激情的梦想家就可以参与其中并为数百万人授权，为全球变革性生态系统的设计和传播做出贡献。这些数字生态系统利用热情的贡献者网络，依靠强大的平台和工具实现分布式代理，并为能够以指数级速率传播而不仅仅是线性增长的实践提供前所未有的变化速率。

在第 2 章中，我们确定了培育一个有利的数制生态系统是一个关键性的门槛挑战，这项挑战是以创建一个更加自给自足、全球联网和可持续发展的世界为基础的。在这里，我们将深入探讨这一概念，包括如何使这些生态系统的属性处于不断出现的状态，这对其指数级传播至关重要。新兴的生态系统与传统业务的规模有一些相似之处，但也存在重要差异。企业可以通过计划实施、多领域研究和设计、供应变更管理、客户支持、国际管理以及兼并和收购相结合的方式进行扩展。以这种传统方式进行规模扩展的企业通常属于资本密集型企业，需要经验丰富的管理者，其扩展过程更像是具有周期性加速度的线性过程。

请注意，这里有两个关键词：传播和规模。它们在尼尔的世界和我们的世界中的使用方式非常不同。我们在撰写本节时被这一点困扰，重要的是要说明差异，因为每个词在不同的世界中都可能以截然不同的方式被使用。对于尼尔而言，物理传播（比如波的传播）是以一个给定的速度从一个给定的源发生的，这与摩尔定律的指数倍数定律的核心形成对比。在我们的世界中，营利组织和非营利组织都试图通过各种机制来扩展其运营规模，这些机制主要涉及自上而下的规划和实施。这与我们在本节中探讨的有机的传播过程形成对比。

新兴的生态系统就像我们使用的这些术语一样，不会扩展，但可以传播。平台、工具和实践与总体层次结构不同。相反，在结构上，它们涉及一种横向对齐的形式——连接独立但相互依赖的参与者。为了使其社会系统能够与技术系统的指数级增长相匹配，我们需要将其传播（通常除了传统的规模扩展之外）。

几年前，艾伦在亚利桑那州图森附近的生物圈 2 号参加了一个关于适应性的论坛，在那里探讨了这一主题。会议召集了科学、社会科学和人文科学的研究人员，以探讨适应复杂、快速变化的生态系统的策略。其中一项小组讨论涉及从前两次数字革命中观察变革性生态系统，并解构那些帮助它们在持续加速变化的世界中传播并保持弹性的元素。该小组包括生物学家、经济学家、哲学家和企业家。会议结束后，包括波士顿科学公司联合创始人和 FIRST 公司前主席约翰·埃伯利、NextThought 首席执行官肯·帕克和艾伦在内的一小部分人开始记录其中的一些见解。

该小组首先假设人类已成为优势物种，很大程度上是因为我们有大规模合作的能力。数字技术加快了这种能力的发展，使全球变革性生态系统能够在极短的时间内出现，这主要是因为跨越社区的共享和分布式机构由核心平台、工具和实践联合起来。

这种变革性生态系统的示例包括分散的技术运动（如 Linux 操作系统）、营利的娱乐活动（如《我的世界》）和非营利的网络资源（如维基百科）。

维基百科、Linux 操作系统和《我的世界》这三个例子对世界产生了相当大的影响。维基百科是世界上第六大最受欢迎的网站，拥有全球贡献者生态系统。它是数亿人的主要信息来源，每月读者近 5 亿，页面浏览量达到 180 亿。Linux 基金会最近的一份报告显示：Linux 软件通过全球程序员生态系统提供的 1.15 亿行代码产生了 50 亿美元的经济价值。《我的世界》是一个由瑞典游戏设计师创建的小型独立游戏，它形成了一个全球生态系统，有一定热情的和深度参与其中的一亿多年轻人通过全球"游戏模组"生态系统为调整和扩展代码加速，以引入新的体验。每个例子都是通过传播的形式而不是以更传统的形式发展的。

这三个示例以及各个领域中的其他示例都拥有一组共同的属性。这些生态系统都由一个或一小群富有魅力的、热情的领导者创立，他们定义了社区精神、文化和高级别参与规则（公开地或通过他们的行为和实践），这些创始人提供了支持平台、工具和实现增长的生态系统实践。在某些情况下，这些创始人着手创建变革性生态系统。在其他情况下，他们没有这样的目标，因此没有准备好进入这样的领导地位。我们将这些充满激情的领导者称为自上而下的梦想家。在数制生态系统中，尼尔当然属于这一类别。

这些生态系统中的每一个系统都在很大程度上随着被授权和授权的中间层次的个人和组织的激情而增长，所有这些人都深深认同这个愿景和新兴社区，并有效地利用、适应和扩展平台、工具和实践。被授权和授权的中间层通过投入大量时间和精力（通常没有报酬或正式职位）来调整和扩展平台和实践，以满足当地需求或创造新的能力。反过来，他们的奉献精神为生态系统带来了新的参与者，提升了他们在社区中的地位。影响主要来自行动和有利于社区的切实成果，而不是自上而下的法令。电子线传媒和游戏教师公司帮助《我的世界》（教育版）走进成千上万所学校，这就是一个例子。我们将这一层称为授权和被授权的中间人。在数制生态系统中，他们是“数制”工坊的创始人、为开源数制软件和硬件的开发做出贡献的程序员和设计师，以及那些开创数制学术、数制基金和智造城市等新举措的先驱。

最后，同样重要的是，所有这些生态系统都吸引了不同程度的参与者。我们将这些参与者称为自下而上的参与者。在这些新兴生态系统中，每个层级都有参与者的代理机构，每个层级都有对应的责任和能力——所有这些都与共享平台、工具和实践以及共同的文化和愿景保持一致。在第三次数字革命中，越来越多的参与者与全球数制生态系统进行互动。

这些产品和服务的创始梦想家已经开始在整个媒体中庆祝了，因为这些生态系统已经拥有数百万自下而上的参与者（有时被称为“人群中的智慧”）了。然而，认为这些生态系统自上而下驱动或自下而上驱动的想法是错误的。它忽略了关键的中间层的重要性，中间层通常代表了这些生态系统以快速的、分散的方式传播的秘诀。就像自然界蓬勃发展的生态系统一样，这个中间层创造了多样性、冗余性和适应性，使生态系统能够持续适应不断变化的环境，并为它们的传播增添力量。这个授权和被授权的中间层包括改良《我的世界》的人、维基百科的编辑和贡献者、Linux 操作系统和摩斯拉浏览器开发人员，等等，此处仅举几例。

有趣的是，并非所有这些新兴生态系统的创始人都有发起一场运动的打算或改变世界的愿望。最好的例子是马库斯·佩尔松，他是《我的世界》的创造者，他只想制作一款有趣的游戏。当他被推到数千万青少年的虚拟救世主的角色上时，情况变得难以控制了。出人意料的是，他以 25 亿美元的价格将游戏卖给了微软，这是任何一个关注他与社区的积极对话的人认为他会做的最后一件事。在给粉丝的公开信中，他说明了他的理由：“我已成为一个象征。我不想成为一个象征，不想对我不理解的、不想做的、不断回到我身边的大事负责。我不是企业家。我不是首席执行官。我是一个书呆子一样的计算机程序员，喜欢在推特（Twitter）上发表意见……如果我不小心做了一些似乎有吸引力的东西，我可能会立即放弃它……这不是钱的问题。这关乎我的理智。”

大多数已经达到数千万人的新兴生态系统都集中在软件上。对于从比特到原子的平台来说，关键问题是原子对这种快速传播能力的影响。米奇·雷斯尼克在麻省理工学院媒体实验室担任终身幼儿园小组的负责人，并且是2007年推出的全球流行的青少年计算机编程平台“魔抓”（Scratch）的创建者，他强调了这一挑战。雷斯尼克是在为英特尔计算机俱乐部开发创造性学习体验的过程中提出“魔抓”这个想法的。该网站现在每月获得1亿独立访问者，并且已经开发了超过2 100万个“魔抓”项目。雷斯尼克指出：“当英特尔宣布支持扩展计算机俱乐部网络时，我警告他们，根据摩尔定律，社区中心无法扩展，这是对的。但是俱乐部诞生了‘魔抓’，它根据摩尔定律逐渐增长。”

也就是说，物理世界的生态系统也适合新兴的生态系统模型，但其加速增长的速度比领先的数字生态系统慢，这一点与“数制”工坊一样。有一个很好的例子——“FIRST 机器人”，一个国际高中机器人竞赛。 FIRST 公司由发明家狄恩·卡门于1989年创立，旨在“创造一个科学和技术享有盛誉的世界……年轻人成为科技英雄”。FIRST 已经吸引了30多万名初中生和高中生，并拥有9万多名志愿者。 卡门是一位富有远见的创始人，而且分布式的志愿者网络确实是生态系统中被授权和授权的中间层和力量倍增器。FIRST 机器人最让人印象深刻的事情之一，就是将优秀的专业团队和合作竞争文化渗透到整个分布式生态系统中。这个优秀的专业理念来自麻省理工学院工程学荣誉教授伍迪·弗劳尔斯。弗劳尔斯帮助卡门建立了 FIRST 生态系统，现在担任该组织的顾问。任何参加过最近一次 FIRST 比赛（整个体育场馆都被坐满）的人都知道，社区已经成功地在整个生态系统中注入了一种合作和尊重文化的竞争环境。

因此，一个关键问题是，数制生态系统能否通过数字和物理元素的混合发展成一个具有全球变革性的生态系统。第二个问题是，这样一个新兴的生态系统能否真正为更加自给自足、相互联系和可持续的世界奠定基础。通过精心设计的制造平台、工具和实践的融合，我们现在可以对全球分布式的网络授权，使每个人都具有一致的兴趣和共同的目标。有灵感的路径创建者现在不仅可以设计创新的社会模型和经济模型，还可以通过具有全球变革性的生态系统传播这些模型。但是，在社会系统能够通过技术的加速而真正发展之前，我们首先需要更深入地了解预计的技术路线图，这是第 5 章的主题。

（本章由艾伦、乔尔撰写）

第
5
章

原子与比特的进化路线图

探究数字制造对未来的影响一直是科幻小说的热门主题，尽管在小说中它并不总是被称为“数字制造”。在《星际迷航》中，复制器是一种能做出各种物品的方便设备，可以产生任何情节需要的故事元素，片中通常的情节是皮卡德船长又要点一杯热腾腾的伯爵红茶了。相比之下，系列电影《终结者》(*Terminator*)中的“T–1000”则略显不祥，这是最可怕的敌手——一个外形百变的液态金属人，可以变成任何人的样貌，即使其液滴被吹散，也会重新凝聚。复制器和可编程材料这些科幻发明描绘了第三次数字革命的终极目标，当然也希望“天网”的电影情节不会一语成谶。

为了实现这一技术愿景，我在2013年与白宫合作举办了一个研讨会，旨在研究数字革命路线图。活动针对的是几个联邦机构制订3D打印规划的需求。我感觉这些机构既没有掌握当前的数字制造技术现状，又没有洞察长远的制造科学发展趋势。该研讨会确定了4个阶段的内容：

- 通过计算机控制制造东西的机器来制造（就像今天在“数制”工坊中所见到的那样）
- 快速原型机器的快速原型制造（用“数制”工坊制造“数制”工坊）

- 对数字材料的构造进行编码（将“数制”工坊中的所有机器合并到一个流程中）
- 开发编程材料（实现机器和材料一体化）

这些阶段在拉斯定律的曲线轨迹中都有对应的节点：

第一阶段（也就是我们目前所处的阶段）结束的标志是“数制”工坊的数量与城市数量相当——全球几千个城市，平均每个城市都有一座“数制”工坊。

第二阶段，“数制”工坊的数量是现在的 1 000 倍：由现在的 1 000 个增加到 100 万个，这一数量相当于地球上各级地方政府的数量总和，我们可以将“数制”工坊广泛地提供给个人和组织使用。

第三阶段，“数制”工坊的数量又增加了大约 1 000 倍：从 100 万个增加到 10 亿个，这相当于地球上的人口数量的数量级。在第三阶段，“数制”工坊将如同电脑和手机一般，无处不在。这一阶段使我们超越个人制造，实现通用制造。

第四阶段产生了另一个“1 000 倍”，从 10 亿个增加到 1 兆个。除了用来计算人口，10 亿还是在原始地址（IPv4）用完之前可连接到互联网的计算机数量。以平均每个人拥有 1 000 件物品来估计，1 兆就是与人交互的事物的总数或计算机连接的事物总数。到那时，数字制造能制造的就不再是任何一件物品了，而是万事万物。

拉斯定律最初是用来统计“数制”工坊的。这些“数制”工坊包含了创制（几乎）万物的核心技术能力：2D 和 3D 的设计和扫描、增材制造和减材制造、电路的创建和连接、计算的嵌入和编程。随着工坊规模的扩展，我们不再按“数制”工坊的当前形态来进行统计，而是统计可进行实物创制及功能编程的等效能力。正在发生改变的是工坊的输入而非输出：今天的“数制”工坊依靠全球供应链来获取诸如集成电路、精密工具和聚合树脂等产品，随着时间的推移，产出将由下一代“数制”工坊通过对更加基础的模块进行组装来形成，从而脱离如今依赖大规模投资的模式。

有两种方法可以预测从第一阶段到第四阶段的转变需要的时间：比较保守的方法是假定拉斯定律仍然有效，数量倍增时间为一年半，那么工坊数量增加到原来的 1 000 倍大约需要 15 年。也就是说，就我们目前所处的水平来看，实现转变需要 45 年，这跟摩尔定律的运行轨迹是一致的。更为大胆的预测认为，所有 4 个阶段的技术在今天的“数制”工坊中都已经可以看到，推广起来只是个速度问题。我们无法回答哪一种预测会成为现实，不过我们可以浏览一下每个阶段的情况。

社区制作：工具

数字制造路线图的第一阶段始于今天“数制”工坊中的工具。这一阶段属于未来——正如作者威廉·吉布森所言：“未来已来，只是尚未流行。”由于大部分人都没有去过“数制”工坊，因此了解路线图的第一步是了解它的起点。

切割

切割工具以二维空间中移动，从平板上切割零件。虽然这种方法听

图 5-1 “数制”工坊工具。弗罗斯蒂·吉斯拉森摄

起来效用有限，但切割速度比其他工序要快得多。此外，切割工具可以处理其他工具无法处理的材料，而且被切出来的整套零件可以被快速组合成 3D 物体。

到目前为止，“数制”工坊最受欢迎的工具是激光切割机。它唯一的输入是电（切割原料除外），它唯一的输出是切割过程中产生的废气（切割出的部件除外）。在几分钟内，激光切割机就能绘制出像激光束一样精细的复杂形状，精确度达到千分之几英寸[①]。价值 1 000 美元的激光切割机可以切割薄木板、纸板和塑料；价值 10 000 美元的激光切割机可以切割更大、更厚的板材；价值 10 万美元的激光切割机有更大的机床，可以切割金属。

最通用但最不受欢迎的切割工具是电动刀，它通常被称为乙烯基刀，因为它最常见的用途是为标签或贴纸切割乙烯基字。但这些工具也可以剪掉丝网印刷用的掩模，刻划折纸痕迹，添加剪纸切口，以及在导体中绘制柔性的电路和天线。最大的工具可以处理大型纸板，以切割和

① 1 英寸 ≈0.025 4 米。——编者注

折叠陈列箱和家具。

这些工具中最强大的是水射流切割机。它射出一股澄清的超音速水射流，水中携带石榴石磨粒，这些微粒具有极快的移动速度，可以穿透任何东西——厚钢、玻璃、陶瓷、石头。凭借这种多功能性，水射流切割机正在接管其他更专业的工具的工作。缺点是，它需要提供稳定的磨料流，因此会产生同样稳定的废物流。

最后一组切割工具使用的是金属丝。有一种金属丝是加热型的，可以将泡沫一样的材料熔穿。在电火花加工过程中，细金属丝通电，产生微小的火花，腐蚀最坚硬金属中的深切口。因此，电火花加工是制造机器所需的精密零件的首选。

铣削

铣床是在三个而不是两个维度上移动、旋转、切割的刀具，更高级的铣床还可以倾斜刀具或工件，同时控制四个轴或五个轴。这些铣床中有小的台式机器，还有一间房那么大的大型机器。这些机器的加工范围可大可小，小到电脑桌，大到房屋。它们相应的切割扭矩也由工具的大小——小到小型手摇钻，大到大型发动机——来决定。

铣床既嘈杂又凌乱。切削过程很嘈杂，驱动它的电机很响。被切开的材料会像碎片一样飞走，必须想办法收集和处理：根据被切割的材料，在铣床上喷洒润滑剂。铣床需要各种各样的辅助工具，这些工具需要定期更换。

但作为回报，铣床可以使硬质材料表面光滑，具有精确性。这就是为什么它们是制造汽车和飞机部件、高端笔记本电脑外壳，定制家具和其他生产过程的首选工具。体积更小、精度更高的铣床可用于切割电路板上的痕迹和制作铸造零件的模具等工作。

打印

3D 打印机存放材料而不是移除材料。增材制造与减材制造有两个重要的区别：为了制作一个球窝接头，铣床必须切割出球，然后是球窝的半球，且球窝的半球必须围绕球进行组装。但由于 3D 打印机可以分层组装零件，所以它可以分辨物体的内部和外部，这样它就可以使球的套接一次到位。此外，它只能在零件的位置沉积材料，所以除了一些额外的用于建造支架的材料外，不会浪费其他材料。

首次 3D 打印是在 1986 年通过立体光刻技术完成的，这是一种通过激光束的扫描来选择性地固化聚合物液体层的过程。由于激光束尺寸决定了分辨率，立体光刻仍然被用于制造具有最精细特征和最光滑表面的零件。美中不足的是，产品在出来时是一团黏糊糊的、需要清洗的已固化和未固化的聚合物，并且其机械性能受限于光聚合物。第二种方法是在 1989 年开始使用的熔融沉积成型。打印机将一根聚合物长丝送入加热的喷嘴，挤出一个在生长部分固化的薄珠。这并不像激光束那么精细，但是这个过程现在可以使用更强的热塑性塑料，省去了很多麻烦。熔融沉积成型由于其易实现性，常见于入门级的价值几千美元的 3D 打印机。最新的一种方法是使用类似于喷墨打印机的打印机头，但它喷射的不是彩色墨水的液滴，而是沉积聚合物的液滴。就像喷墨打印机可以混合多种颜色一样，这些打印机可以混合多种材料。最昂贵的 3D 打印机用更强大的激光来选择性地烧结细粉层，这些打印机现在可以制造坚固的金属部件和坚硬的高温陶瓷部件。但这类打印机的缺点是它们非常复杂，耗资可能达 100 万美元，需要专门的房间和技术人员来运行。

虽然3D打印机擅长创建复杂的几何图形，但是嵌套的特征不能很好地表现出来，这些工具速度慢，通常需要几个小时甚至几天的时间才能制作出一些东西，而且打印机使用的材料比散状材料贵得多。其他工具可以更大、更快、更便宜或更强。这就是为什么当所有其他的数字制造工具都被广泛使用时，3D打印机只能用来做最适合它们的工作。在我经营的比特和原子中心的商店里，使用3D打印机的概率可能只有1/4。

扫描

与3D打印相反的是3D扫描，即通过物理对象创建数字模型。扫描的目的包括复制没有数字设计的对象、将物理对象雕刻作为设计工作流程的一部分、为计算机图形创建现实资产并保存有价值的构件。

最简单的3D扫描仪就是照相机。通过从多个方向拍摄的照片，摄影测量算法只需要用2D图像集就可以推出物体的3D几何图形。摄影测量不需要专门的设备，也没有地点限制，但可能会因为视觉伪像的干扰，只能对确切的形状进行近似的估计。更精确的扫描可以通过激光扫描仪来完成——激光扫描仪跟踪激光束在物体上的扫描位置，并通过结构光扫描器在物体上投射图形的方式来实现精确扫描的目的。

但是这些方法仍然存在视觉伪像的问题，例如，一个闪亮光滑的表面会反射探测器的光线。人为视觉效果可以被固定在一个“灯光舞台”上，“灯光舞台”可以同时照亮和收集来自各个方向的光线。“灯光舞台”不仅决定了几何图形的形状，还决定了计算机图形模型的所有光学特性，但是它需要更大、更精确的设备。最先进的3D扫描仪使用X射线来重建物体的内部和外部，在计算机断层扫描仪中从不同方向获取投影。最先进的扫描仪的价格也是最昂贵的，成本大概在 100 万美元左右。如果你能负担得起，那就太好了。

制模

前面叙述的这些技术不适合被区分为增材工艺还是减材工艺，因为它们包含了这两者的各个方面。但制模工具批量生产的是你身边的大多数产品。数字制造是一种直写技术，这意味着它制造的所有产品都不同。但是如果你想要大量生产同款产品，数字制造可以通过制造一个模具来批量生产，以节约每个零件的生产时间和成本，还能处理产品表面的质量问题并提高材料性能。

制模过程中，首先要对模型进行数控加工或切割和折叠。当然这些模型也可以采用 3D 打印技术制作出来，但是前一种方法移除材料的速度通常更快，而且做出来的模具更加光滑和坚固。然后对原材料进行浇注、注射、充气、拉伸、旋转或挤压，做成模具。塑料、金属、泡沫、食品、玻璃和混凝土都可以用来制作模具。就制作时间而言，手工制作与 3D 打印制作相差无几，但后续对模具的使用可能需要几分钟甚至几秒钟，时间的长短取决于原材料。过去，模具制造需要投入大量的生产成本，但随着低成本数控铣床的出现，生产模具的效率有所提高，时间周期大大缩短。

为了制造更大、更轻的产品，我们可以在制作模具时加入强力纤维，并且将其嵌在压缩性能较强的树脂基体中，从而生产复合零件。广泛使用的纤维有碳纤维、玻璃纤维和天然纤维，由环氧树脂、塑料和天然树脂作基体。复合材料因其可以减轻重量、集约零件和提高汽车性能的特性，迅速应用于飞机、假肢和各种运动器材。

计算

前面的所有工具都是基于数字制造来完成生产的，即先使用计算机来设计模型，然后通过操控机器来制造模具，最后通过把计算嵌入制造来完成连接。

快速原型制造工具尺寸减小和成本降低的原因是用来控制执行器、读取传感器、解释命令、与用户交互以及用于网络通信的计算机的尺寸和成本的减小和降低。现在，这些相同的功能应用于一系列原本无生命的物体中，这些物体正在成为物联网的一部分，例如建筑物中用于节约能源的智能基础设施，以及用于医疗保健的非干扰性医疗监测设备。

如今，业余爱好者使用小型单板计算机（如阿德伟诺和树莓派）将智能材料应用于快速原型项目。这些计算机的成本高达几十美元，由更小的叫作微控制器的集成电路组成，这种集成电路是一种既简单又完整的芯片上的计算机系统。微控制器的成本范围也从数美元下降到数十美分。

我们可以通过化学蚀刻大量生产电子元件依附的电路板，但是这个过程会产生需要强制收集并安全处理的有害废弃物。对于短期生产，我们可以直接用数字制造工具制造电路板：铣床可以在镀铜板上刻痕，乙烯基刀可以在柔软的铜板上绘制，激光切割机可以利用光学特性对铜板进行刻蚀，某些类型的 3D 打印机可以挤压导电材料。然后，我们可以使用表面装配返工工具手动连接电子元件，对于多数更大型的电路板，我们可以将其与“抓取放置机器人打印机”自动连接，该打印机可以把磁带卷轴里的电子元件放在电路板上。

如第 1 章所述，由于我们能够快速地将可编程电路添加到快速物理制造中，因此有可能生成完整的功能系统。接下来要发生改变的是“能够制造什么”而不是“需要制造什么”，首先我们要替换满屋子的工具，然后替换材料和零件的库存。

数制：一个工坊制造另一个工坊

路线图中的第二个阶段是由一个“数制”工坊制造另一个“数制”工坊的能力来决定的：这将不再通过现有机器的复制来完成，而是通过结合它们的功能与模块化设计及结构来实现的。我们不再需要购置（和安装）许多独立的机器，这种情况与个人电脑进入计算机历史的时期相似。个人电脑最初被早期开发者使用，后来在全社会范围内被广泛应用。

图 5-2　用“数制”工坊机器制造的“数制”工坊机器。纳迪娅·皮克摄

第一个“1 000”可以大概解释为平均每个城市大约有一个“数制”工坊。下一个阶段便是“1 000 × 1 000”个“数制“工坊，这样人们可以为各种规模的社区配备本地生产资料。3D 打印机的销售量已达到每年数十万台，预计几年内将达到数百万台。所以，显而易见的结论是：目前，“数制”工坊中的其他工具也将被出售，因此全套产品将会随处可见。

但是这样的情况会带来两个问题。按当今的价格计算，那么多台机器的复制成本将达到千亿美元，这样的金额将会在全球经济中占非常大的比例。而且，在开展巨额投资的同时，有必要为这些机器找到相应的存放空间。

解决第一个问题时，我们不禁想到第一次数字革命和第二次数字革命中解决这一问题的方案：规模经济。快速原型机器的材料花费可低至数百美元，但是目前的成本远高于此，因为不仅需要收回开发成本，还要维持制造它们的小型企业的发展。许多小型企业的目标是发展成大公司，大规模生产这些机器的目的是满足消费者而不是满足利基市场，就像 IBM 和苹果公司将个人电脑的制造推向规模化一样。

但这种直接的规模经济的解决方案并不适用于此，我们还有另一种选择：“数制”工坊的技术目标一直是制造另一个“数制”工坊。如果仅仅大规模地利用能够制造更多机器的机器，那么制造这些机器并不是一个明智的商业计划。 我们可以批量生产其组件，然后在当地组装，而不是直接批量生产机器。我最初忽略的是这个想法——如何通过重新定义机器的概念来解决第二个问题，即这些机器占用的空间。

为了推动“数制”工坊从购买到制造的转变，在 2004 年，我开始定期跟踪我的快速原型制作课程（“如何智造（几乎）一切”）中关于机器制造的内容——“如何制造制造万物的机器”。纳迪娅·皮克和乔纳森·沃德两位学生在课堂上制造了一台叫作MTM Snap的机器（MTM指的是“制造机器的机器”，Snap是指它不是用紧固件把机器连接在一起，而是由用来制作厨房切割板的致密塑料——高密度聚乙烯零件拼合在一起的）。MTM Snap是一种精密台式铣床，其规格类似于“数制”工坊库存中价值几千美元的机器，但成本仅为其1/10。只要我们发布计划，这种机器就可以在任何“数制”工坊中被制造，这样的话我想我们的工作已经完成了。

可事实并非如此。无论你是纳迪娅还是乔纳森，只要你是“数制”工坊里的任何一个人，就都可以完成这样的制作。大多数人都需要很多的知识和技能来成功地复制这样的制作过程，因此有很多失败的案例。这一设计被其他机器公司分离出来并作为成品将其商业化。此外，该设计的变体是ShopBot公司的Handibot机器；另一位听过该课程的校友马克斯·洛博夫斯基创立了Formlabs公司[①]，以销售高分辨率的立体光刻3D打印机；荷兰“数制”工坊的机器制造最终促成了熔融沉积成型3D打印机系列的问世。

虽然这些机器中每台机器都比上一代机器更快、更好、更便宜，但所有的机器都有一个隐含的假设：它们要按程序进行工作。这一观察听起来可能是赘述，但是与计算机软件和网络的历史进行类比，这既解释了如何简化它们的结构，又阐明了如何减少对多种不同类型机器的需求。

软件最初是作为完成某件事情的程序而编写的，然后通过编写不同的程序来执行其他操作。事实证明这非常低效，因为代码的重复使用率很低。因此，我们不会再用这样的方法。相反，我们可以利用可重复使用的软件包来编写所谓的面向对象软件，这种软件包结合了使用函数、运行数

① Formlabs公司为专业用户提供一整套桌面光固化3D打印系统，让3D打印更直观可靠，产品精度极高。——译者注

据以及输入信息和输出信息等功能。我们可以组合这些软件对象来执行更重大的任务，例如，如果您正在创建一个网站，其中一个程序可以负责网页服务，另一个可以执行电子商务交易，还有一个可以跟踪用户的身份。

计算机网络最初是为了完成某些特定工作任务而开发的，例如运营工厂或银行。这些专用网络已经在很大程度上被通用互联网取代，互联网作为其核心架构原则之一，被称为端对端原则。互联网的应用取决于“连接什么”而不是“如何连接”。老式拨号电话只能通过中央电话局交换机的程序完成拨号。但是现在，我们可以利用联网的计算机执行编写好的程序，直接使用视频或加入聊天室。将应用程序在网络中边缘化，这一原则并不明显，且颇受争议。虽然互联网在某方面比那些专用功能稍逊一筹，但是互联网几乎可以做好任何事情。

我们将机器的结构与计算机软件或网络的结构进行类比，发现3D打印机可以尽可能快地移动挤压机，但是我们也发现数控铣床必须足够坚硬才能承受主轴上的切削力。而这两种类型的结构都需要运动系统来移动其头部以及解释发送给该处的命令。使用相同的制动系统，仅仅改变头部，就能使一台机器完成两项工作，这对于除了要求最高的应用来说都足够好。这一想法促使纳迪娅和机器制造班的另一个学生伊兰·莫耶（这名学生建立了另一个机器公司——Shaper Tools）在2012年制造了PopFab，这是一种快速原型机器，而且它可以折叠成公文包大小，并可以根据3D打印、数控铣削和乙烯基切削的需要切换不同的打印头。PopFab就像制造业的笔记本电脑。

一旦包含了机器中的智能，这种架构类比就变得明确。每种类型的快速原型机器都通过指定的语言执行操作：数控铣床通常采用G代码，这种代码是一种古老的格式，它被应用于早期的计算机化照片绘图仪和织物切割机；激光切割机最常见的格式是HPGL，这是惠普公司用来与现在已经过时的笔式绘图仪进行连接的图形语言。然后，机器中的计算机将这些命令转换为每个组件的指令，以此协调电机，使其转动，但所有这些配置的规范使任何事物都很难改变。例如，你想在切割或打印时添加一个电机以旋转零件，此时，电机就像一个老式的电话，它本身无法完成操作——这时你必须更改传送到机器的语言，然后将其翻译成机器可读语言，这样电机才可以转动。无数的委员会试图通过创造一种新的制造业通用语言来解决这个问题，但因为人们不知道制作的范围以及怎样去做，所以这一直是一项难以实现的任务。

当我们未能在"数制"工坊复制他们现有的机器时，我正在做早期工作，也就是所谓的物联网。和我一起合作的有两个学生，一个是拉菲·克里科里安（这名学生后来构建并运行了 Twitter 的计算基础设施），另一个是互联网的建筑师丹尼·科恩。我们发现，只需要用价值不到一美元的芯片和几毫米长的硅就可以获取互联网的服务器使用协议，这意味着日常物品可以连接到互联网中。这样，开关和电灯、温度传感器和加热器之间的连接就可以通过软件来选择，而不是由房子中的布线来决定。这个想法可以应用于快速原型机器的各个部件。我们将机器中的所有传感器和执行器连接到实时网络，这样应用程序可以直接与设备对话，而不用通过解释程序（这会导致机器在运作过程中产生一种误解，类似外交中产生的误解）来进行。我们可以通过改变连接到机器的网络来增加新的特性，而不需要改变控制器硬件。

有个很类似的历史事件，纳迪娅和伊兰，以及詹姆斯·科尔曼［札纳（Zahner）公司的首席研究员，该公司旨在制作建筑规模类似于弗兰克·盖里[1]作品的物体的快速原型］开始构建面向对象的硬件。每个模块都各自

① 弗兰克·盖里生于加拿大多伦多的一个犹太人家庭，17 岁后移民美国加利福尼亚州，成为当代著名的解构主义建筑师，以设计具有奇特的不规则曲线造型和雕塑般外观的建筑而著称。——译者注

执行一个物理任务，例如移动轴或转动主轴，同时它们也是通信网络中的节点和控制程序中的软件对象。现在，机器失去了它们的固有身份。对于一个特定的应用程序，您可能需要一台可以快速移动或具有很大的力量的机器，您可能想要打印或剪切，或者您可能正在制作一个2D形状或一个复杂的3D形状。这些任务由一个通用的硬件和软件的构建模块组合来完成，随后又可以被重新应用。这就成了快速原型机器的快速原型。

作为一项试验，我们试着把这些机器制造组件的工具包发送给“数制”工坊的学生，他们很快就制造了一系列新颖奇特、简单实用的制造机，我们没有重复修改同一个常见的机器制造任务的解决方案，而是为他们提供了具有用来驱动机器的集成附件的电机、电机通信的网络接口以及控制一切的软件组件。如此一来，学生可以专注于有趣的问题，比如“他们想让机器做什么”。

延斯·戴维克用两年时间去开展世界“数制”工坊巡回展示，之后开始在奥斯陆进行“数制”工坊运营，同时，他完全在一个“数制”工坊中生产了多种类型的模块化运动部件，并进行了参数设计，使它们的比例可发生变化。在这一过程中，他几乎不需要购买制造一台机器所需要的所有零件，只需要购买电机和电子元件。

因此，通往100万个“数制”工坊的路，并不意味着订购100万台不同类型的机器，每台机器都只做一件事情，而是一台机器生产数百万个模块化组件，这些组件可以组合起来制造许多不同的机器。这些组件可以通过模块化设计在本地生产，以实现最大程度的定制化和独立性。模块可以单独订购和组装，以获得最大的灵活性和便利性。我们也可以对这些模块的特定组合进行固化和批量生产，以实现最大程度的集成和最高的效率。建造这样一台机器是一个动态而非静态的过程，它随着你制作的东西（一条电路、一块蛋糕，或者一个沙发）变化而变化，也随着移动范围、移动的自由度以及执行制造操作的末端执行器的变化而变化。

如果你看看引擎盖下，更准确地说，是看看机器的内部，会发现类似的事情正发生在计算机个人化的过程中。在20世纪80年代，当我还是一个物理学研究生的时候，计算机运算仍然通过小型计算机来完成。每一个计算机都有其独一无二的子系统，并且没有交互操作的能力。这正如今天的“数制”工坊，机器间唯一的整合方式就是通过那个在它们中间进行工作的人来操作。我是我实验室里第一个拥有个人电脑的人，此时个人电脑刚刚开始出现在像我这样的早期“收养者”中，仍远未普及。与小型计算机不同的是，这些个人电脑都是由标准的部件构成的。主板有几种标准形式，带有可更换处理器的插槽。有标准的内部连接器，用于插入不同数量的内存、图形和存储器；也有标准的外部连接器，连接键盘、鼠标和显示器。爱好者们仍然各自选择部件并且自己组装；小型计算机公司从其他供应商那里进货；大型计算机公司可以自己生产部件，这些部件为最高容量的市场进行了预先集成，但是整个行业都是围绕模块化的标准不断发展的。

类似的事情正在智能手机中发生，第一个就是谷歌的项目Ara［以我的学生阿拉·克拉恩（Ara Knaian）命名，他开发了一种可编程的机械连接机制］，该项目表明：决定你的手机性能的不是大规模的制造商，而是你自己从一套可重组的模块中进行选择的结果。根据需求的变化，你可能需要更长寿命的电池、更高分辨率的屏幕、在多个载体上工作的收音机，或者更好的相机。

数码摄影的发展也遵循了从特异性到通用性的路径。我的第一个数码照相机是一个封闭系统，我在拍摄颗粒的照片时用光了内存和电量，惹恼了我的家人。这些具有固定功能的相机很大程度上都已经消失了（生产它们的生产线也一起消失了）。对于常规拍照，相机已经与智能手机中的通信和计算功能相结合。对于更加专业的摄影，行业内已经确定了一系列关于相机机身类型的标准，包括可安装一系列镜头的底座和像照相机闪光灯那样的附件的接口。

个人制造中的主板或照相机的机身，就相当于运动系统。运动系统在制造万物的设备中很普遍，大小不同，形状各异，速度有别，但在其他方面是一个通用平台。与照相机镜头或计算机显示器并行发展的还有终端效果器，它连接到运动系统中进行增材或减材加工。就像你可以购买电脑或照相机一样，你可以购买所有这些预先打包的元素，或者，为了提升性能，增加功用，你也可以购买系统中的零部件。这样，与购买电脑或照相机不同的是，你可以更进一步，用你买到的东西来制造更多你刚买的东西。

个人电脑组件的商品化，对计算的另一端产生了意想不到的影响，尤其体现在一些大型组织视为核心的大数据中心上。我的学生杰森·泰勒目前是脸书公司计算基础设施部门的负责人，领导着一个开放计算项目。该项目设定了一种高度集成的、模块化的个人电脑，可以通过大量的联机运算建立数据中心，取代传统的大型机。需要进行云计算的用户可以根据需要在这些个人电脑上分配工作，服务提供商也可以对数据进行扩容，以满足用户的需求。越来越多的组织发现，以这种方式购买计算服务比购买计算机本身更便宜、更可靠、更灵活。

有一个新兴的“云制造”的概念，其目标是为制造做同样的事情。为了实现个人智造，它遵循标准化、商业化和模块化的步骤。通过这种方式，云制造能够提供创造能力，刺激创造力的增长，可以连续不断地从个体的需求延伸到公司需求。容量和功能可以远程共享，也可以在本地引入，例如，更多的面包店可以通过组装定制的制造机器来执行重复的劳动密集型任务，这些任务是业务中的瓶颈，应增加可访问的自动化工具而不是替换其工人。

转化：虚拟到现实

这个路线图的第三个阶段是通用制造，即材料和设计从虚拟转化为数字化的现实。在从社区制造到个人制造的过渡中，多种机器被合并成一台；在从个人制造到通用制造的过渡中，多种工艺将被合并成一个过程——离散构件的组装和拆卸。这一阶段反映了计算和通信技术在智能手机中变得十分便宜并易于使用，即市场开始趋于饱和。要使数十亿人而不是数百万人都能利用“数制”工坊的能力，就不能再需要现有的广泛供应链或再产生相同的持续废弃物流了。关闭从生产到消费的循环，需要将必要的投入减少为一小部分零件的原料，并且通过可逆的拆卸过程来代替回收。

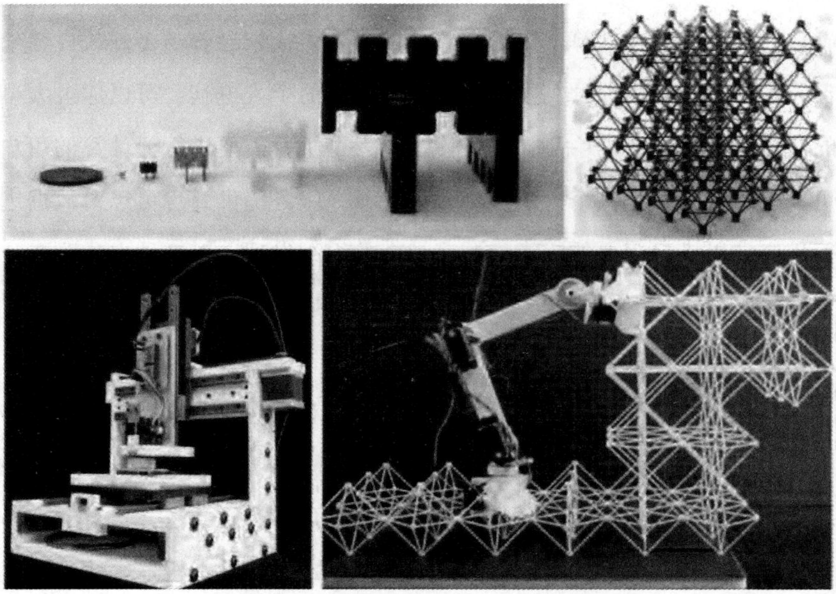

图 5-3　数字材料及其“装配工”。（从左上方开始顺时针方向）普拉山特·帕蒂尔、张永安、本·耶内特、威尔·兰福德摄

2006 年，我在数字计算和数字通信并行发展的启发下，给数字材料下了一个定义：由一组离散零件构成的材料，以一组相对位置和方向的离散集合方式进行组合，其过程是可逆的。这些属性允许通过局部约束确定整体的几何形状。组合过程中的错误可以被识别和修复，不同的材料可以被连接起来。最终，材料可以被拆卸和重复利用，而不会被简单丢弃。单个要素可以大规模生产，定制是通过要素的组合方式来实现的。成型、轧制、冲压和合成等工业生产过程可以低成本大量复制零件。乐高积木和氨基酸就是这类系统组件的典型例子。

还不能确定的一点是，通过离散装配和拆卸过程而非连续的增材制造和减材制造可以制造出多少其他东西。现今制造的最高性能结构之一是大型喷气式飞机的机身。为了减轻飞机的重力，同时仍然保持其承载巨大负荷的能力，制造商现在通过将碳纤维的长丝缠绕在环氧树脂基质中的方法制造机身。最新的飞机——波音 787 飞机和空客 A350 飞机——都需要在其供应链上投资数十亿美元来生产复合零件，它们需要一个机身或机翼大小的工具来铺设纤维丝，需要另一种更大的工具来压缩和固化树脂基质中的纤维丝。然后，这些巨大的零件必须通过长距离运输才能进行最终组装。

2008 年，在制造过程中，我面临了一个严重的问题：如何在不引入接头薄弱部位的情况下连接复合材料零件。现在，我们可以通过钻孔螺栓或胶水将零件连接起来。尽管模型飞机已经能够通过 3D 打印技术被打印出来，但仿佛也没什么效果，原因有两个：一是 3D 打印机的尺寸较小，远不及大型喷气机，二是它们无法匹配复合工具的材料性能。

2012 年，我和我的学生张永安（现在正在进行美国国家航空航天局的一个制造研究计划）发现，与其缠绕一根长纤维或挤出大量短纤维，不如组装比结构尺寸小的纤维环，这对于机身来说相当于几厘米宽。基于数字材料的概念，我们大规模生产碳纤维复合环，然后将它们连接在细胞结构中，这创造了最高模量（最硬）超轻材料的世界纪录，因为我们没有加入几个特定的大部件，而是制造了能以任意大小或形状组装的稀疏填充的体块。我们现在正在开发类似于机器人的核糖体来放置这些部件，这些部件通过附着和相对于它们正在构建的结构的移动来工作，这样，这些“组装器”通过提供纤维环就可以构建整个机体。对于这个应用，不需要放置单个原子——纤维环是基本的构建模块。通过添加第二种部件类型——可以弯曲，无须始终保持僵硬，我们证明了这些结构能以设计规定的方式变形，例如，飞机机翼能够像鸟的翅膀一样不断地改变形状，而不是通过旋转现有机翼上的刚性控制襟翼改变形状。变形机翼一直是航空领域的长期目标，它们更加高效灵活，但先前的尝试受到了所需机制的重力和复杂性的阻碍。我们的机翼由这些模块组装而成，所以它们成了有效的机械装置。

我们可以通过组装较小的部件来制造更精细的物体。虽然您可能希望在光滑的表面上看清其离散结构，但请记住以前在荧光屏上观看的视频和利用胶片拍摄的照片。从早期的粒状数码相机和块状计算机显示器开始，现在的相机和显示器的分辨率已经可以超过人眼的分辨率了。因此，图像几乎被普遍记录下来，并被视为离散图像元素，这种离散的图像元素被称为像素。数字材料由离散的 3D 体积元素（或体素）构成。一旦这些元素的尺寸缩小到百万分之一米左右，它们就不再能被我们的肉眼所感知了。

除了用于制造结构既刚性又灵活的零件，我们还可以使用更多类型的零件制作更多的东西。如果你聚焦于一台计算机，首先就会看到机箱，然后是连接在印刷电路板上的连接器上的线束。电路板上有独立部件和集成电路。集成电路包含的无数元件组成了集成电路中最小的部分，其尺寸接近 1 纳米，即 1/1 000 000 000 米，相当于数十个原子排列在一起的长度。但向数字材料的过渡不需要从这些最小的特征开始，部件可以分阶段更换。

线路和连接器的标准间距是 1/10 或 1/50 000 英寸。得捷电子[①]（Digi-Key）是我购买的电子元件的供应商，拥有 50 万个连接器。这不是库存量，而是不同模型的数量。不同模型的区别在于其不同的位置数量、行数以及运行方式。它们都可以只由两种较小的部件组成，即导电部件和绝缘部件。然后，连接器被连接到电路板上，电路板上具有蚀刻于薄片层上的导电迹线，其标准尺寸为 1/10 000 英寸。就连制造过程极为困难的层间运行通孔以及电路板，都可以再由导电部件和绝缘部件组装而成。

电路板上也有诸如电容器、电感器和电阻器这样的分立元件。电容器包含电场，用于滤波器和电源。得捷电子公司拥有大约 50 万个容量和包装尺寸各不相同的电容器。同样，这些也可以由导电部件和绝缘部件组装而成，对于包含磁场的电感器亦是如此。如果部件的尺寸达到 1 微米，即 1/1 000 000 米，部件的电容和电感的密度就有可能与如今的制造方式相匹配。调节电流的电阻器需要另一种部件类型——纯电阻。通过结合电阻、导电部件和绝缘部件，你可以匹配得捷电子公司库存中的 50 万种电阻的价值和包装。你能想到这一点吗?

到目前为止，我们最多使用了三种类型的零件来替换数百万个组件。用于逻辑电路的晶体管需要更多材料——导电性可变化的半导体，掺杂的版本可以提高消耗的电子的数量。移动物体的发动机需要更多的

① 得捷电子是世界著名的电子元件目录分销商，于 2013 年在中国上海成立其全资子公司——得捷电子（上海）有限公司，正式设立上海客服中心，服务中国客户，并接受人民币付款。——译者注

部件——永磁体和引导磁场的材料。总之，这个部件目录中包含了几十种类型，可以重现大部分现代技术的功能。这恰好与生物学中氨基酸的数量相当，但这些人造的部分具有某些生物学中没有的特性。

库存的急剧减少有一系列深远的影响。首先，零件的装配者将受到影响，微型机器人相当于一个孩子正在放置的一块乐高积木。这个装配者最终是一个真正的个人制造者，用一个单一的集成过程取代了微观装配“数制”工坊中的一系列机器。其次是对供应链的影响。装配工在需要几十种类型的零件的原料，如今的微观装配“数制”工坊要求许多供应商提供它所需要的所有类型的消耗品。第三个影响是可逆性结果。垃圾的存在反映了它所包含的信息的缺乏。离散拆卸与离散组装对称，数字材料部件可以重复使用多个周期，直到错误率高达需要重新制造的水平。这种循环利用周期标志着垃圾填埋场的做法已经过时，现在，任何废弃物都将成为新建筑的部分“建筑材料”。组装和拆卸的组合增加了可重构性。你可以不断地修改产品，以反映你不断变化的兴趣和需求，而不是做出保留某些事物或处理某些事物的决策。

所有这些属性在长供应链的末端都尤为重要。其中最长的供应链是将物品送到外层空间：围绕地球运行的卫星运输成本高昂，其价值大致相当于黄金。因此在任务结束时，由于没有办法重复使用它们的部件，卫星只能在大气层中燃烧或变成太空垃圾。制造可拆卸和可重新配置的航天器逐渐成为数字材料应用的早期驱动力之一。

原位资源利用这一术语的含义是航天器在没有行李的情况下进入太空，就地取材而非从地球上运送材料。关于这一目标的工作通常有一个隐含的假设，即最终目标是通过工业革命的各个阶段，使技术在地球上得以复制。关于如何做到这一点，有这么一个例子——由戴维·金格里撰写的一系列极为精彩的丛书。第一本书是关于如何制作一个木炭炉，接下来，这些书的内容包含通过手工工具发展出一个完整的机器工厂。

2016 年，我与 20 世纪福克斯公司和美国国家航空航天局合作，为电影《火星救援》（*The Martian*）家庭版的发行举办了一次探索“搬到火星”背后的科学的活动。数字材料的发展为实现技术文明这一深刻问题提供了一个与众不同的答案。你需要了解几十种材料的特性（导电、绝缘、磁性等），将这些材料组成离散的模块，然后组成一个社会，而不是再次以获得 50 万种电阻器、电容器和连接器的库存为结束。

无所不在：从 1 到 1 000 000 000 000

路线图的最后阶段是从每个人的数字制造发展到每件事物的数字制造。这一阶段对应的是互联网是如何从计算机传播到人再到事物的。它将通过对机器和材料的结构进行数字化来完成。得益于材料本身的可编程性，机器与其制造的东西之间的区别消失了。

如果想了解这个数字制造阶段，考虑装配过程的速度，我们可以通过一个简单的计算查找现存的严重问题。目前最快的同类操作是喷墨打印机，其产量为每秒 10 000 滴。如果以这种可观的速度（即每秒 10 000 立方毫米）创建一个 1 立方米的物体，那么这个过程大约需要一天时间。这相当于一个 3D 打印机制造一个大而精致的产品所需要的时间。但是，如果零件尺寸缩小到 0.1 毫米，制造 1 立方米物体所需的时间则要增加到 3 年；如果零件的尺寸再缩小到原来的 1/100（1 微米，即肉眼可见和手指可感知的极限），零件制造时间增加到 300 万年，这就需要我们等待很久，有生之年无法完成工作。

这个过程可以通过一次放置多个工作部件来提速，比如我们可以安装多个打印机喷嘴以增加喷墨打印机的打印速度。同时使用更多的零件也许可以将速度提升 10 倍或 100 倍，但同时放置上百万个零件，这也是不切实际的，因为零件之间对相对偏差具有敏感性。生物领域对于这个问题的解决方案是“复制”。制造蛋白质的核糖体也制造核糖体。组成细胞的核糖体的数量因细胞构造的不同而差异很大，但每个细胞中的核糖体数量可达数百万。这么多的分配工同时工作，我们使用这些微米级部件去填满 1 立方米空间的时间将低至 30 年——虽然仍要花费很长时间。核糖体制造蛋白质，蛋白质构成细胞，细胞再制造更多的细胞。人体大约有 10^{13} 个细胞，所有细胞中的核糖体一起工作可以将组装细胞的时间缩减至 0.1 毫秒。然而，核糖体自我复制的速度要慢得多，它们以每秒一个单位（氨基酸）的速度运行，整体复制的时间长达一秒钟。此外，并非所有的细胞都含有那么多核糖体，如果每个细胞有 1 000 个核糖体，那么要放置 10 亿个部件的时间大约是一分钟。

我这里要讲述的并不局限于这些微小的“拼装工人”如何工作，或者一次能放置多少个部件，更多的是要强调这些“拼装工人”能利用部件来复制自己，使它们的能力呈指数级增加。这种递归对于在同一时间里从最小的部件构建到最大的系统是至关重要的。

对于像 T–1000 液态机器人那样可以依据指令改变形态的材料，专业术语为“可编程物质”。对于像液态机器人的液滴那样可以自我组合的材料，专业术语为“可自我组装的物质”。不幸的是，上述的“可编程物质”和“可自我组装的物质”都存在于想当然的状态，也就是说，它们目前只存在于研究项目中而在现实世界中不存在。迄今为止的实际成果远未达到愿景，要么是数量较少、复杂程度高但功能强大的机器人模块，要么是大量的无用途的简单组件。

对这两个属性的研究旨在模仿生物生长、进化和自我修复的方式。但是生物的本质核心并不是能自我组装的可编程物质，而是一种具有明确分工的系统。通过信使 RNA 分子，指令被传送到核糖体，转运 RNA 分子也运来了氨基酸，核糖体又遵循一个精心编排的编码序列来生成蛋白质。在一个分子伴侣的引导下，将蛋白质折叠成具有一定功能的形式。单个氨基酸自身不具有可编程性，可编程性来自核糖体为了制造核糖体而组装氨基酸的过程。

如果生命体已经可以做到这一切，那我们为什么不能利用它们来生产一切材料呢？虽然对生物体的编程的可行性越来越大，但我们依赖的许多材料还是达不到这一标准。分子生物学还不能合成优良的电导体以长距离输送高压电流和高速的信号，也不能合成抗高温部件以承受喷气式发动机的荷载和高温。

然而，使用非生物材料组装装配机也可以采用同样的引导方式。绝缘的、弯曲的材料可以制作机器的结构，导电材料及电阻可以用作线路及组件，半导体材料可以用来对组装器编程，磁性材料可以让舵机运转以移动装配机。一旦一个装配机被制造出来，它就可以通过自我复制来制造更多的装配机或任何其他部件。复制器就是一个可以利用组合成它自己的部件来组装成新个体的装配机。

这是冯·诺依曼将自我复制机器作为生命模型的科学愿景的实现。进化过程从分子开始，发展到细胞、器官、生物体乃至物种的进化，可以说，现在正在进化的是人类的文明和理念。数字制造路线图的最后一部分，将给进化的比特排列原子的过程完美地画上句号，反之亦然。

（本章由尼尔撰写）

第
6
章

未来的现实

尼尔为我们勾画出一张技术路线图，使我们得以一窥未来半个世纪的数字制造技术发展前景。1965 年的戈登·摩尔不是算命先生，如今的尼尔也不是，他只是提前洞悉了过去 10 年技术的加速发展趋势并描绘了未来的发展轨迹——决定这一轨迹走向的，是数字技术的基本原理、动态研究路线图以及不断发展的数制生态系统。

有了这张路线图，就等于身处于假想中那个 1965 年的咖啡店里，学习当时戈登·摩尔的观点，并预测未来数字电脑的发展。与摩尔定律一样，如果拉斯定律是正确的，那么在未来的 55 年里，数字制造的能力会是现在的 10 亿倍。这样的设想在很多方面给我们提供了非常真切的可能性，它能使生产民主化，把我们不论是制造的、销毁的还是改制的物品进行转化，能让许多人制造他们现实中的消费物品——创造一个自给自足、相互联系的可持续发展社会。这就是一次机遇！

然而，要实现这样的一次机遇又是另一码事。拉斯定律并没有被篆刻在石碑上。数字制造的发展速度以及不断涌现的新技术对社会发展的影响不是由一些无形的手控制的。拉斯定律的成长取决于个人和组织机构对提升数字技术的效能及扩大数字技术的运用范围的投入和决心，也离不开为社会创造价值并减少损害的目标。

现在，我们已经观察到“数制”工坊改变生活的早期迹象，但是没人能保证数字制造技术的积极潜能是否可以完全实现。社会体系过去的记录很清晰——人们并没有直接接受新的技术，因为人们坚信数字制造技术带来的积极影响完全可以实现。人类和组织机构的行为必须改变。原先的体系也需要改变，新的生态系统必须发展起来。可以引领社会发展并巩固体制建设的那些深深嵌在我们脑中的规则和假设需要被重新塑造。

我们为编写本书采访了一些人，尽管他们对技术路线图的方方面面多少有些不同看法（比如个人制造普及到家庭的时间和方式），但他们对技术变革潜力的认识却有广泛的一致性。路线图未必按照尼尔的设计思路如期展开，但大家一致认为，未来几十年数字制造能力和覆盖范围将提高很多个数量级，并对社会产生深远影响。

我们写最终章的目的是提供切实的指导来确保第三次数字革命广泛惠及个人和社区。在第 2 章中，我们研究了数字制造一开始经受的挑战——使用权、能够使用的生态系统和缓解风险办法。在第 4 章中，我们把这些挑战放置于社会科学以及历史背景之下，从而关注数字制造的变化速度以及数字生态系统如何传播。现在我们把关注点转向了如何运用这些见解来应对这些挑战，以共同发展社会和技术系统。

在我们整个采访过程中，人们对关于未来的叙述十分渴望——这种叙述既不是乌托邦式的也不是反乌托邦式的，而是充满希望且能实现的。正如阿尔文·托夫勒在《未来的冲击》中所强调的那样，"每个社会所面临的未来，不仅仅有一系列的确定性，还有相当多的不确定性，对未来的发展方向的判断也会有分歧。变革管理就是要努力将不确定性转变为确定性，再转变为社会共同认可的发展方向。"

为了帮助人类实现美好未来，我们从本章开始，提出了 8 个理想的场景，在这些场景中，数字制造是积极推动社会转型的关键因素。这些场景由来自五大洲的“数制”工坊先驱共同创建。这些场景解决了重要的社会问题，包括经济可持续性、文学素养和学习能力、文化转型、基础设施建设等。对于数字制造而言，可能还没有一个真正的一体化的理念，但这些场景的结合已经开始描绘未来的蓝图。

为了构建稳定的程序以使这些设想和其他期望在未来更快地变成现实，我们引入预测转换模型。这种模型是一个帮助改进社会体系和技术系统的骨架，通过数字制造共同演进来实现集体目标。我们最终得出结论：通过将技术人性化，每个人都将能在第三次数字革命中生存并且发展。

人与技术交汇的乌托邦

想到“数制”工坊这个创意并不困难，甚至对于那些从来没有接触过这种工坊的人来说，也不难。但对于大多数人来说，很难想象个人制造的环境就像自己家里一样。这是否会是一间厨房，一个拥有许多机器模块和材料储藏区的精致房间？是否在一个特定的办公室或是小企业里有一个已编辑好的版本？这种个人制造的性能如何才能运用于那些人数占据全球人口 70% 的乡村里？当讨论到数字材料和可编程的事物时，“设想一个人如何与技术交互”这一问题变得越来越困难。

对普通人而言，要理解尼尔路线图的 4 个阶段，展望他们如何与新兴的“数制”技术进行互动，难度是逐渐增大的。第一阶段相对容易，大多数人可以想象在“数制”工坊利用数字界面操控激光切割机和 3D 打印机等设备的情景。下一阶段则更具挑战性，尼尔认为，个人制造是由“机器制造机器”驱动的。如果机器制造了机器，那人们还能做些什么呢？事实上，这一阶段被称为“发烧友”阶段更恰当，因为这一阶段涉及精通技术的先行者如何利用“数制”工坊中不断改进的组件并配置它们，以满足个人需求。然而在这一阶段中也存在一些问题，例如：个人制造的设备应该摆放在家里还是其他位置。就日常行为而言，个人制造和个人计算还是有所不同的。

随着数字材料的引进和传播，在谈论人们会如何制造、销毁再重新制造物品的过程中，的确存在着一种典范的转移。这些新兴的技术如何影响我们的生活、学习、工作和娱乐？即使是那些正在开发技术的人也难以想象。数字材料会是什么样子的呢？它们会被存放在哪里呢？一个人需要多少材料才能制造一把椅子、一架无人机、一辆车或一栋房子？拆卸并重组这些物件是否会变得更简单？在许多方面，理解路线图的根本技术原理会比在脑中设想这些技术如何影响日常生活更加容易。

这就是以科学为基础的故事讲述者和艺术家能发挥关键作用的原因。科学家和未来主义者可以观察、研究路线图，然后对未来做出准确的预测。故事讲述者同样可以研究路线图并为未来的发展方式提出令人信服的愿景。挑战我们现在生活的世界可以使我们希望看到的世界出现，通过这一事实，我们可以激励处于分布式生态系统中的人将理想中的未来变为现实。为技术路线图的未来的功能提供社会背景和心理地图，有助于影响和推动技术的发展。

同时，我们在本章中呈现的理想并不是一种乌托邦式的设想。许多技术先驱者透过“玫瑰色眼镜”来展示他们的技术。然而在《硅谷》（*Silicon Valley*）这档电视节目中，有人讽刺这一趋势，认为“首席执行官们自豪地声称他们正在通过帕克索斯算法来达成协议，进而使世界变得越来越美好”这一观点是虚构的，这只不过是一些荒诞的术语而已。技术的乌托邦能够欺骗人们，让他们拥有一种虚假的安全感，认为任何技术问题或社会问题都能通过技术解决。基于科学路线图的憧憬很美好，但可以实现。

我们必须小心谨慎，避免落入“未来的技术令人恐惧”的反乌托邦思想中。现在流行的电影、电子游戏、小说和漫画书中都有利用技术胡作非为的恐怖设想。当提到人工智能、生物工程或汇编程序时，我们很难跳脱这种令人恐惧的想法：人工智能会威胁人类，或者某个无赖国家（或大学联谊会）会运用个人生物制造技术改变人类基因库。当然，加快推进技术的确有很大风险，也许会遭到彻底的反对或导致实验室解散，但是不断加深反乌托邦设想会让人们感到更加恐惧和无助。

如果我们想要激励一代人来推动第三次数字革命，那么就需要为人们提供积极参与的动力。事实上，未来主义者阿尔文·托夫勒在 1970 年也指出，我们必须大力拓展我们对可能的未来的看法。对于严谨的科学，我们必须加入火热的艺术想象力。

在这样一个技术日益复杂和加速发展的世界，培养一群知识渊博、参与性强并且足够热情的年轻人是 21 世纪最困难的挑战之一。正如天体物理学家、科学福音传播者卡尔·萨根所说：“我们生活在一个依赖于科技的社会之中，但是几乎没有人真正了解科技。”为了解决这一矛盾，我们不仅要与走在前沿的科学家和社会科学家接触，还要与人文科学中的故事讲述者和学者接触。我们希望，在本章中提到的 8 个理想的场景能够引起人们关注并且令人信服。这些设想的场景都基于真实人物的当代作品，热情的“数制”工坊开拓者做着令人惊奇的工作，并为数字制造如何改善人们的生活提供了的愿景。在设计这些场景的时候，我们受到了设计师亚历克斯·麦克道尔的启发。亚历克斯·麦克道尔和格雷戈·林恩在好莱坞电影《少数派报告》（*Minority Report*）中展示了制造技术的未来前景。随后，访问麻省理工学院媒体实验室的艺术家也开始探索制造技术。

麦克道尔已经为《搏击俱乐部》《查理和巧克力工厂》《超人：钢铁之躯》等电影创造了令人回味的世界。然而，麦克道尔最有名作品的可能是他在2002年策划的、由史蒂芬·斯皮尔伯格执导的《少数派报告》。斯皮尔伯格将这部电影的背景设定在2054年的华盛顿，他希望这部电影中基于科学的虚构世界能够成为“未来的现实”。为了拍好这部电影，他召集了走在前沿的科学家、未来学家、设计师和故事讲述者，组成智囊团，这其中也包括亚历克斯·麦克道尔和尼尔。这部电影向观众展现了新兴的技术——从无人驾驶汽车到手势界面再到与上下文敏感的广告。微软、惠普以及其他新兴企业都对这部电影中振奋人心的突破性成果表达了赞赏。

参与《少数派报告》制作的经验使麦克道尔受到启发，他在南加利福尼亚大学创立了世界建筑学会以及设计工作室。他们将严谨的科学研究、广博的专业见解与扣人心弦的镜头、令人信服的故事结合起来，给主流企业和开拓性社会企业家展示了一个新世界。麦克道尔在《4》（*Four*）的序言中描述了这一愿景。《4》是由欧特克软件公司（Autodesk）出版的一系列短篇故事，旨在探索设计和技术的未来：“我们有能力创造我们想要的未来。这意味着我们不仅要摆脱目前的局限性，还要通过想象力和独创性引领每一步。我们的未来是共享的，讲故事可以使我们共享这一愿景。”

电子线传媒与麦克道尔的设计工作室合作，共同推进艾伦涉足的一些项目，这些项目以科学为依据，信息量很大，要解决的都是世界性问题。项目之初，就要在各种假设与反诘之间努力开拓创造性思维，使可能性变得“可能”，最终得以实现。

实现理想愿景的一个很好的例子就是“制造型城市”，它鼓舞全世界的人都参与进来。愿景是这样的：“2054年，如果我们的城市与全球接轨，同时实现本地生产，将会怎样？”在“制造型城市”的白皮书中，托马斯·迪兹对未来理想的“制造型城市”做出了解释（写在序言中）：“我们需要通过产品的本土化，再次发展城市与人、城市与自然的关系，这样这些城市会提高生产力，更有助于恢复和发展，人们不会再加倍索取、破坏资源、损害环境。这些城市变得越来越繁荣，人们的工作更加有意义。人们有目标并不断发挥自己的天赋，这样一来，工作便成为一种享受。我们还需要通过和市民沟通并且运用先进技术来丰富自己，提高城市构建方面的能力。”

巴塞罗那的制造先驱发起了一次运动，展现出一幅当地生产力发展强大、与国际接轨、自给自足的城市愿景。正如前几章中所提到的那样，在巴塞罗那市长和首席建筑师的见证之下，来自世界各地的许多城市和国家都在第十届年度“数制”工坊会议上签署了协议。

在以下 8 个设想的未来智造场景中，我们都将分析出不止一个挑战，并将介绍一位正致力于解决这些问题的人士。然后，我们再把目光往后投射几十年，想象在某个场景中，这位人士的努力成果不断扩大，反映一种新的可能出现的现实。与其说我们在做预测，倒不如说我们在尝试着画出一幅探索未来可能性的思维导图。麦克道尔把这些设想称为“诱发”，因为这些设想能够激发思考和行动。希望能够让讲故事的大师通过各种媒体手段将这些未来愿景融入他们的艺术形式。

前两个愿景建立在“制造型城市”的基础上，着眼于不同区域（乡村和市中心的分布式网络）的自给自足。贯穿两种场景的“自给自足”主题暗示了未来可能的社会模式和经济模式是建立在能力和合作上的，而不是建立在恐惧和孤立上的。

图 6-1 “科学学堂”。维什沃兹·信德摄

马哈拉施特拉邦奇迹

大多数“数制”工坊建造在大型城镇里，很少建在偏远乡村。乡村工坊面临着一系列独有的挑战——从可靠的网络访问和电力供应到区域特异性问题，如泥路上的尘土飞进机器（导致机器故障并产生了维修成本）以及过低的文化水平等。因此，如果我们真的想为全球制造发展做贡献，就必须先解决这些特殊问题。

管理“科学学堂”（和麻省理工学院合作的第一家“数制”工坊的原型）的约各什·库尔卡尼正致力于解决这些问题。“科学学堂”坐落在印度马哈拉施特拉邦的一个乡村地区，这个工坊的工作人员用基于圣雄甘地教育哲理的学术模型来教育当地的年轻人。甘地相信，“工艺是教育的媒介”，同时，他通过运用泰·塔利姆教育法[①]（Nai Talim）来促进农业、纺织和木艺等学科的学习。“科学学堂”成功地运用基于当地文化的现代数字制造工具复兴了这一传统。许多库尔卡尼的学生也开始探索新的解决方案来应对当地的农业挑战或者创办新的当地企业，甚至建立新的区域型“数制”工坊。库尔卡尼希望展示这一模型，并最终将其运用于所有农村社区中。以下是库尔卡尼的想法：

图6-2　在“科学学堂”制造的鸡胚孵育箱——制造了几乎一切事物，甚至是小鸡！维什沃兹·信德摄

2038年，也就是库尔卡尼和马哈拉施特拉邦的领导者与合作的智造先驱们发布“智造村”宣言20年之后，他们为该地区所有43 655个村庄提供基本智造设施的努力已卓有成效。就像“智造城

① 泰·塔利姆教育法：知识和工作不分离原则。圣雄甘地基于这一教学原则，推出了同名教育课程。——编者注

市”宣言一样，他们根据本地区情况对不同规模的数字化制造能力进行分步推进，并针对当地独特的农村生态系统对这些能力进行了优化。

这一模型始于2018年，这时库尔卡尼和他的团队已经与100个运行IBT项目（基础技术的引进）的学校合作了。因为这些学校已经有了基础制造能力和制造思维，“IBT学校”是摩擦较小的地方。合作伙伴和当地社区一起建立跨校区的合作平台，并为实验室提供社区，将私人资金与公共资金结合，进行最初的推广。

与此同时，库尔卡尼和他的团队开始培训一批“教育企业家”（包括IBT项目的毕业生），使之成为社区中的本地工厂服务提供商。这些人通过新的以“数制”工坊为重点的小额贷款计划获得资金支持。这一小额贷款可以用来购买制造机器，如激光切割机、3D打印机或3D扫描仪。这些贷款的发放是为了确保每个村庄都具有增材制造或减材制造的能力——创建分布式社区“数制”工坊。这些企业家能够通过接受客户定制设计和租赁机器得到的收益来偿还贷款。这些企业创造了一代制造实践者和传播者，从而把数字制造带到了他们的社区。

这些“教育企业家”还通过移动设备和国内外知识网络进行相互交流。他们分享了自己对当地相关工程的见解，包括滴灌、环境卫生，以及食品保存。他们也利用不断发展的材料知识网络，从其他工坊创新者那里获得使用马哈拉施特拉邦5个农业气候区的当地原材料和天然聚合物的经验，以降低制造过程中的成本。随着时间的流逝，一些人已经可以购置更多的机器，并建立更大的、性能更强的社区型工坊。

随着“IBT学校”数量的增加，成千上万名青年从该项目中脱颖而出，他们的能力得到了增强，为个人和职业的自我可持续发展做好了准备，政府、产业和慈善事业都注意到了这一点。印度法律规定，企业必须将利润的2%用于社会责任，这一举措不仅培养了许多合格的员工、创造了一种创新文化，还产生了积极的社会影响，因而吸引了更多的企业资金。这一新型资金流能够使所有更大规模的村庄建立比当地实验室水平更高的社区型“数制”工坊。

最初，印度进口的制造硬件是由西方公司生产的。不久后，工厂型工坊在马哈拉施特拉邦的个别城市中出现了，硬件和软件通过全球通用的开发源代码设计在当地不断发展。这种本地化发展极大地降低了供应链的低效性以及总体成本，从而使所有制造节点在区域生态系统中呈指数级增长。印度政府注意到了区域网络可以催生社会、经济和文化利益，与此同时，印度政府将工坊网络称为“马哈拉施特拉邦奇迹”，并向社区投入更多资源，以确保43 655个村庄都可以进行基本的数字制造。

随着“马哈拉施特拉邦奇迹”制造网络这一消息传遍全球，其他乡村地区也开始执行和适应这一模式。库尔卡尼意识到，“科学学堂”的创始者S. S. 卡尔波建立“数制”工坊的目标是“见证印度繁荣昌盛并且成为世界其他地区的探路人”。卡尔波认为，只有在每个人都能将自身潜能发挥到极致的时候这种事情才会发生，因此，再低的水平也能得到提高。”

自给自足：底特律灯塔

底特律作为后工业化衰败的典型代表，几十年来一直面临着投资减少和经济衰退的问题。在布莱尔·埃文斯的作品中，成千上万家俱乐部、一个重要的艺术场景和一系列创新的复兴项目都显得不那么显眼。

图 6-3　布莱尔·埃文斯。扎克·罗森：新产品真的能使用吗？（sharable.net），2014

埃文斯是麻省理工学院电机工程专业的一名研究生、资深企业家、一些特许学校的前任负责人以及底特律东部的 30 英亩土地的所有者。这片土地是一个大胆的城市改造实验的起点。埃文斯和他的同事们以在社区开展活动并支持 K–12 学校和成人生活探险家的 Incite Focus 工作室为中心，大胆探索新型的模式，培养新一代优秀的人类，让每个人减少工作量，不断创新，增加互动。埃文斯指出，在城市内部建立自给自足的生活方式不是一个新想法，但是当谈及“数制”工坊可以加快从食物到家具的生产甚至是个人发展历程时，这一想法却能产生成倍的影响。让我们以埃文斯的角度预测一下未来。

假设现在是 2037 年，全球技术类职业的失业率不断增长，造成了巨大的混乱与社会动荡。但是现在，底特律已经成为“后工资”未来的灯塔，也就是说，底特律人可以自给自足，通过自给自足来实现他们的消费——自我决定，从而找到生存的意义、目的和尊严。在这一模型中，人们每周花大约30个小时单独工作，然后直接与社区合作社合作生产家庭和社区需要的东西，并制作额外的设计和物品用于销售和交换，以满足家庭和社区的需要。剩余的15~20个小时（常规的工作时间加上其他空余时间）用来满足个人爱好，进行自我激励，从而不断地自我成长。现在，这一模型逐渐成为底特律东部以及全球各个城市中心的发展趋势。

底特律也已成为大规模永续栽培的先驱，拥有丰富的作物，如西红柿、青椒、大头菜、西葫芦、辣椒、黄豆、豌豆、洋葱和土豆。而且，底特律也有足够的开放空间来培养植物和有益微生物，这些生物可以将太阳光、二氧化碳和氮气转化成可再生燃料，使其成为一种能源。这种联合种植也提供一些“生态系统服务”，如土壤修复、土壤

图6-4　在底特律建造永续栽培装置。马修·派珀，“绿色城市日记：‘数制’工坊和自然语言”，Model D①，2013

① Model D，参见 http://www.modeldmedia.com。——编者注

富集、空气质量改善、水质改善以及水分保持，等等。与此同时，政府赞助的学徒项目给传统贸易提供了一种新途径。不断增强的自给自足能力和稳定的工资水平给社区带来了安定，例如，通过制造房屋技术可以修复原先废弃的房屋。虽然这一技术源自国内外的设计，但建造过程都在本地进行。

革新意味着对经济模式进行深入反思。人们用各种语言来重复着布莱尔的格言——批发销售和零售购买是一种失败的策略。大多数人已经为他人卖力很久了，但实际上，他们是在将自己的劳动力以批发价销售出去，而其他人会在销售产品前将产品涨价。然后，一些人为了使经济好转而购买零售商品。对于食物、家具、房屋和其他需求来说，数字制造可以实现批发买卖。随着区块链技术（能够记录并验证人与人之间交易的一种不断复杂的加密技术）的不断创新，比起买卖，有更多的人会选择易货和交换。

如埃文斯所说："假如充实的生活指的是变得快乐、自给自足以及变成社区中的一分子，我们是能够做到这一点的。"这种关于生活意义的哲学观点在世界各地的文化中都具有吸引力，都指向一种减少排放和退化而更加享受和繁荣的生活愿景。

接下来的两个未来设想以学习和辅导为主，二者都是培养制造能力的必要条件。第一个设想基于个人学习之旅，这个人在两年内参观了至少 24 个"数制"工坊。学习也是以实际操作为基础的项目学习方案的核心，该方案始于埃及，并在全球范围内扩展。两个场景都代表了将素养由限速器变为加速器的方法。

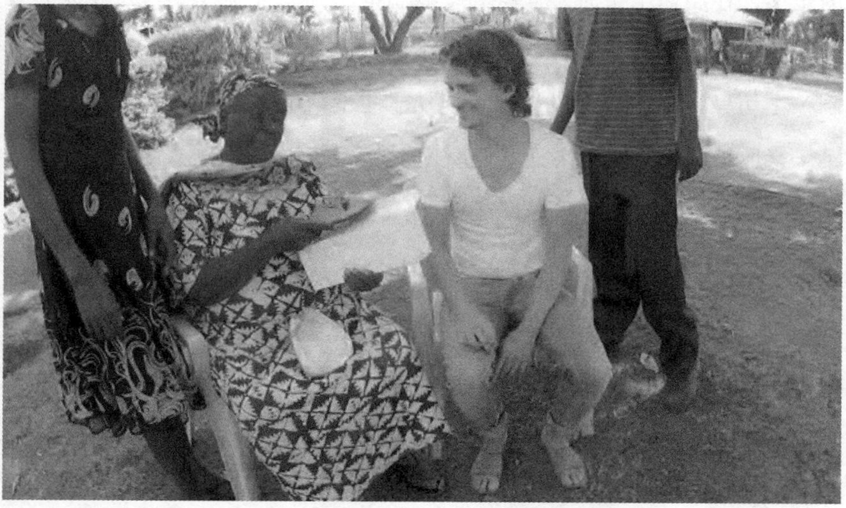

图 6-5　延斯 · 戴维克向肯尼亚总统的祖母赠送激光切割拖鞋，上面印有美国前总统奥巴马的图像，拖鞋由日本的皮革工匠设计，然后在肯尼亚下载和定制。延斯 · 戴维克提供

延斯之旅

事实上，在每一位智造先驱的采访和调查参与方的反馈中都存在着一个挑战——整个“数制”工坊生态系统需要经验丰富的导师。智造先驱希望能够指导那些新接触生态系统的学徒，但是没有充足的时间来满足日益增长的需求。先前提到的延斯 · 戴维克，在奥斯陆经营了一家“数制”工坊，并且展示了能够促进个人发展的新型辅导模式。

2011 年，戴维克从欧洲一所著名的设计学院毕业后，踏上了为期两年的全球“数制”工坊之旅。他此行的目的就是发现新的共享设计商业模式。其中有将近 30 个“数制”工坊，他在每个“数制”工坊都花了大约两到三个星期进行研究。整个旅途耗费了约 35 000 美元。他在旅行途中看到了 200 多家“数制”工坊。出乎意料的是，这次旅途改变了他的生活。在旅途结束时，他将共享概念运用到设计实践中，公开他的设计，和全球新一代设计合伙人一起工作。此外，他成为最受欢迎的“数制”工坊导师之一。这段旅程将他从学生变成了老师，并且给我们带来了未来愿景——我们称之为“延斯之旅”。

> 假设现在是2035年，全球有成千上万家社区“数制”工坊，其中有数以千计的员工——从应届毕业生到退休人员，到数量不断增加的技术型失业者，甚至某个家庭——来自“延斯之旅”。就像戴维克最初的旅程一样，他们的旅行包括访问各个大陆上的多个工坊。在为期两周的访问中，这些旅行者都做着与志愿者相同的工作——分享他们知道的东西，从其他人那里学习知识。不同之处是，在任何一周，每个工坊里都可能会有两三位游客。当人们与家人一起旅行时，这种情况变得越来越普遍，学习范围从工坊扩展到寄宿家庭。当然，有时候，对于年轻的旅行者来说，友谊和爱情会导致逗留时间超过两周。
>
> “延斯之旅”能够成功的原因有三个。首先，在2020年，一个开创性的挪威基金会开始颁发奖学金，以帮助人们进行这样的旅行。刚开始，只是为他们参观指定的工坊提供资金——那些工坊已经做好了迎接参观者的准备。要使参观者的来访不影响工坊的正常运行，就需要给予工坊和参观者一些经济支持和后勤保障。在“延斯之旅”开始实行的最初阶段，受访工坊对指导的需求很大，因此优先给予工坊支持。随着旅游者开始旅行，工坊中的人都有了指导能力，不再需要他人辅导，对工坊的支持也就随之降低。在“延斯之旅”的后期，每一位游客都能受到任何一个工坊的欢迎。
>
> 同时，如果学生能提供一份数字档案，并且他的学术成就符合

标准，那么全球越来越多的大学将为旅途期为一年或两年的学生提供贷款。到了2025年，资金来源大体上会扩展到许多私人基金会、公共机关甚至企业，这是提高品牌知名度并与有前途的人建立联系的一种方式。现在失业机构允许员工在全球任何地方的工坊登记，而不需要每两周都到办公室报到一次。现在，对于全球一体化、跨文化欣赏、技术发展和个人更新来说，“延斯之旅”已经成为一个被广泛重视的驱动力。

融合

2011年，迪娜·埃尔–赞法利作为麻省理工学院的研究生，把尼尔的“如何智造（几乎）万物”带入课堂。她来自开罗，在那里，她是一名建筑师。埃及的建筑课程十分紧凑，她根本没有业余时间去学习计算机编程，更别说参加尼尔的课程培训项目了。

图6-6　迪娜·埃尔–赞法利。布莱斯·维克马克摄，来自麻省理工学院新闻

2014 年，穆罕默德·希沙姆作为埃尔－赞法利同乡的 IT 企业家，给尼尔发了一封邮件，希望能建立“数制”工坊。尼尔希望他能和埃尔－赞法利合作，因为埃尔－赞法利已经开始计划建立实验室了，这样他们就能够合力共建埃及“数制”工坊。刚开始，正如埃尔－赞法利所说，实验室吸引了一批“宅在家中的书呆子和怪人”。他们很快就学会如何使用数字制造设备，但是埃尔－赞法利发现他们没办法在短期内想到制造方面的新点子。她准备探索一些新的方法来使初学者成为有创新能力的设计者，所以这一目标是她学术演讲的重点。埃尔－赞法利运用 I^3 的创新方式（以模仿为开端，然后迭代，最后是即兴创作），为人们展示一个成品，并且让他们思考如何制作仿制品，同时弄清楚需要哪种软件和机器。然后，她让人们在项目迭代中进行一个或多个引导性改变。随后，人们开始即兴发挥。在埃尔－赞法利看来，她希望在创作过程中能够将人、软件和硬件有效地结合在一起。现在设想这种愿景在埃及甚至在全球的学校中逐一实现：

> 现在是 2030 年，几百个“数制”工坊在埃及建立，其中一些与埃及新建的大学和 STEM 高中合作，其他的则坐落在大大小小的社区里，还有越来越多的“数制”工坊建在 K–12 学校中。最初，学校反对“数制”工坊这一概念，但是当大多数 STEM 先锋学校逐渐得到学生们良好的反馈时，其他学校也开始接受了“数制”工坊这一概念。“数制”工坊不仅可以把学生培养成富有创新力和学习热情的人，还能明显提高学生们对核心学科的学习能力。“数制”工坊为该地区的青少年提供了富有成效的途径，因此得到了各级政府领导的重视。仅在 10 年之内，在学校里建立“数制”工坊就像在学校里建立图书馆和体育馆一样常见，“数制”工坊是全面培养学生学习兴

趣的一部分。老师们也接受了他们逐渐从讲师到导师、教练和合作者的角色转变。学校也逐渐从举行"一考定生死"的测试转变为提供创新机会，以此来评估并支持学生的学习过程。

埃及有越来越多的学校采纳 I^3 模型，它们能够与其他学校分享工坊的课程、专业发展前景和操作见解，分享知识和战略，克服障碍，进而过渡到新的基于项目的实践教学方法。同时，当地的每个社区都对工具进行了调整，以实现很好的实践效果。使用英语编写的软件和文档，包括未能翻译出来的技术词汇，都可以被翻译成当地语言，进一步减小误差，以便有效使用。

为了确保全球学校都能参与其中，埃及学校开发了一个创新项目：高中生给初中生制造数字制造机器，初中生给小学生制造机器。年长的孩子为年幼的孩子在硬件、软件以及 I^3 模型的应用方面提供指导，同时分享他们对于SETC(波士顿南端技术中心"数制"工坊）"learn（学）2 teach（教），teach 2 learn"模式的见解。对于那些面临高失业率状况的青年来说，制作和指导成为一个新的关注点。

对于大学生和研究生来说，埃及的研究人员和来自全世界的志趣相投的人一起工作，开发能与制造者（在"数制"工坊工作的人）合作互动的硬件与软件（实时利用更广泛的开放式设计网络），有利于运营商在探索过程中提出各种想法和方法。软件与硬件的设计将模仿、循环和创作的过程考虑进去，不断更新埃尔－赞法利的想法，使其与当地社区保持一致。

在研究中收到的所有反馈几乎都强调了社区的重要性以及与"数制"工坊的合作。以下两个设想着眼于两个截然不同的环境中的社区和协作，一个跨时代，另一个跨行业。在第一个设想中，"数制"工坊被看作保存并传播古代文化传统的潜在的基本要素。在第二个设想中，“数制”工坊和跨国公司合作，通过学习和合作来融合社区与产业。

解锁库克湾部落

个人智造有着悠久的文明历史。创造和使用用于自我可持续性发展与个人表达的工具可以追溯到200多万年前。今天，地球上一些最古老的文化正在与现代社会对古老传统和文化遗产的侵蚀的现象做斗争。“数制”工坊可以成为另一种更加现代化的入侵方式，也可以建立一种先进科技与古文化和谐共处的氛围。

库克湾部落理事会（CITC）是位于安克雷奇的一个阿拉斯加原住民社会服务组织。其核心使命是为青少年打造一个未来，使他们能在复杂多变的世界上有能力、有自信、有勇气地为了他们的目标而奋斗。在库克湾部落理事会的倡议下，为了和全球观众分享、弘扬、传播部落文化，理事会和艾伦的公司共同开发了一款商业电子游戏。这款电子游戏一经销售就创下巨额利润，进而支持了库克湾部落理事会的社会项目。例如，《永不孤单》（英文名：*Never Alone*；因纽皮特语名：*Kisima Innitchuna*）这款电子游戏是由世界级的游戏制作人和超过30位阿拉斯加原住民长老、作家和故事讲述者共同开发的。这款游戏使用因纽皮特语，以一个世代相传的故事为基础，包含了26个关于文化的纪录片片段，可以通过闯关进行解锁。

这一款电子游戏火爆全球，广泛覆盖媒体，已经被300多万游戏玩家下载，并且赢得了许多奖项（包括BAFTA——英国电影和电视艺术学院奖），甚至间接地创建了库克湾部落理事会（CITC）“数制”工坊。通过电子线传媒的伙伴关系，部落理事会遇到了尼尔，从而成功地创立了安克雷奇“数制”工坊。这个工坊是由库克湾部落理事会青年教育与就业服务的主管——勒妮·弗雷德里克斯与凯蒂·李共同运营的。该工坊的使命是将传统的阿拉斯加原住民文化的价值和优势与前沿的教学工具相结合。

图6-7　来自库克湾的吉拉·摩尔和伊丽莎白·佩顿。库克湾部落理事会提供

提前想象一下2030年。库克湾部落理事会“数制”工坊已经形成了一个为整个阿拉斯加原住民社区提供支持的分布式工坊网络，成为全球的先驱，帮助青少年将传统文化和一些世界上最先进的技术融合起来。创新在许多领域中都正在发生。在城市的工坊中，老人和成长在工坊中的青少年一起工作，指导下一代人建立技术与文化的桥梁。在偏远的工坊中，社区指导人们如何运用当地材料来克服当地挑战，从而减少对低效且昂贵的供应链的依赖。而乡村的工坊与遍布北极和世界各地的偏远文化合作，共同完成项目，分享、讨论共同问题的解决方法。事实上，由于可持续的生活正在变得越

来越分散，现在出现了从城市向农村的反向移民的现象。

图 6-8　来自库克湾的凯肖恩·奇卡里森。库克湾部落理事会提供

2016 年，弗雷德里克斯在白宫被授予“改造冠军”之名，然而这只是个开始。让我们看看库克湾部落理事会的未来设想。

> “数制”工坊的设计与运营也完美地与古代文化传统相融合。例如，运用激光切割机来雕刻也被认为是雕刻方面从运用石头到使用金属美工刀再到使用电钻的发展过程的一部分。第一次学可用激光切割机设计和雕刻的孩子们同样也对掌握传统工具的使用方法感兴趣。这一点儿也不意外，因为数制“工坊”的设计同时包括现代化产品服务和传统工艺品实践的工作空间。从偏远地区到热闹的城市中心，世界各地的其他文化都在分享着类似的做法。
>
> 除了欣赏和实践古老手工艺，“数制”工坊还是传播传统故事和文化的地方。从《永不孤单》发行到现在，已经过去了几十年，其取得进步的背后就是部落长者和社区成员的故事。现在，传统故事已经成为日常生活的一部分，融入制作（几乎）任何事物的过程。

当然，辅导过程有时会反过来——孩子们也会分享他们自己的故事。最终，这些工坊制造出来的就是文化本身的连续性。

关键作用

大型跨国公司可以看到不祥之兆。市场和技术正在飞速改变。内部顾问小组和外部顾问小组的团队每天和业界领导者一起设计、执行策略，从而使自己的企业变得更加敏锐，更加适应市场。偶尔，结果是公司的彻底重组，但也有可能是解散。第三次数字革命改变了生产方式以及制造商的本质，这一改变迫使许多公司重新考虑自己在这一不断变化的世界中的角色。

巴西的海洛薇萨·内维斯作为圣保罗地区数字制造的教授以及领头人，非常支持建立“数制”工坊，因为这些工坊能够改变教育和培训方面的现状——这是全世界都应优先考虑的事情。然而，她的关注点主要是“数制”工坊和创客工厂是如何改变各产业的思维模式的。她说：“我希望这种思维模式至少出现在两个不同的领域，一个是融入课程的学校，一个是融入工作的企业。而且与学校相比，企业可能更开放一些。”面对这一目标，她建立了 We 工坊，这是一家位于圣保罗的创客工厂，专门给企业提供咨询服务和活动安排。由此，她关注了伊斯沃尔[①]

① 伊斯沃尔，菲亚特（FIAT）集团所属的具有独立法人，专门从事企业咨询和技术的、职业、技能、管理培训的国际公司。伊斯沃尔公司的前身是菲亚特技术学校，成立于1937 年，长期从事菲亚特公司的技术工人和管理人员的内部培训。——译者注

[FCA(菲亚特克莱斯勒汽车公司)① 企业大学，相当于一家开放于社区与菲亚特克莱斯勒汽车公司的汽车装配厂] 在巴西米纳斯吉拉斯州贝廷地区新建立的一家“数制”工坊。

图 6-9 菲亚特克莱斯勒汽车“数制”工坊的领导者。We 工坊提供

马西娅·纳韦斯是伊斯沃尔“数制”工坊的主管，保罗·马托斯和卡罗来纳·马里尼是其中的管理者，她们认为，伊斯沃尔的“数制”工坊是南美地区最现代化、最全面的“数制”工坊之一，但亮眼的设备并不是这家工坊的核心。虽然菲亚特克莱斯勒汽车公司的拉丁美洲团队和来自社区的人员一起研究数字制造项目，但是他们学到的不仅仅是数字制造的原理。现在，他们正在加强合作能力，以一种新的思维方式来思考企业与社区的未来是什么样子的。

① 世界十大汽车公司之一。菲亚特汽车公司于 1899 年 7 月始建于意大利都灵，创始人是乔瓦尼·阿涅利。它是世界上第一个生产微型汽车的生产厂家。公司全称是意大利都灵汽车制造厂，菲亚特（FIAT）是该公司缩写的译音，FIAT 也是该公司产品的商标。2014 年 10 月 12 日，菲亚特与其美国公司克莱斯勒合并的决议生效。——译者注

伊斯沃尔“数制”工坊被社会科学家称为“边界地点”——位于不同社区的交界处并且充当着桥梁的角色，即能够横跨边界，将本不可能连接的社区连接起来。除此之外，伊斯沃尔“数制”工坊正在构建一种能够带领企业与社区进入一个引人注目、令人梦寐以求的未来的DNA。

图6-10　菲亚特克莱斯勒汽车“数制”工坊对话。We工坊提供

设想，现在是伊斯沃尔“数制”工坊建立后的2030年，伊斯沃尔工坊已经在全球许多领域成为文化变革的典范。不管在什么情况下，各个领域都已经采用了伊斯沃尔“数制”工坊在2016年开发的、适用于任何个人发展的4种不同的人物角色：探索者（开拓新领域）、创客（利用技术来不断完善改进）、骇客（解构事物并且发现不同的替代品）以及网络工作者（根据需要来联系人们和创意）。从这些方面培养人才而不是围绕传统工作转圈已经成为企业运营新方式的开端。纳韦斯认为产业能比教育机构更快地接受具有颠覆性的新思维方式。

2030年，“数制”工坊成为企业必需的熔炉，因为在这儿，这些角色会被训练、强化并再度回归公司文化。现在，跨越多个领域，人们认识到骇客既有解构能力又有创新能力。他们理解人们在成为探索家的道路上需要时间和空间，所有的劳动者都可以成为不断革新的创客。当人们适应自己“网农”[①]的角色时，他们的价值大大提升，因为别人认为网络是组织机构的重要连接部分，它越来越有机，像生命体一样演变着。拥有了这4种角色，企业就能顺应市场的变化，周而复始地解散并重组。

对于菲亚特克莱斯勒汽车公司和其他企业来说，必须尽快形成新的思维模式。随着2030年的到来，顾客、制造商和供应商三者的概念之间的区别变得越来越模糊。将每一个组织成员都看成探索者、创客、骇客或网农，这有助于每个人接受这种角色逐渐模糊的事实。菲亚特克莱斯勒汽车公司既是一家汽车生产商，又是一家服务型企业。2030年，数百个菲亚特克莱斯勒汽车公司“数制”工坊成为一种新型企业必经的新思维的大熔炉。同时，数千家其他公司都开始效仿这一模式。回到2017年，纳韦斯说：“我现在的兴趣就是产业转型。”到2030年，她在回首往事时就会发现，将技术与“数制”工坊发展的社会思潮结合在一起的愿景正改变着这个行业。

最后两个场景正处于材料科学的前沿，其中一个设想主要关于尼尔路线图的前两个阶段，另一个设想主要关于最后两个阶段。在第一个设想中，共享当地材料特性信息的平台解决了社区和个人制造的关键速率限制因素——数字制造过程中所消耗的材料的实用性、成本和对环境的

① 网农：指网络工作者，由“码农”这个词引申而来。——译者注

影响。第二个设想是把我们带入数字材料和编程技术的未来世界。美国国家航空航天局针对太空的探索和研究，实质上对于我们如何在地球上维系我们的道路、桥梁、建筑等基础设施建设有潜在的改变。

物质科学

现在，“数制”工坊运用数字技术来设计和制造，但依靠的消耗品却是模拟材料。这些材料通常很昂贵，并且需要提取、包装和运输。许多材料都不是很环保，最终都浪费了。尽管未来某一天先进的数字材料可以解决这些问题，但是离日常使用还遥不可及。我们必须学会从根本上重新考虑用于制造的材料，比如木头、纸板、塑料、金属，等等。如果不这样的话，我们就会发现数字制造的飞速发展将在之后的10年里给环境施加无法承受的压力。

阿莉西娅·加姆勒薇兹是智利圣地亚哥大学经济学院循环经济创新助理教授。她在牛津大学赛德商学院研究了普遍环境下的3D打印技术并获得了博士学位。她的承诺是发展循环经济（资源循环利用）而非线性经济（提取、利用、丢弃资源）。她秉持的原则是：“我们需要理解身边的材料。”拿自然界来举例，自然界的有机体取用当地的自然成分作为资源来建构从纳米尺度到宏观尺度的复杂物体，并且继续循环利用资源。森林不会制造垃圾。现在，她正在建立一个开源材料的数据库，利用分布式知识和数字制造带来的收益，使“每个人、每个地方都能运用数字设计和周围的材料制造高质量的产品”。

图6-11　阿莉西娅·加姆勒薇兹。牛津大学赛德商学院提供

设想现在是2025年。加姆勒薇兹的开放平台——物质体（Materiome）——成为全球成千上万的“数制”工坊运营中的重要环节，它是一个复合数据库、社交网络和共享知识库，用于了解、采购并使用当地的数字制造资源。她的开放平台挑战了通过低效、高碳足迹的全球供应链购买用于融化的塑料颗粒、用于重组的金属粉末或其他材料的模式。取而代之的是，富有进取心的制造商和创客们正在以新的方式利用当地环境。他们正在收集沙子、植物纤维、天然树脂、盐水和其他当地材料，并记录其性质和用途。移动增强现实技术（AR）使创建一个本地地理标记的“增强层”成为可能，该“增强层”描述了当地可用消耗品的生物和化学特性以及潜在用途。人们可以在他们的社区中走动，并且通过这种增强技术，将垃圾或沙漠视为可获得的自然资源。

通过“数制”工坊能够从纳米尺度到宏观尺度构造材料，丰富的天然材料具有高性能，甚至胜过受严格保护的化学配方。社区和公司不再为新化合物申请专利，而是开始对将简单成分组装成（几乎）任何东西的新方法进行投资。在此过程中，对循环经济的认识和理解程度正呈指数级提升。

在世界各地，人们都知道循环经济与控制能源、材料与信息有关。现在市民不再让公司去追踪他们生产的产品，而是借助工具来轻松地测量他们从当地乃至全球获得的材料的组成成分以及其他特性。“物质体”这一平台让更多人参与到材料数据的生产之中。这种力量给市民提供了推动循环经济变革的强大杠杆。

随着地理与生物科学方面的实物样本的共享以及再利用，人们对“物质体”的研究取得了长足进步。这些相关领域的科学家都面临了同样的挑战——哪一种元数据可以添加到给定的材料或实物样本上。他们都需要数字平台来支持数千个来源的分布式输入和高效搜索与发现。最重要的是，他们共同致力于开放信息共享。对于生物学家和地理学家而言，“数制”工坊的进步不足为奇——公民科学家在这两个领域中有很悠久的传统。事实上，代际社会生态系统早已出现，生物学家、地理专家与青少年和青年公民科学家一起通过社交视频和虚拟现实来记载各种有想象力的、有趣的制造项目。材料科学家变得越来越具有病毒性、可验证性和社会性。

起初，商务企业没有意识到“物质体”发生了什么——这一平台进行的似乎是边缘活动。毕竟，对任何耗材生产商来说，“数制”工坊只占其销售金额的一小部分。第一家受到关注的商务企业是在航空航天、汽车和其他领域最先使用先进材料的行业制造商。对于这些企业，材料的特性代表了严格监管的竞争秘密。所以，这些产业的许多企业对免费开放资源的平台感到很惊讶，因为这个平台可以分享其急需的信息，而且它们惊奇地发现了以前从来没有见过的材料。

当然，对于那些化学品和其他商业材料的制造商来说，“物质体”已经形成了一种非常强大的竞争力，因为他们面临如何在一个开放资源、开放当地原材料的世界里运作的生死抉择。而对于循环经济的支持者来说，开放资源平台是一个具有重要影响的成就——越来越多的人利用当地原材料来制造他们所需要的东西，这样就不会再浪费和增加运输成本了。政治学中有一句格言叫“跟随金钱”，在数字制造方面，这可以被称为“跟随材料”。

自我维护升级

对交通基础设施的巨大投资——马路、桥梁、轨道、建筑、机场——在全世界的社会中都是必要的。预期 50 年寿命的桥在建成 75 年或 100 年后的今天仍在使用。机场的运营能力是设计时的二到三倍。工业革命随着交通基础设施的发展而发展，随着全球的发展，交通基础设施越来越重要。随着新的交通基础设施的建设，这个世界是否会被设计成一个人口增长、技术加快、气候变化、人口大量迁徙和有着意想不到的社会发展的世界？

美国国家航空航天局的张永安[①]把数字材料运用于解决基础设施老化的转型方案之中，这是一种超出以往设计性能和预期耐用寿命的方法。张永安在麻省理工学院获得博士学位，并在比特和原子中心专注研究尖端材料科学。在美国国家航空航天局，他专注于数字材料与基本运算法的研究，对太空结构产生了深远的影响。毕竟，把人类建设队伍带

---

① 张永安，曾与尼尔·格申斐尔德在《科学》杂志上发表一篇文章，仔细描述了用 3D 打印技术打印一架飞机的方法。——译者注

入太空会有些危险和昂贵。归根到底，这一影响是十分深远的。他喜欢展望未来，那就这样做吧。

现在是2040年，我们认识到许多实体建筑（桥梁、建筑、飞机和其他社会基础设施）能够通过不断更新来满足持续改变的服务需求。桥梁使用寿命不再是50年，数字材料和机器人可以对桥梁持续进行检查、维修和重新配置，使其始终处于积极的运行状态。随着时间的流逝，桥梁也许看上去和以前差不多，但会因为不断翻修而成为全新的桥梁。桥梁可以根据社会和环境的需求来重新设计，以增加或减少承载能力。我们没有试图让人们通过重新编程而变得更有远见，而是让材料通过重新编程而自我维持，并由人们来指导这一过程。

在这一未来设想中，供应链是区域性的，并且侧重于模块材料的发展——就像在2017年生产的螺母和螺栓。实际的材料还不是尼尔未来的完全可编程物质（尽管已经在全世界的研究实验室中被发现）。当然，这些基础设施使用的材料与2017年组成基础设施的材料相同。现在它们是模块化的可重构性物体，是可扩展的制造系统的积木式组成成分，并且适用于数字设计和组装。相同的材料也能被运用——例如建造桥梁的钢铁。但是为了取代数千种独特形状的钢材——每一种钢材都拥有独特的钻孔和到达建筑工地的特快专递，当原材料第一次被加工的时候，人们可以创造许多模块化组件，作为原材料初次加工时的主要产品。人们不需要在之前的成品批量生产中进行再加工，而是可以运用机器汇编程序通过重新配置建筑模块来制造（或重制）顾客所需的样式。

首先，这种变化很细微，大概与高速公路上实体收费站到自动收费感应器的转变相类似。同样，人们开始在“数制”工坊研究如何将重新配置的材料用于个人应用；行业供应商开始鉴别原材料是否可以被制造成模块化的、可编程的组件，应用于目标应用程序。最先进的应用存在于太空，在那里可配置的成分是最昂贵的——研究太空所需的新的原材料、制造和施工队伍的成本过高。

交通基础建设的模块化方法创造了一个庞大的可节省成本的运输系统。自从有远见的政策领导者意识到这种智能的模块化基础设

图6-12　数字材料结构。桥：本杰明·耶内特、丹尼尔·切卢奇、克里斯蒂娜·格雷格、张永安提供；翼：本杰明·耶内特、萨姆·克里奇、丹尼尔·切卢奇、尼克·克拉默、尼尔·格申斐尔德、肖恩·斯威、张永安提供

图6-13 张永安。美国国家航空航天局提供

图6-13 张永安。美国国家航空航天局提供

施很有前途，他们就提前做好让其取代劳动力的准备，让操作变得自动化。他们走在潮流的前面，为这种版本的“数制城市”承诺、“数制乡村”承诺以及“布莱尔格言”打下了良好的基础，从而促进这种向工作岗位缺乏、生活质量高、有尊严的经济体的转型。这才是一个不是只依赖有偿工作的经济体。基础设施的自足性对社会自足性起着十分关键的作用。

这 8 个设想能够互补互织，把现在创建成一个稳定和谐的世界，在这里，人们和社区能够实现全球交互。如果我们想要看到这些梦寐以求的设想变成现实的话，我们需要开始为此打下基础，一步步顺利地将其实现。正如穆格公司首席技术官冈萨洛·雷伊所说：“你经常可以看到未来的愿景以及许多阻碍，但是你也可以看到可能的未来，然后攻克这些阻碍。大多数阻碍来自社会，而不是技术。”随后他指出，“尼尔做出了这些疯狂的预测，但是随着时间流逝，预测可能会成真。也许不会十分精准，但是肯定是在那一方向上前进的。”我们的目的是打破这些梦寐以求的、可实现的设想的平衡。为此，我们引进了一个引导性模型。

预言性转化模型

为了实现这些梦寐以求的愿景，甚至更多愿景的组合，我们需要解决在第 2 章中就提出的基本挑战。我们必须广泛改善数字制造硬件、软件和材料；我们必须培养技术和文学素养，使每个人都能有效利用这些技术；我们必须创造一个可用的生态系统来促进共同目标的实现；我们必须确保逐渐减少风险。

除了解决这些基本挑战，还有一个存在已久的问题需要不断管控。

在这些不同的数字制造参与者和社区（比如“数制”工坊、创客工厂、骇客空间，等等）中，存在着一个有关互相依存和独立的紧张关系。硬件和软件开发者需要平衡这些易用性，使这些技术公开扩展。管理人员会在集中化和层次化的效率与分散化和分布式代理的平衡中挣扎。导师会一直面临教授别人知识与开发自己的项目的抉择。在这些情况下，存在着一个新兴生态系统和根深蒂固的制度之间的紧张关系。

伴随着这些令人向往的场景、门槛挑战和持久的紧张心理，当我们试图为塑造第三次数字革命提供指导时，我们找不到一个与任务相匹配的模型。尤其是，我们需要一个模型来优化数字和实体世界，这个模型是一种分布式参与方和利益间的复杂组合，不依靠单一管理者或实体来控制其进程。通过写这本书，我们开发了这种“预言性转化”模型。

这一模型具有预言性是因为它是以一张已被预测过的技术路线图为主、基于提高数字制造性能的可观察的指标的模型。这一模型是一种变革，因为我们不但对简单的预测感兴趣，而且对创造一个能够与社会系统一起演进的技术，进而给社会带来积极结果的预测也感兴趣。我们写这一章更多是为了路径创造者，而不是路径观察者。

该模型建立在许多已建立的变化模型的基础上，并与之形成对比。大多数早期的模型——从黑格尔基于康德理论提出的辩证模型（正题、反题、合题）到库尔特·勒温[①]在1947年提出的具有影响力的改造模型（解冻、变革、再冻结）——能够预见变革和变革的必要性。但是他们也假定变化速度是线性的，最后以平稳状态结束，而不是以持续加速的变化结束。

现在受人欢迎的组织变革模型也是以平稳状态结束的，而不是以持

① 库尔特·勒温，德裔美国心理学家，拓扑心理学的创始人，实验社会心理学的先驱。格式塔心理学的后期代表人，传播学的奠基人之一。——译者注

续加速的变化结束的。例如，约翰·保罗·科特于1995年提出的被广泛引用的领导变革模型提出了管理变革的8个步骤，并以制度化变革（一个新的稳定状态）结束。同样，威廉·布里奇斯的2000年转型管理模型在个人层面上对人很有帮助，它记录了人们在接受新事物之前需要如何摆脱旧事物。然而，在一个技术呈指数级增长的世界里，抛弃陈旧事物成为一种无休止的状态。与我们的模型最接近的是W.爱德华兹·戴明的持续变化模型，这是一个计划、执行、检查和调整的循环，尽管他的模型并不是为利用分布式生态系统的力量和广泛的社会变化的力量而设计的。

许多分析新技术的采用、影响或周期性的常用模型都提到了埃弗雷特·罗杰斯的《创新的扩散》(1962年)、杰弗里·摩尔的《跨越鸿沟》(1991年）和克莱顿·克里斯坦森的“颠覆性创新”理论（1997年）的内容。美国政府还制定了一些有帮助的评估准则，包括美国国家航空航天局的“技术就绪水平”和美国国防部的“技术就绪水平评估”，以评估特定技术的成熟度水平。尽管所有这些模型都对将技术引入市场或渠道具有宝贵见解，但没有一个模型能将对持续加速的技术的分析与围绕一致的社会影响目标对不同的独立的参与者进行吸引和授权的机制结合起来。

我们设计了第三次数字革命的预测转化模型，但该框架可能与识别和塑造其他加速发展的技术相关。当然，这个模型只是在技术加速发展的世界中组织思想和行动的众多可能方式之一。这一模型是按照以下4个步骤建立框架的：

预测：变化速度

结盟：参与者

培养：赋能的生态系统

共同演化：技术和社会

因为这一模型需要对加速发展的技术有清晰的了解，所以这会在科学家、技术人员、社会科学家、故事讲述者、政策制定者、推动者和其他人之间形成一种持续的跨产业合作。这一模型被设计为一个框架，用来帮助传播进程，建议人们采用那些可被分布式参与者采纳、调整并推行的平台、工具和实践。这一模型应当具有灵活性、可适应性以及可扩展性，以在本土、区域、国家甚至国际层面上运行。

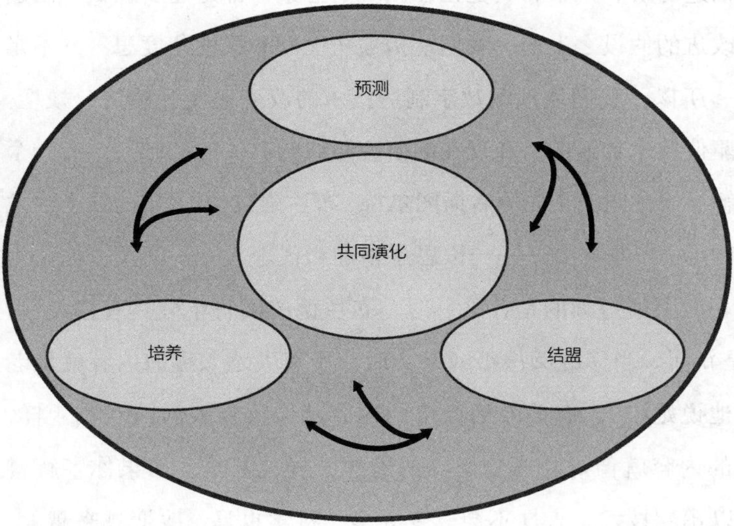

图 6-14　预测转化模型是一个持续的过程。乔尔·卡彻－格申斐尔德和艾伦·格申斐尔德绘

尽管模型中的 4 个元素是按顺序呈现的，但它们之间的交互是动态的。图 6-14 显示，模型的前三个部分（预测变化的速度、协调结盟的参与者和培养新兴的生态系统）是相对连续的，当每个阶段都取得进展时，它有助于技术和社会的共同进化。此外，它是一个连续的循

环——一个螺旋，只要有稳定的支架（不断努力），它就会持续上升，在整个过程中保持收益。

由于一本书在很大程度上是以线性呈现的，所以我们按顺序处理模型的每个阶段。在最后一节，关于共同演化的部分，我们可以很清楚地看到它们的综合。

科学即新闻

我们描述的所有愿景和其他正在出现的愿景，都是建立在数字制造性能不断改进的假设之上的。我们从指数角度而非线性角度思考并不是一种本能。所以，我们从预测数字制造技术的改变速度开始这一模型。这需要对驱使技术加速的、和现在的研究路线图有关的基础科学有一个基本的了解。当共同演化先驱者斯图尔特·布兰德在 2016 年的线上沙龙问答中被约翰·布罗克曼——一位思想领袖和代理人——问及“你认为最近科学新闻上最有趣的是什么”时，布兰德的回答十分具有建设性：“科学就是新闻。当你翻阅报纸或杂志时，所有人感兴趣的内容就是老一套的“他说她说”，有关政治经济的内容就像反复表演的戏剧一样，有关时尚的内容就像对新事物乏味的幻想一样，甚至，如果你了解科学，便可以预测技术。人性不会改变太多，科学也是。改变越来越大，不可逆转地改变着世界。我们现在生活在一个改变速度最快的时代。所以科学是一大趣事。”

布兰德说：“如果你了解科学，便可以预测技术。”在我们的模型中，我们从最开始就侧重于了解科学以及科学如何给研究路线图提供框架，给社会带来机会和风险。

我们在对数字制造领导者的调查中，询问了理解数字通信、计算和制造的基础科学的重要性。这些回答表明，对于超过 70% 的参与者来说，对基础科学的理解是非常重要的。与此同时，近 40% 的人表示这很难做到。对于这些反应我们用与第 2 章相同的可视化方法进行了说明（中间代表集中趋势，外面是离群值）。

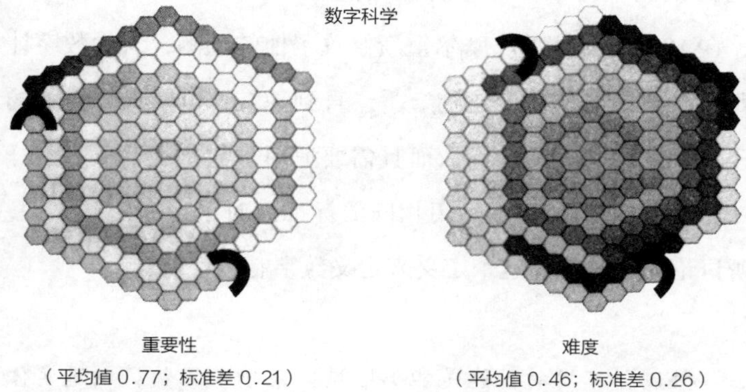

本人对数字科学的理解（重要性和难度的差距为 0.31）

图 6-15　理解有关数字通信、数字计算和数字制造方面的基本科学的重要性和难度。WayMark Analytics 公司绘

如 6–15 图所示，对于难度的回答有很多种。当系统中存在大量的可变性因素时，改进就很困难。对于那些想要理解和深入讨论变化率的人来说，尼尔的章节值得一读。但这并不意味着你必须赞成他所有的假设，这是一个明智的讨论和辩论的起点。目前，只有大约 1/4 的“数制”领导人认为很容易了解基础科学。在这本书的写作过程中，我们不断地敦促尼尔，希望他能让我们和读者都能更容易地接触更关注科学或技术的章节，因为他所写的内容涵盖的资料对于理解可能的变化速率是必要的。我们对科学和技术路线图了解得越多，就越了解形成第三次数字革命的关键步骤。对基础科学的共同理解也会影响拉斯定律，这有助于组织我们的思维，也有助于确保我们在讨论数字制造性能时不会互相推

诿，使我们的合作更加有效。

审视拉斯定律

数字制造路线图中的改变速率可能会随着时间的流逝而加快或减慢。比如说，在 1975 年，戈登·摩尔重新修改了他的预测，认为数字计算性能会从每年翻一番变成每两年翻一番。直到现在，数字计算性能的核心定义对于摩尔来说仍是不变的，而且需要适用于数字制造——这样在改变速率上的讨论和争辩就能运用相同的标准。对于拉斯定律来说，正如整本书所讨论的，我们用这个定义来定义数字制造性能：

> 现在“数制”工坊的性能是能够智造（几乎）万物，制造实体物品并对其功能进行编程。

找到大家一致认同的有关数字制造性能标准的定义，对于帮助不同领域的参与方对拟建的发展路线图以及（技术）变化速率等有社会意义的问题进行有效讨论、争辩、预测是十分关键的。一些由未来学家、权威人士及新闻记者组成的“家庭小作坊”对未来技术和社会的组成进行了预测，其中大多数人设想数字制造的未来会更好、更快速、更经济。他们的结论表明，他们并没有真正意义上地投入这项技术。不幸的是，缺乏这种意识是许多教育者、政策制定者、慈善家和投资者的通病。正如我们在书中所述，3D 打印机对于数字制造来说是增材制造过程的一个重要部分，但只能算“数制”工坊内众多数字技术的一种。就像尼尔说的：通过 3D 打印的单一角度去观望数字制造的天空就等于通过微波炉去观望食物制作的整个世界一样，具有片面性。

鉴于新兴技术的复杂性，许多人不愿放眼未来，并对预测行动提供信息的技术的发展感到犹豫不决，这是可以理解的。当然，我们可能会在许多社会科学家和政策制定者的身上看到这样的不情愿。

的确，这在学术报告中经常出现，初出茅庐的学者常引用这样的措辞："预测是困难的，尤其是关于未来的预测。"这句话来自对尼尔斯·玻尔、塞缪尔·戈尔·德温、尤吉·贝拉、马克·吐温、诺斯特拉德马斯等人的格言的总结。在学术演讲中，这会被认为是一种自嘲式幽默。然而，它有一个微妙的不容置疑的影响，即强化了一种倾向：既做出小的增长性预测，又避免任何可能被视为"出头鸟"的东西。

即使是前两次数字革命中最老练的思想家和实践者也采取谨慎态度。在他们最近的一本名叫《爆裂：未来社会的 9 大生存原则》的书中，尼尔的同事伊藤穰一——麻省理工学院媒体实验室的主任和《连线》（*Wired*）杂志的编辑杰夫·豪强烈宣称：没有一个人可以预测未来，只有傻子才会去尝试。随后他们共同提出了 9 个组织原则来引导指数级变化。其中，他们建议把要解决的事件放在权威性之前考虑，把牵制放在推进之前考虑，把风险放在安全之前考虑，把整个系统放在个别研究物体之前考虑。这些原则都是为了解决这个问题：我们目前的认知使我们无法理解从通信到战争的各个领域的快速进步所带来的深远影响。

尽管这 9 个原则都是对数字时代中的合作的新思维模式的进一步洞察，但我们并不赞成伊藤和豪发表的言论：改变速度过快导致人们不能对未来进行预测。他们指出这一点是为了培养自立能力和灵活性，就像他们说的，拥有指南针而不是拥有路线图的重要性。相反，我们认为，如果没有路线图，就无法培养所需的机构，这样，分布式的个人就能够被授权进行集体辩论、讨论，并最终使发展加速、减速或以其他方式改变路线图。你不仅需要一个指南针，还需要一张路线图。一个更具有远见的态度能够帮助我们把观察由预测转化成集体行动（运用伊藤和豪的原则），从而实现这些预测。正如管理圣人（和其他人一同被授予这一评价）彼得·德鲁克所说："预测未来的最好的办法就是创造未来。"因此，预测改变速度是一项团队合作活动。

戈登·摩尔在初次观察数字计算性能的过程中一丝不苟。他发现，在集成电路上，每平方英尺的晶体管数量每年都会翻一番，而且如果这个数量的变化速度一直如此，那么这一变化就是真的。然而，随着时间的推移，摩尔定律在许多相关技术上都有所体现，这些技术可以帮助计算性能变得更加有效、快速、实惠，从而改造社会。

对于数字制造来说，拉斯定律指出：鉴于过去的指标和现在的研究路线图，数字制造性能每一年半会翻一番。这种变化的速度是否成立，很大程度上取决于所有参与者，从字面上讲，他们与这种指数级变化的速度有很大关系。如果像摩尔定律一样，拉斯定律从一个观察报告发展到一个标准程序，再发展到一个不同参与者的集体目标，那么，正如我们在第 4 章中提到的那样，我们可能会在接下来的半个世纪看到数字制造性能的增长速度与摩尔定律相似。

现在拥有了可观测的数据、清晰的定义和已掌握的足够信息，我们能够预想第三次数字革命将会是怎样的。我们和"数制"工坊的领头人合作起草了在本章开头所预想的设想——如果事物可以通过一种转化的方式发展会怎么样呢？通过分析，我们画了一张与尼尔路线图中 4 个步骤相对应的图。这张图展示了每一种连续的技术将如何以更快的速度增长，当它赶上前一种技术时，前一种技术可能会趋于平稳，形成尼尔在第 3 章中提到的 S 形曲线。精确的轨迹不能被精确地指定，并且图形不能按比例缩放（我们不能使它既适合于页面又指示前两条曲线的形状）。我们的目的是详细说明并预测不断加速的变化浪潮。

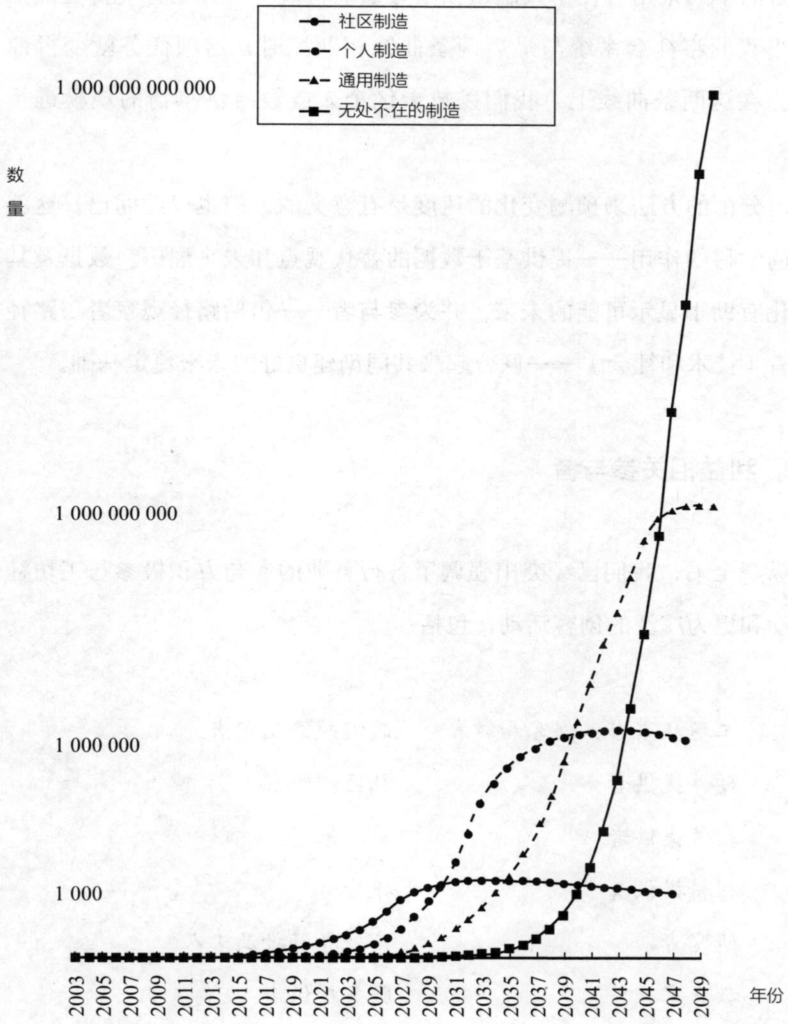

图 6-16　随着时间推移的第三次数字革命的 4 个阶段。乔尔·卡彻－格申斐尔德绘

这个数字表明了社会挑战的规模和范围。个人、组织和机构在跟上社区制造速度方面面临着挑战，因为他们必须确保数以万计的社区“数制”工坊的成功。当我们试图追赶下一个曲线——个人制造，并需要使

几百万的早期采用者在个人制造技术方面取得成功时，任务变得更加困难。当我们将社会系统与最后两条曲线相匹配时，这项任务就变得惊人了。在这两条曲线上，我们以数十亿个人或数万亿事物的规模进行运作。

用分析的方法来预测变化的速度是有意义的，但也仅此而已。这就是不同学科的作用——提供基于数据的替代观点和未来展望。数据及其可视化有助于显示可能的未来，并为参与者——包括路径观察者与路径创造者（技术和社会）——联合起来共同创建更好的未来奠定基础。

联盟：利益相关参与者

纵观全书，我们已经突出强调了各行各业的参与方积极参与工坊社区活动和更为广泛的创客活动，包括：

工坊从事者、创客和骇客	政府政策制定者
硬件提供者	社区组织者
软件提供者	慈善家
材料提供者	投资者
研究者	产业界领袖及工人
教育家	服务提供者
媒体领袖	家庭

在致力于使所有参与方形成联盟的过程中，由于大部分参与者仅被包含在局部的名单中，所以，就连具体列举参与方的类别目录都是极具启发意义的。所以，回过头来考虑整张列表是我们行动的第一步。第二

步就是有更深的理解：这些团队并不是完全孤立的，许多个体通过不同的特征与不止一个团队联系在一起。此外，这些参与者的利益——一些人称之为数字制造的价值定位——既相对和谐统一，又互相矛盾，而且所有这些利益都是动态的。在这种情况下，要想有改变，就要求有足够的联盟，从而促成集体行为。不可避免的是，最初只有一小部分的参与者在某些利益上达成了一致。很快，我们的小和谐催生了大妥协。

乔尔的研究团队将参与者联盟定义为“独立而又相互依存的个体、团队和组织联系在一起以推进他们各自和共同的利益”。这种说法和大多数人使用“参与者”一词的方式十分不同。通常人们谈论的是“参与方管理”和“参与方参与”。当人们说他们需要进行“参与方管理”时，意味着需要中和一下意料之中的对于某些政党的反对意见。当人们说需要进行“参与方参与”时，意味着将某些提供必要支持的团体囊括进来。“参与者管理”和“参与者参与”都很重要，却不完整。另外，我们需要建立参与者联盟。这是一个动态的过程，可能将会形成“共同利益”及“相对竞争对立利益”的混合体，需要通过不断的对话、观察、协商和磨合来维系。权力差别以及其他动态因素也要被考虑进去，这个动态的过程一直持续到足够的既独立又相互依存的团体达成一致并支持集体行为的时候才会结束。

小和谐催生大妥协

尽管全球大部分的数制参与方制订了广泛的、部门范围内的目标，比如确保数制接入以及读写能力，但也有些更小的参与者团队经常制订具体的目标，以获取短期的利益，增加动力。当成群的参与者认为大部分的利益是可以协商的时候，突破最有可能发生。尽管有些红线无法跨越，但是历史告诉我们：当新观点被认同，情况有所变化时，利益也能改变。最终，社会体制是行为模式化的产物，包括模式化的协议。建立在参与方为了各自的利益而进行的对话之上的联盟与小和谐可以随着时间不断累积而形成大妥协，从而解决社会面对的挑战。因此，建立在许多小和谐之上的大妥协，反过来，也依赖于参与者及其利益的建设性整合。

正如格拉布尔基金会的格雷格·贝尔在谈论重构学习的萌芽时所指出的："很多共同的影响来自许多通过网络做出的微小决定。"我们通过各种灵活的、小规模的赠款，鼓励参与者承担风险并共同试验，取得了进展。慢慢地，这种方式催生了许多深刻见解、规划以及积极性，这些举措帮助大匹兹堡地区形成了重塑教与学的未来的更大愿景。

在小和谐催生更大的目标与人类心理学和游戏设计的交叉之间同样存在着有趣的关联。匈牙利心理学家米哈里·契克森米哈研究出"心流"的概念。他发现当一个人觉得自己能力较低而任务较难时，这个人就会感到焦虑沮丧；然而，如果一个人的能力较强，任务难度较低，这个人就会感到无聊，自由散漫；当能力与任务难度系数大致成比例，尤其是人们为对个人有意义的目标而努力时，人们就会进入一种流畅的状态。米哈里·契克森米哈在他的《优秀商业：领导力、流动、创造意义》(*Good Business: Leadership, Flow, and the Making of Meaning*）一书中将"心流"描述为一种在规定的活动和情况中专心或全神贯注的状态——在这种状态中人们是最开心的。

因为现在的游戏都给予玩家代理权，让他们做决定，并且为其提供持续的反馈，帮助他们掌握游戏（以游戏的目标为背景），所以游戏设计者特别擅长设计流态。他们还学会了设计集体流，在这种状态下，团队可以持续承担更小的挑战，催生更大的目标。大的社会议题，如解决气候变化或者确保“数制”的普遍适用性，都是势不可当的。因此，将这些巨大的挑战分解成可实现的步骤至关重要，每个人都觉得他们的行动很重要，他们正在发挥作用，他们是朝着共同目标前进的一部分。

建立信任

在匹兹堡，“重塑学习”成功的另一个关键因素是优先考虑通过非正式的社会交往建立信任。事情从煎饼早餐开始，随着时间的流逝，每一项活动都吸引了越来越多的人，因为人们能够通过自己的个人交际网络与别人联系，并且这些人将会带来两到三个他们认为必须到场的人。

为了确保团体建设充分发挥其潜力，社区、地区甚至整个国家都需要类似煎饼早餐的东西。例如，当一个由“数制”工坊或创客空间组成的网络出现时，关于其使用的术语经常存在争论：“数制”工坊、创客空间、骇客空间，或者一些包罗万象的涵盖性术语。争论不仅仅是关于文字的——这些术语中包含的文化和操作实践是相关的，但是在不同的领域中又是有区别的。

社区数字制造的潜在主人之间也可能会存在争论。主办单位是图书馆、K–12 学校、社区学院、大学、博物馆还是独立的社区中心？如果在这 6 个可能的选项中有一个均匀的分配，那么这个愿景会被妥协或推进吗？大学通常拥有丰富的资源，但不能总是提供开放的访问权限。社区中心和图书馆有开放的访问权限，但通常没有使用新技术和复杂技术的经验。最终，建立和有效运行本地工坊的一个基本要素是有足够的时间在参与方之间建立信任和清晰的沟通。

本着这种精神，当成功依赖于既独立又相互依赖的参与方之间的一致行动时，花时间建立信任和尊重的文化是至关重要的，这样可以使每个人都能团结协作地解决问题——但每个人仍然尊重每个组织的独立目标、能力和束缚。当然，在某些情况下，他们的利益不但不同，而且相互对立。

《永不孤单》的背后故事说明了在不同参与方之间可以通过共享利益来建立信任。在游戏开发开始之前，库克湾部落理事会和电子线传媒花了数月的时间来建立信任，进入彼此的世界，了解彼此的家庭和社区。作为合作伙伴，这两个组织都致力于设计交易条款，以确保双方在共同面对一致的影响和财务目标时处于同样的位置。通过这种方式，当出现挑战时（许多人确实遇到了挑战），合作伙伴可以利用各自不同的视角和技能共同解决问题。其结果不仅是一款成功的、令人回味的电子游戏，还是一种更深层次的合作关系，包括与数字制造相关的产品和服务在内的一系列活动。

减少偏差

正如我们在第 2 章中所描述的，“数制”工坊、创客、骇客、科技工坊和其他相关社区确实有共同的利益，但也有不同的优先级、方法论和社区规范。理解这些差异很重要，因为系统变化的一个基本原则是，必须先减少偏差，然后才能通过集体行动加以改进。图 6–17 显示了一个假设的飞镖游戏，有助于说明这一点。

在这个游戏中，左边的玩家在这个回合中得分更高。然而，右边的玩家更容易被指导（飞镖击中的位置只是稍微移动一点儿）。相比之下，如果左边的玩家被要求上升一点儿或下降一点儿或向左（右）移动一点儿，结果说不定就大不一样。通过类比，要改进与数字制造相关的非常多变的社会系统，首先需要减少变化，即使是在早期阶段，也应如

图 6-17　假设的飞镖游戏说明了改进可变系统过程中面临的挑战。乔尔·卡彻 - 格申斐尔德绘

此。但如果你不了解参与方和他们的利益，以及这些利益如何随时间改变，你就无法减少变化。在这本书中介绍的许多 z-flowers 中，方差都很高（实际上是双峰的）。改进不能仅仅集中在移动手段上。（当然，如果你不知道靶心在哪里，那么左边玩家的方法是有用的。减少变化总是与保持思想的多样性相平衡。）

根据我们对参与方联盟的分析，我们确实发现了一些关键点。在我们采访的所有数制参与者中，我们发现，在应对两个关键挑战方面，各方立场非常一致：通用数制访问和素养的普及性。对“数制”工坊开放访问的优先考虑反映了这一点，智造宪章也明确强调了这一点。实现通用数制访问并非易事，需要在不同的群体、组织和机构之间进行协调和持续的努力，重要的是一个赋能的生态系统的支持。

培养：赋能的生态系统

一旦参与方了解预计的变化速度，并围绕共同的目标（如通用数制访问和读写能力）进行充分的协调，行动的关键机制就集中在培育赋能的生态系统上。赋能的生态系统可以帮助人们以指数级的速度促进共同利益和操纵相互竞争的利益。

在第2章中，我们认可了培育一个赋能的数制生态系统的必要性，这是实现通用数制访问和素养普及这一宏伟目标的一个挑战。我们特别强调了这样一个数制生态系统的某些基本要素，包括：

> 公众、私人和慈善家为"数制"工坊项目提供资金的多样化组合；
> 在工坊内部和工坊之间进行有效的协作和知识共享；
> 广泛分布的数字制造指导和领导；
> 为数制产品和服务提供开放和健全的市场；
> 机敏的管理机制与新兴的数制社区的价值观一致。

没有这些要素（每个要素都可以被视为有自己的生态系统），数字制造技术将无法扩展其性能，也无法与尼尔的路线图保持一致。这将大大降低我们利用数制技术改善社会的能力，同时也增加了破坏稳定的数制鸿沟的可能性。

培育一个赋能的数制生态系统需要自上而下的扩展计划以及自里向外和自下而上的传播。自上而下的扩展对于大规模的基础设施和研究投资是必要的，而自里向外和自下而上的传播则对于给予各种各样的全球参与方在不同的区域环境中的动机、兴趣、技能和操作权限是必要的。自上而下的模式是常见的，而培育生态系统是新事物。培育生态系统的工作是一个广泛共享的机会和责任。所有参与方都需要像系统架构师一样思考，因为他们的分布式培养行为实际上是在创建生态系统。

在概述培育赋能的生态系统的总体战略时，我们首先从政府和大型非政府组织着手，它们有能力开展超出大多数组织和个人范围的活动

（类似于发展互联网的早期关键投资）。与这些公共利益机构的作用并行的是私营部门的作用（类似于英特尔和其他数字先锋公司的早期投资）。大学（以及社会和技术）和社会企业家等领域的创新者构成了生态系统的第三条支柱。这些参与方的结合不是一次性的，而是持续的，这使得我们在通用数制访问和素养普及（我们的主要关注点）的基本挑战，以及其他一些基本挑战（如风险消减）中取得进展。

政府和非政府组织

有些倡议只能在政府和大型非政府组织提供的规模和范围内进行。虽然其中一些计划需要从零开始，但许多计划可以建立在现有的数字访问和素养普及倡议之上。这些举措已经建立了多个参与方的合作关系以及关键的基础设施，并可能成为第三次数字革命的重要加速因素。

世界银行的全球互联倡议就是一个相关的国际例子。该倡议的目标是到 2020 年实现 15 亿人联网。重要的国际人力、政治和金融资本，以及跨部门的参与方已经开始联合发展这一倡议。发起这项倡议需要人们建立长期信任，以确保每个人都能从基本的数字技术中获益。同样，美国前总统奥巴马的“联网计划”（“联网计划”是美国联邦通信委员会 E-Rate 计划的一部分）希望，到 2018 年，将 99% 的美国学生与教室里的高速宽带连接起来，该计划目前已经取得了实质性的进展。政府和非政府组织的领导人可以在这些和其他数字接入计划的基础上，加快数制的访问，而不是从零开始。

针对制造空间的政府举措可加速提上日程。比如由议员比尔 · 福斯特提出的、在第 1 章中描述的美国国家“数制”工坊网络。在经常产生分歧的美国国会中，这是一个真正的被双方拥护的倡议，是一个罕见的例子。由于数字制造代表了新一代的制造方法，其能力仍然是地方性的，但知识共享是全球性的，它打破了全球连接和局部自给自足之间的错误二分法，让公众清楚地看到这些好处是至关重要的。当我们询问在白宫科技政策办公室从事教育和技术问题工作的库马尔·加格关于建立对数字和数制访问的支持时，他表达了通过访问使人们在情感上产生联系的重要性：

> 重要的是要讨论日常生活中真正引起人们注意的现实情况，比如孩子们坐在麦当劳的停车场中上网做家庭作业，因为他们在家里没有网络。我们要确保网络访问是一项有价值的公共投资，而且在技术成型的早期阶段，通过设计来构建包容性要容易得多，而以后要这么做就难得多了。

随着数字制造技术的发展，政府和领头的非政府组织的作用将不断演变。如今，这些机构可以利用它们独有的能力（召集、宣传、激励，在某些情况下，还有提供资金）来扩展社区和学校“数制”工坊的网络。它们还可以利用它们的能力，促进基础研究，以帮助数字制造路线图后期阶段的发展，目前，技术是速率限制因素。

慈善影响力投资

要增强“数制”和素养的普及性，就需要大量来自不同资源的投资。但是，这些投资并不能充分发挥作用。慈善和公众投资可以直接关注这些社会目标，但它们只是有效的催化剂，而不是可持续的支持源头。传统意义上，慈善及私人投资被视为两个极端，前者追求社会影响力，后者则注重市场。现在还有第三种投资，即通过市场机制创造社会影响力的社会企业型投资。以上这些对于迎接增强“数制”普及性和提高“数制”素养的挑战至关重要。我们在此节对上述问题进行细致的描述，以便为“数制”工坊社区进行更好的导航。

先说慈善投资，这将是一个可以让一个先驱慈善机构或一个新兴的家庭基金成为社区和学校“数制”工坊的“卡内基”的很好的机会。正如前面提到的，支持开放公共图书馆的卡内基模型与支持社区开放公共“数制”工坊是一个道理。尽管卡内基在他的商业实践中常常表现得很残酷，但在慈善事业方面他的贡献却非比寻常。在几十年的时间里，他资助了2 500多家图书馆。在卡内基之前，公共图书馆的概念并不普遍，后来，卡内基将在每一个城市和乡镇设立一个公共图书馆变成了一种自然的假设，而这个假设已经存在一个多世纪了。我们也期待一个有远见的慈善家可以在社区及学校建立“数制”工坊，以及产生一个类似的转变。

据《福布斯》估计，全球有1 800多名亿万富翁，总财富达7万亿美元。在这些亿万富翁中，有超过130人已经向盖茨－巴菲特承诺，将他们的大部分财富捐给社会。这些亿万富翁中的许多人在前两次数字革命中赚了大钱，他们对利用新技术造福社会很感兴趣。许多人希望支持教育和社区的发展及创业精神，并希望对社会产生持久的、积极的影响。为当地、地区、国家甚至全球的“数制”工坊提供资金，是宏观上可以满足的要求。本地、国家和国际的慈善事业对“数制”工坊最初10年的发展至关重要，这10年间的主要关注点就是建立并维持个体的“数制”工坊。现在是时候进行更雄心勃勃的慈善活动了。

随着公共社区和学校“数制”工坊数量的增加，我们可以从卡内基图书馆计划中学到更多的经验。密歇根大学信息学院前院长约翰·莱斯利·金提醒我们，在卡内基计划的早期阶段发生了什么：“在卡内基开始在北美各地建造图书馆几年后，它们却成批地失败了。”卡内基图书馆委员会要求专家找出原因。报告指出，失败原因是没有图书馆员，而没有图书馆员是因为没有图书馆学校！技术（材料和建筑）是必不可少的，但光靠技术本身是不够的。一定要有人能够构建和维护系统。在许多方面，图书馆科学学院（其中许多学院已更名为信息学院）是早期的赋能平台。它们提供赋能实践课程，为社会提供合格的指导者、教练和导师。

除了投资在数制产品和服务的私人资本和慈善投资外，还有另一种类型的投资，即有关键的可持续元素的社会影响力投资。社会影响力投资有多种：双重底线（金融、社会）投资，三重底线（金融、社会、环境）投资，混合价值投资，项目相关投资，任务相关投资和其他新兴模式。社会影响力投资确保了投资者和企业家之间的联盟，允许市场发展和社会影响共同进化。

如今，大多数社会影响力投资都聚焦于社区发展、环境，以及日益增长的劳动力发展和教育。尽管数字制造涉及上述所有领域，但该行业并没有受到大多数社会影响力投资者的关注，许多数制行业的社会企业家也没有意识到社会影响力投资领域的影响正在不断扩大。为了帮助解决这一问题，填补这一知识缺口，我们提供了关于社会影响力投资生态系统的高级概述。

社会影响力投资的范围从通常投资于从事社会影响事业的初创企业（一般在53美元到300万美元之间）的投资圈天使投资人，到奥米迪亚网络那样的社会影响风险投资基金（eBay的创始人皮埃尔·奥米迪亚发起），再到贝恩资本的3.9亿美元的双重影响基金（由前马萨诸塞州州长帕特里克领导）那样的具有社会影响力的私募基金，现在已有成百上千种，很多都是由完全集中在社会影响力投资上的全球影响投资网络

（GIIN）和诸如 SoCap 这样的会议牵头的。

越来越多的主要的慈善机构也在探索社会影响力投资工具，包括与任务相关的投资（MRI），基金会使用它们的捐赠基金（投资组合）来推进它们的慈善使命。福特基金会主席达伦·沃克最近宣布，在未来 10 年里，该基金会承诺为与任务相关的投资提供高达 10 亿美元的资金，其他许多公司也在效仿。与计划相关的投资（PRIs）是一种投资方法，基金会从它们的资助机构中寻求帮助，使它们的影响力投资组合多样化，同时吸引新的社会企业家，扩展或回收它们的资本。与计划相关的投资（PRIs）有各种各样的形式，从低利率贷款和贷款担保，到具有影响友好条款的股权投资。

由于许多基金会和社会影响力投资者具有较低的风险承受能力，尤其是在新领域运营时，而数制生态系统提供了一些风险较低的投资机会，比如与数制相关的服务。最重要却最缺乏吸引力的内容是建立一项工坊的物流服务，购买必要的保险和许可，维护和升级设备，确保安全，使所有其他工坊的日常运行符合操作要求。解决这一挑战也同样是培养一个赋能的数制生态系统的关键因素。在很长一段时间里，雪莉·拉斯特和她那不知疲倦的全球研究生团队将扮演这个角色，但他们并没有扩大自己的规模（事实上，学生毕业了）。这就是智造基金会成立的原因，它很适合成为这些服务的平台。因为已经有了对这些服务的需求，其他人可能认为这是一个低风险的投资机会，可以产生早期收益。

研究的迭代循环

赋能的数制生态系统的核心是持续的技术进步，确保拉斯定律保持其指数增长轨迹。尼尔和他的同事在比特和原子中心进行的基础研究，以及世界各地类似研究机构的工作，对实现这一目标至关重要。延续这一规律需要扩大对基础数字制造研究的支持，在基础研究和应用研究之间建立一个强大的迭代循环。要确保这项技术以加速“数制”工坊的普及，就需要将科学和社会科学研究结合起来。

在大学、政府和个人研究实验室的现有结构和文化下，使高等教育的各参与方达成一致是一个相当大的挑战。正如我们在第 4 章中提到的，在这些领域中存在激励因素，以及推动保守行为、削弱集体行为的因素。尼尔必须建立比特和原子中心来做他所做的事情——不适合任何既定的学术范畴。在自然科学研究和社会科学研究之间也存在着分歧。所以，在研究社区内部（或跨研究社区）建立一个更健全的生态系统，促进数据、工具和模型的共享，促进跨学科合作，并开创新的组织和机构模式，就可以创造一个新机遇。

美国教育部 STEM 教育前执行主任、前美国国防部高级研究计划署项目官员拉斯·希林回应：“研究处理固有的噪声数据，如行为科学和教育，可以极大限度地从迭代的研究实践中获益，消除基础和应用研究之间的脱节。”正如拉斯所言，基础研究和应用研究之间的脱节是社会科学特有的现象。弥合这一鸿沟——将路径观察者和路径创造者的工作以及科学家和社会科学家的工作结合起来，将在非常多样化的生态系统中实现协同作用，从而影响研究的重点，以及研究如何将其转化为早期产品和服务。

社会企业家

对于缺乏政府、非政府组织和主要的慈善机构资源的数制社会企业家来说，有一个很好的机会，可以通过各种平台、工具和实践来传播思想。目前，数制生态系统中存在着巨大的鸿沟，理想情况下，这些鸿沟可以由专注于扩大影响力的企业家来填补，这些企业家可以利用授权与被授权的分布式的网络、坚定的参与方以及数百万参与者进行填补。

我们在这本书中介绍的许多数制先驱（世界上任何其他地方的人）都在研究那些有潜力成为全球变革生态系统的项目。当这些具有相同核心目标的生态系统出现并与看似不可逾越的挑战（如通用数制访问）相结合时，就会变得不那么势不可当。例如，如果阿莉西娅·加姆勒薇兹女士能够开发一个有效的平台，获得相关的工具，提供资源，共享当地“数制”工坊资料，而约各什·库尔卡尼能够做同样的事来发展分布式乡村数制能力，迪娜·埃尔－赞法利做同样的事来发展数制素养，那么这些生态系统中的每一个都能显著加速彼此的发展。这些数制先驱可能选择创建新的生态系统，也可能选择适应和扩展其他数制先驱开发的平台。

社会企业家有很多机会利用新兴技术，这些技术可以成为一个赋能的数制生态系统的强大元素。例如，增强现实技术以及新的位置感知技术。目前，许多分布式的数制指导是通过视频会议完成的，而视频会议存在容量问题。随着时间的推移，“增强现实”解决方案可以作为更具伸缩性的模型。同样，在虚拟现实中创建模拟的“数制”工坊环境也有很大的价值，在虚拟现实中，没有数制访问权限的个人至少可以获得虚拟体验。新的位置感知技术也可以在分层的数制系统中发挥关键作用。多层次和分布式的工坊阵列可以集成到一个感知位置的应用程序中，该应用程序可以跟踪数制能力，并在任何给定的位置上开放访问权限。该应用还可以提供关于如何启动一个“数制”工坊、一个支持数制的创客空间，或一个可以随时间增长的单机设备数制能力的建议。这将是一个有利于生态系统的宝贵补充。

两个个例

促进培育赋能的数制生态系统的两个具体方面可以用来说明智造者联盟的平台和数制素养。这两个领域可以映射到乔尔和艾伦正在做的事情。这些个人的例子只是众多相关例子中的两个，它们说明了来自不同学科的人如何为数制生态系统创造价值。

在这本书中，我们强调了许多独立但相互依赖的参与方需要在共同利益的基础上实现目标，同时兼顾可能发生冲突的利益。为了帮助实现这个联合过程，乔尔有一个目标，那就是在复杂的生态系统中为参与者的联合开发一个平台。他和他的同事开发的可视化及其数据分析朝着这个方向迈出了一步。这样的平台将支持在适当尺度级别上对不同类型的参与方进行规范，以及识别相关的利益（什么处于险境）。然后，这样的平台将支持所需数据的收集，使平台的架构师能够看到哪里有一致或不一致的点。这将有利于我们得到易到手的果实，避免死角，并为复杂地形提供导航。

一个很好的例子是，这样的平台可以成为一个强大的加速器，它围绕着参与方的联合来支持共同的标准和协议。这反过来又能在目前分散的开源和专有硬件和软件生态系统中实现更好的协作。由于技术是不断发展的，所以对一致平台的使用将是一个持续的过程。另一个关键的合作点存在于数制访问的公众投资者和私人投资者之间。这不仅可以避免重复，还可以对已被证明的影响（影响投资者的必备条件）和投资生态系统的其他促进因素进行横向调整。实际上，一个参与方联盟平台可以被看作一个平台倍增器——使其他需要的平台的开发更快、更有效。

这样一个平台可以利用的另一个领域是帮助不同的参与方实现不同层次的抱负和能力。例如，一些参与方致力于成为系统架构师，而另一些人可能愿意也可能不愿意承担这个角色。相反，他们可能更喜欢在别人开发的平台上成为被授权和授权的中间者的一部分，而这个平台能实现他们的愿望。拥有平台、工具和过程的生态系统使代理成为可能，但不是每个人都希望在给定的生态系统中拥有同样程度的代理。他们中的一些将成为架构师，一些将成为被授权和授权的中间人员，还有一些将成为分布式贡献者。如果有一个支持参与者联盟的平台，那么它实际上就是一个元平台，加速了赋能的生态系统中许多其他平台的开发。

在提高数制素养方面，数制学术为水平高的学生的智造能力进行了充分优化。在不同年龄、不同技能、不同地区的人群中，需要多种形式的正式和非正式的学习轨迹来培养良好的素养。这些课程需要以实践、基于项目的学习为基础。在这一领域，有一些见解认为，新兴的基础学习社区受益于那些在过去 10 年中开发了游戏基础学习平台、工具和实践的人。这是艾伦研究的领域。

基于游戏和基于场景的学习都涉及人们通过实践来学习的项目。当这两种方法得到有效实施时，就可以为高度协作和被动驱动的学习提供环境，并将其连接到实际的工具和实践社区。数字制造是困难的，但是坚持不懈的努力仍然可以吸引人，让人充满力量，并且令人振奋——这是一个好的游戏设计面临的核心挑战。玩家们正在不断地学习掌握复杂的、技术介导的体验，以实现他们个人投资的目标。好的游戏提供了一种微妙的平衡和奖励来驱动玩家的深层次参与，使玩家能够按照他们自己的步伐前进，及时获得关键的知识（而不是仅仅为了以防万一），并根据游戏、同行、导师和社区的大量反馈进行迭代。基于游戏的学习和数制素养之间的这种联系是电子线媒体、智造基金会与比特和原子中心之间合作关系的核心。

越来越多的个体和组织开创了“虚构学习”的新方法，通过开发平台、工具和实践来共享项目想法、教师专业发展评估的所有内容的机会也越来越多。在这种情况下，评估更多的是关于构建一个基于个人和团队的项目组合，而不是与真实环境分离的高风险测试。正如尼尔在第1章中强调的，数制投资组合已经成为数制学术认证过程的一个组成部分。这可能适用于所有教育水平。

嵌入式生态系统

与参与方联盟一样，培育生态系统不是一项一次性的任务，而是一项持续的成就。此外，它还涉及多个嵌入的生态系统，各个生态系统在某些方面是独立的，在某些方面是相互依赖的。此外，它们作为一个分层的系统来运行，在这个系统中，支持平台、工具和实践以类似但不同的方式为个体、社区和全局系统工作。

虽然需要自上而下的促进措施，但我们也强调在模型中培育生态系统，因为这是使社会系统跟上技术变革的步伐的关键。这些自下而上的、关键的、中间的变更过程（使用平台、工具和过程）使社会和技术的共同进化成为可能。此外，还可以考虑其他社会技术生态系统，如人工智能、机器人、生物医学和自动交通，它们与更广泛的社会和技术的共同进化有关。

正如在秘鲁的亚马孙丛林中长大、在亚马孙地区流动的专门研究区域生物多样性的“数制”工坊的建筑师贝诺·华雷斯所观察到的，的确，我们甚至可以想象与生态系统的共同进化。该工坊正致力于用丛林中的营养物质和检测水污染的传感器来“打印”健康饮食的可食用部分。正如贝诺所指出的，“流动的‘数制’工坊与城市相比，有着不同的丛林生活方式。”在丛林中你的体重会发生变化。你觉得自己与这个星球的联系更紧密了。他补充说，亚马孙流动“数制”工坊是“技术和当地文化的结合，它创造了一种新的潮流。”

共同进化：技术和社会

第三次数字革命不会孤立地发生。路线图将在一个经济、环境、人口和社会政治变化并存的复杂的世界中展开。它将影响更广泛的经济趋势，如技术失业和技术全球化、人口老龄化和大规模移民等人口趋势、气候变化和资源枯竭等环境趋势，以及两极分化和僵局等政治动态。与自然界的共同进化过程不同，技术和社会的共同进化涉及选择和行动。这不仅是驾驭波动的问题，还涉及共同进化的方向和影响——这并不容易做到。共同进化在一个持续的变化周期中利用了模型的三个部分——预测、结盟和培养。

在经济变化中，最紧迫的共同进化动力来自每个人智造（几乎）任何东西的能力，以及与加速发展的技术相关的不断增加的工作岗位。在2015年出版的《机器人崛起》（*Rise of the Robots*）一书中，马丁·福特指出，不断进步的人工智能、自动化和机器人技术将越来越多地取代蓝领和白领的工作，而工作岗位的减少将反过来减少税收收入。这种“飙升的技术失业”、收入和财富不平等的加剧，再加上支持人口老龄化和应对气候变化影响的成本不断上升，可能会导致社会恶性循环。在这种情况下，人性中最坏的倾向将被流离失所者的绝望和愤怒所放大。

如果这条轨迹得以展开，第三次数字革命将成为解决方案的核心部分。福特和其他许多观察人士一样，认为科技行业正在加速裁员，他建议采用某种形式的基本收入保障，并精心调整激励措施。尽管这一建议引起了严肃的政策辩论，但这一解决方案面临的最大问题之一是解决失业带来的尊严和目标丧失问题。然而，如果一个基本的收入保障也伴随着数字制造培训，使人们越来越多地生产他们消费的东西，那么经济和社会心理都有机会受益。它不是“后稀缺经济”，而是“后薪酬经济”。

在这种情况下，这是一场比赛。数字制造要赶上和超越技术进步的步伐并不容易。然而，如果我们将其变为现实，我们就能看到数字制造技术的能力有 10 亿倍的提升，那么就可能赢得这场比赛。这需要人们在一个存在严重分歧的社会中做出一致的努力。它将改变游戏规则——社会的制度，这一改变既可怕又充满力量。在这 8 个理想的场景中，我们看到了城乡自给自足、社区能力和学习、使用当地材料解决当地问题、文化转型和创业创新的结合。总之，这些场景与自动化、失业和购买力下降形成了对比。

正如第 4 章中介绍的，1984 年，迈克尔·皮奥里和查克·萨贝尔在“第二产业分化”中的分析表明：在过去的产业分化中，先前的制度并没有消失。随着大规模生产的兴起，工艺生产并没有消失；大规模生产的机器需要它，但它已不再是主导模式。如果分布式数字制造确实以指数级的速度增长，那么跨国公司、服务运营、金融市场和创业计划的作用将继续下去，在分布式数字制造的背景下越来越明显。

除了要面对第三次数字革命对经济的影响之外，人类还需要与自然环境共同进化。对第三次数字革命影响最大的是耗材和供应链。如果在“数制”工坊中出现了使用当地环保材料的平台，那么将会有重大的环境效益。如果不是这样，那么“数制”工坊的指数增长可能是一场环境的噩梦。让数十亿的人对不环保的塑料（或其他不可再生的、稀缺的资源）进行修补和反复使用肯定是不可持续的。为了我们这个星球的健康，我们需要努力建立一个生态系统，使用环保的消耗品和可重复使用的数字材料。

气候变化（和政治冲突的）的另一个新含义是流离失所者和难民的

日益严重的危机。联合国难民事务高级专员估计，世界各地有6 500万难民、寻求庇护者和国内流离失所者。难民营和临时社区的数字制作可以为建立技术技能和培养协作文化提供多种好处——模块化的、快速部署的庇护所、家具和其他基本需求。

在理想的设想中，布莱尔·埃文斯在底特律追求自给自足的模式很容易转移到难民营，在那里，设计和建造低成本住房的能力，可能成为难民和流离失所者的救生能力。此外，在难民营中培养这些能力的个体，也许能建立投资组合，提交给技能认证平台，给他们返回家园或移民到新社区的机会。同样，一些沿海社区的人因气候变化而流离失所，这为他们在内陆重建社区的想法提供了独特的机会。我们知道，离开家园会让人感到痛苦，但引入机会以提高能力、重新开始，可能会缓解这种感受。在全球人口不断增长的时代，数字制造可以成为技能、能力和可持续发展的新支柱。

随着人口结构的变化，老龄化在某些方面已经成为数字制造世界的一部分。许多“数制”工坊的年龄分布是各种各样的——从小孩到退休人员。因为许多退休人员正在寻找丰富的、具有社交性的和有意义的活动，“数制”工坊可以为这些拥有终身创客技能的老年人提供做导师的机会。（相反，年轻人可以在新数字技术方面培养退休人员的重要技能）我们已经看到许多数制项目集中在移动设备、物理援助和其他项目上，这些项目对“婴儿潮”一代来说是有用的。考虑到美国退休人员的数量预计将从2012年的4 310万人增加到2050年的8 370万人，人们迫切需要通过观察、调整和培养来实现共同进化。

考虑一下在上次经济衰退中遭受重创的一个经济部门和相关社区会发生什么。从2007年到2010年，美国汽车行业解雇了20多万工人，其中许多人提前退休。他们中的大多数人都知道如何使用机床。这是一个很好的机会，让他们在各自的社区新设立的“数制”工坊中工作。然后，我们可以策划新的操作方法（使用支持平台），一次完成三件事。首先，对于退休人员来说，我们将提供一种有意义的、丰富的后职业经历——这将重新定义“退休”的意义，而这种情况正在社会上广泛发生。其次，这些人可以应用梅尔·金的“学习教育，教学”的过程。金让高中生在工坊里学习如何操作，这样他们就可以教初中生做同样的事情。对于退休人员，类似的做法将涉及代际共同创造和对话。第三，衰退的经济部门和退休人员不再是社会的负担，而是社区振兴的中心。共同进化实际上是跨越几代人的社会的再生。

政治上的两极分化和僵局，以及更广泛的社会问题在前两次数字革命中被放大了。造成这种两极分化的一个原因是“回音室”，这是一种社交媒体，人们可以在这里与和自己同样的人交谈，因此，人们与想法不同的人的互动越来越少。与虚拟社区不同的是，在“数制”工坊的项目中，经常可以看到背景和身份非常不同的人并肩工作。在菲亚特克莱斯勒的理想场景中，我们引入了“边界对象”的社会科学概念——它位于不同社区的交汇处，并使跨越边界的桥梁成为可能。我们说过，“数制”工坊是边界事物，而在工坊进行的项目本身也是边界事物——跨社区的大型桥梁中的小桥梁。

通过观察“数制”工坊和数制项目之间的桥梁作用，我们可以看到深受社会两极分化困扰的人们之间的合作机会。然后，他们可以通过考虑社区的多样性来培养“数制”工坊的能力。然而，共同进化是复杂的。总部位于英国的国际扶贫组织乐施会（Oxfam）在2017年发表了一份题为“99%民众的经济”的报告。报告指出，“从尼日利亚到孟加拉国，从英国到巴西，人们厌倦了被政治领导人忽视的感觉，数百万人正动员起来推动变革。”该报告还说，“在过去30年里，每10人中就有7

人生活在不平等日益加剧的国家。”在那些收入不平等日益加剧的环境中，“数制”工坊可以提供一些可供选择的经济途径，以缓解这些分歧；或者最终为那些更幸运的人服务，从而加深分歧。

另一方面，在一些国家，中产阶级正在壮大，收入不平等正在缩小。在那里，新一代人有时是第一次看到“下一代人做得更好”的前景。在这些情况下，数字制造正经历着一种不同的潮流。关键是，要在任何有合作精神的人进入社会的地方培育共同进化的能力，使人们从把“‘数制’工坊考验”当作化解某些社会分裂的紧张局势的解药，到建立一个“数制”工坊，以加强其他人的阶级利益。

在所有这些共同进化的场景中，过程是相同的。我们从预测、调整和培育使生态系统能够在运动中共同进化的能力入手，内容包括数字制造技术与相关社会系统之间的有限的共同进化，以及数字制造与广泛社会挑战之间更广泛的共同进化。数字制造的路线图将不仅局限于它自己的工坊世界，还将影响经济环境、人口和社会政治趋势。同时，路线图也会受到它们的影响。

组织与机构自建

如果机器能够制造机器，那么组织和机构很可能需要以类似的方式共同进化，这就提出了一个有趣的前景，即组织建立组织，机构建立机构。如第 3 章所示，可靠性、模块化、局域性和还原性的概念使机器能够制造机器（并进一步以指数级速度扩展到数字材料及可编程材料的领域）。我们可以把这些概念应用到社会系统中吗？

从科学到社会科学的类比，有一段复杂的历史，但在这里，它不仅仅是一种平行的措辞。当技术和市场从手工艺转向大规模生产时，组织和机构也发生了变化。如果技术和市场以数字制造为导向，也会发生类似的共同进化。但这并不是关于技术的决定性论证。我们可以选择如何实现这一点，在这个过程中存在一些限制。毕竟，社会系统中的人具有能动性（以及独特的人类偏见和缺陷）。但是，如果该机构能被理解并受到重视，这种缺陷也可能是一个有益的特征。

数字科学的一个特征就是模块化，相对而言，我们对模块的装卸并不陌生。第二次数字革命的组织已经在以团队为基础的工作系统和以项目为基础的活动中形成，在这些活动中，人们会相对轻松地进行组装和拆卸。我们还看得到，模块化工作空间的日益流行也体现了这种模块化。在模块化工作空间中，初创企业可以随着规模的变化而轻松租用空间，并磨炼自己的专注力和策略。这个装配和拆卸的过程确实需要一套专门的协调技能、敏捷的项目管理者，以在变更过程中减少危害。同样，各种各样的合资企业和其他形式的合作组织也允许更宏观的装配和拆卸形式。在社会的机构一级，越来越多地使用财团和其他多个参与方的倡议，可以作为促进变革的催化剂，而这种变革在现有的机构体制范围中是不会发生的。这些更灵活的操作并不能完全匹配信息的组装和分解，但是它们确实有一些相似的属性。此外，在组织和机构中进行组装和拆卸的经验是第三次数字革命的关键，随着变革步伐的加快，可能需要更大规模的组装和拆卸。

模块化对领导者的吸引力是显而易见的，尽管对于那些可能在刚刚被分解的模块中工作的人来说并不总是如此。经济学家、美国劳工部工资和工时部门前负责人戴维·韦尔在书中谈到了工作的“裂缝化”——曾经被分解为各种工作的职业，现在被分解为项目、任务和合同关系。他证明了工作的阴暗面变得更加模块化：承担风险的是员工，而不是决策者。在模块化程度最差的情况下，创建组织的组织，以及创建组织的机构可以以更大的代价实现这些目标。在最好的情况下，这种灵活性可以加速创新。蒙德拉贡合作社这个例子就说明了，当有一个强有力的基础支持流离失所的工人时，“模块化”是如何工作的，因为如果他们有新的商业建议，他们将再次接受培训，甚至获得资金支持。

关于可靠性（错误修正）的类比可能没有模块化那么直观。然而，在许多方面，错误修正是前两次数字革命的秘密武器——允许大规模通信和计算，而不会降低性能。尼尔的见解是，这种特性同样适用于数字制造。在某种程度上，目前存在一些类似的组织和机构。例如，管理中的制衡原则是机构的错误修正形式；在工业领域，报道制造业和航空公司的安全事故是错误修正形式——在潜在问题发生之前就识别出来。同样的原则也适用于质量改进。这类报道并不容易生成，因为人们害怕受到指责，甚至是简单的尴尬。当这种报道确实发生并在整个企业或系统（如航空运输）中扩展时，人们开始创建一种增加透明度、减少责备和分担责任的共享文化。这类似于通过错误修正来实现数字系统的扩展。第三次数字革命将需要在社会方面采取更广泛、更有力的错误修正形式，从而使其与加速发展的技术共同进化。

装配工和煎饼早餐

前两次数字革命从根本上改变了我们的生活、学习、工作和娱乐方式。比特改变了原子的命运。第三次数字革命又使我们上了一个台阶，因为我们可以跨越式地操纵、组合并共享比特及原子了。随着技术的加速进步，我们将能够设计现实，从食物到家具，从工具到玩具，从工艺品到电脑，从人类社会到机构。

在本书中，我们探讨了这种加速发展的能力带来的巨大优势和风险。但是还存在一个尚未解决的问题，那就是：这些强大的新技术会给我们带来更多的欢乐吗？

工业革命改善了许多人的生活，但它也创造了一种让人窒息的大规模生产的文化。正如现代社会学创始人之一马克斯·韦伯所写的那样："有朝一日世界中充斥的全是一个个小小的齿轮，人们紧紧抓住小工作并努力提取下一个大一些的工作机会而没有全局观……这种想法是可怕的……对官僚主义的热情……足以使人绝望。"

同样，前两次数字革命改善了许多人的生活，但也让许多人感到过度失落而不知所措，渴望回归到一个更简单的、没有动荡的旧时代的生活。从"无数字假期"到"去数字化排毒计划"，再到像"全国断网"这样的活动，人们一直觉得自己的生活已经被数字技术饱和了。我们甚至看到了原始的模拟产品和服务的复苏，如黑胶唱片、传统棋盘游戏和独立书店。雪莉·特克尔在她 2011 年出版的《群体性孤独》（*Alone Together*）一书中描述了这一现象："科技为我们提供了面对面交流的替代品。"我们可以在网络设备上利用机器人和全部由机器调节的关系。当我们用短信、电子邮件、短信和推特等方式进行交流时，科技重新划分了亲密和孤独之间的界限……我们把自己重新塑造成网络人物，给自己新的身份、家庭、工作和爱情。然而，在虚拟社区中，我们可能会感到非常孤独。

当我们一头扎进一个越来越引人注目的虚拟世界，以及由杰出的设计师和行为科学家开发的让我们盯着屏幕的其他应用程序时，在比特世界中的时间和原子世界中的时间之间找到平衡将变得越来越困难。第三次数字革命可能有助于重新建立这种平衡，因为这次数字革命可以帮助我们利用比特在原子世界中花费更多时间。

制造是一种深度人性化的行为。每个人都需要感觉到自己的行为是重要的，所做的事对自己、家人和世界都有影响。我们制作得越多，我们的自我价值感就越强。社区“数制”工坊还利用了人类的深层愿望：建立联系，合作解决问题，共同实现目标。正如多弗·塞德曼在托马斯·弗里德曼的《谢谢你迟到》（*Thank You for Being Late*）中所说：“我们建立深厚关系的能力——爱、关心、希望、信任和建立基于共享价值观的社区，是我们人类最独特的能力之一。”这是我们区别于自然和机器的最重要的一点。

在“数制”工坊内部和跨工坊人员之间培养非正式联系是数制文化的核心。哈肯·卡尔森讲述了他和尼尔一起设计位于阿尔卑斯山的林根“数制”工坊的故事。哈肯说，尼尔告诉他，“你不可能在工坊里有一个厨房。”多年后，当尼尔看到厨房已经成为工坊的一部分时，尼尔总结道：“如果没有厨房，你就不可能有一个工坊。”

当我们开始写这本书的时候，我们的前提是数字技术正在指数级加速，但是个人、组织和机构是线性发展的。也许这是一个特性，而不是一个问题。当然，我们需要共同进化，以确保我们塑造的技术不会以让我们后悔的方式塑造。但我们也必须保留人类的本质——赋予生命意义。

88岁的梅尔·金是波士顿SETC“数制”工坊的创始人，他仍然倡导设计和智造（几乎）万物的能力都是革命性的。他总结道：“‘数制’工坊势在必行。这是一种生活方式。这是爱的方式。制造和创造……这是人类的底线。”

最后，对那些想抓住第三次数字革命精髓的人，我们送给他们受访数制先驱的总结性陈辞，希望他们不忘初心、砥砺前行，这大概我们能给出的最好的建议了。

梦想、制造和分享。

——荷兰

全面工业化之路。

——肯尼亚

如果你能想到，就能做到。

——西班牙

实现你的想法。

——哥伦比亚

被误解的天才儿童。

——印度

糟糕的混乱。

——阿拉伯联合酋长国

彻底改变个体力量的空间。

——美国

“数制”工坊应当消融在社会中。

——智利

让不可能的事变成可能。

——巴拿马

改变世界的工具。

——法国

实际上，这些数制先驱正在设计现实。而且很快，每个人都能做到这一点。

（本章由艾伦、乔尔撰写）

结　论

今年是 2017 年。汽油每加仑 2.38 美元。德雷克的最新专辑《*More Life*》在榜单上排名第一。特朗普当选了美国总统搬进白宫，马克龙当选了法国总统搬进爱丽舍宫，而英国退欧已成为既定事实。《星球大战：原力觉醒》（*Star Wars: The Force Awakens*）在票房上遥遥领先。全新的 ShopBot Desktop MAX 首发价为 9 857 美元。Epilog 推出全新的 Fusion 激光雕刻机，售价 7 995 美元。新款新都（Sindoh）3DWOX 3D 打印机售价 1 299 美元。

你坐在星巴克享受大杯半糖无泡焦糖玛奇朵。你碰巧坐在尼尔、乔尔和艾伦·格申斐尔德旁边，他们正在就他们的新书《设计现实》进行热烈的辩论。起初他们辩论的想法似乎有些牵强。数字制造性能提高了 10 亿倍？任何人都可以智造（几乎）万物？个人智造？你表达了怀疑态度。如果你知道该看向哪里，他们会给你提示，然后告诉你朝哪儿看。

你学得越多，你就越意识到这确实是你需要认真对待的事情。确切的时间可能不清楚，但你意识到你刚刚有一个机会——看到即将到来的完全不同的未来。现在你必须决定如何处理这门学问。为了帮助完成该过程，尼尔、艾伦和乔尔提供了以下操作步骤。

目标和建议

第三次数字革命不会发生在我们身上，但我们会让它发生。本着这种精神，我们提供了一系列目标和建议，所有目标和建议均建立在路线图和预测转型模型之上。我们首先提出科学和社会科学的建议，然后针对路线图的每个阶段提出建议。

世界上大多数人并不熟悉或只是模糊地了解数字制造。对于许多人来说，数字制造就是3D打印。我们通过认识了解到：数字制造以前两次数字革命为基础，并推动了前两次数字革命的发展，我们将在第三次数字革命中加速进行必要的基础研究，帮助人们在短期内理解数字制造的全部技术以及新兴的制造科学。鉴于此，我们的第一个总体社会目标如下：

致力于推进新兴的数字制造科学。

这个目标可能听起来很简单，但今天，相关工作分散在多个制度边界。为实现这一目标，我们提供了许多可行性建议，包括科学家和研究人员的这个建议：

将数字通信和计算的发展与数字制造的发展相结合。

本书的核心论点是：技术和社会系统需要主动性，共同发展，并在早期过程中产生最大的影响。 因此，我们给社会科学家们提出这样的建议：

认识并支持社会科学通过理论、工具和方法的进步积极帮助实现第三次数字革命的能力。

最终，为了第三次数字革命的技术和社会因素有效的共同发展，每个社区都必须接受这一过程。为此，我们提出以下建议：

利用正式和非正式的交流机会，将社会科学家、技术专家、讲故事的人和其他参与方聚集在一起，共同创造第三次数字革命的综合理念。

鉴于拉斯定律不是自然法则，而是由技术创新和社会建构力量共同驱动的，因此，我们也建议“数制”工坊的所有参与方：

培养共同的紧迫感，集中精力并充分利用资源，以推动数字制造性能和覆盖范围的持续的指数级增长。

考虑到这些总体目标和可行性建议，我们现在转向路线图的 4 个阶段。大多数目标和建议都针对第一阶段——社区制造，这可以为接下来的活动打好基础。鉴于有较多的可行性建议，所以接下来需要进行大量的基础性工作。

社区制造

“数制”工坊的技术现在就在这里，我们已经在过去的 10 年发展了社会系统以有效促进“数制”工坊的运行。这是第三次数字革命的首要目标，从社区“数制”工坊阶段开始：

将通用“数制”工坊纳入全球优先事项。

为了帮助实现这一目标，我们针对整个“数制”工坊生态系统中的特殊参与方提供以下建议：

投资者

将数字制造建设成领先的、具有社会影响力的投资部门。

吸引“数制”工坊生态系统的领导者，为投资者提供关于社会影响和财务收益最大化的建议。

建立追踪“数制”工坊的经济、社会影响的机制。

政府领导人

调研当地的“数制”工坊对社区的影响（并分享您的调研结果）。

将数字制造技术与现有的数字鸿沟计划相结合。

涉足那些与慈善事业和工业无关的领域，打破自身局限性，解决最困难的问题，以创造公共价值，减少对社会的危害。

慈善家

把赠款、任务和项目相关投资的重点放在关键的基本问题上，并支持“数制”工坊生态系统。

在公共基金和私人资助商之间建立协同效应。

寻找机遇，成为“数制”工坊界的“卡内基”。

社区领袖

将本地“数制”工坊同商业组织、学校和大学，以及基于社区的组织连接起来。

让每个城镇和学校拥有“数制”工坊成为基本假设，就像拥有公共图书馆和学校图书馆一样。

跨部门的参与方

跟踪记录并构建“数制”工坊和个人制作的案例，使个人和社区能够变得更加自给自足。

将智造者和创客先锋（涉及教育、经济发展、慈善、食品和安全领域）整合到具有社会影响力的组织中。

对于当前的“数制”工坊先锋和企业家，我们提供以下建议，重点关注共同标准和共享原则：

“数制”工坊、创客空间、骇客空间和其他类似的工坊应该基于共同标准和共享原则进行合作，同时要有各自独立的身份和方法。

数字制造设备和软件的制造商也应该在共同标准和共享原则的

基础上进行合作，同时也要维持各自独立的品牌和方法。

包括共享的技术、组织和机构在内的为数字制造设立的基础设施应该得到支持。

我们还提供这些建议，重点关注社区内和社区之间的协作和知识共享：

提供在数字制造生态系统内部传播有效实践的机制，定期记录参与方之间的相同点和不同点。

不断完善“数制”工坊宪章，使其更好地为管理、运营和发展服务——惠及参与方和数制生态系统。

把协作和知识共享建立在关于获取、素养、生态系统和社会风险的小协议的基础上。

我们围绕创建开放、健全的市场生态系统提出以下建议：

培养有效、开放、透明的，与“数制”工坊文化保持一致的市场和分销平台。

不断寻找并支持有前景的必备产品和服务，为该行业提供资金。

利用本地的、可重复使用的环保材料，开发可供理解、采购和构建的共享平台。

设计与数字制造相关的工作，使其可以公平处理争议并提供建设性解决办法。

为那些利益受到威胁的人制订计划，以保证数字制造的民主化。

当然，人是“数制”工坊生态系统的核心。以下是对于提高人的能力的建议：

明确、维持并扩大社区“数制”工坊及相关设施内部的导师和领导者数量。

认识到在开发数字制造技术方面需要个人和集体的共同投入。

并向哈肯致敬：

每个“数制”工坊都应该有一个厨房。

个人制造

路线图的第二阶段堪比 20 世纪 70 年代和 80 年代的电脑套件。在个人制造方面，人们担心这些数百万的早期个人制造者将成为一个幸运的、经过挑选的群体，因为其中绝大多数人都留下来了。考虑到这一点，我们建议：

促进家庭和小型企业数字制造的发展，开发既经济又直观的工具。

为了实现这一目标，我们需要研究人员和“数制”工坊的先锋开发一些案例，说明个人如何在家庭和小型企业中拥有不同级别的“数制”工坊能力，而不仅仅局限于使用 3D 打印机。为帮助实现此目标，我们提供以下建议：

与人类学家和其他社会观察员合作，关注小型企业和家庭中的早期采用者，记录新的使用模式并识别潜在的“速率限制器”和“加速器”。

制订协议和标准，使难以在当地生产的工业生产模块化组件集成到个人制造中。

跟踪新兴经济模式（易货贸易、商业化、开源、区块链等），以塑造既能可持续发展又能实现个人价值的数字制造实践。

拥护组织不断地创造组织、机构不断地创造机构的发展趋势，同时，与不断地创造机器的机器共同成长。

无处不在的制造

第三阶段是通用制造，“数制”工坊的数量从 100 万到 10 亿。第四阶段是无处不在的数字制造，“数制”工坊的数量达到一万亿，数字不仅能智造（几乎）万物，还能智造（几乎）一切。对于注重技术的读者来说，最后两个阶段非常抽象。准确地想象人们如何用数字材料制作东西是很难的，更具挑战性的是理解人们在生产过程中处于什么位置。最终，应该使用集成的人文价值创建驱动这些技术的算法。因此，面对更广泛的受众群体，需要推进以下目标：

借助大众媒体的力量，通过数字和可编程材料创造出诱人的、令人向往的愿景。将透明度融入先进的数字制造技术和算法。

然而，即使有最好的想法，也会面临意想不到的后果。风险缓解机制至关重要。现在，反补贴做法和既得利益减少，这些问题得到了最好的解决。

> 在数字和可编程材料开发过程中纳入风险缓解方法，这是最容易做到的。

我们总结的这些建议都是建立在其他建议之上的——社区制造所需的生态系统对个人制造仍然很重要，个人制造的模块化特性为无处不在的制造阶段奠定了基础。所有阶段都依赖技术和社会系统的持续创新而发展。其中许多建议实施起来并不容易。但是，如果我们积极地付出努力并以平台和实践作为支撑，我们就可以共同实现这些目标。我们需要塑造（并不断重塑）我们所在的组织和机构。我们借用了“阿波罗 9 号”宇航员拉塞尔·施威卡特的一句话：我们不是第三次数字革命路线图的乘客，我们是船员。

（结论由尼尔、艾伦、乔尔撰写）

后 记

本书的作者们。格拉迪丝和沃尔特·格申斐尔德提供

当我们第一次提出写这本书时，我们的经纪人约翰·布罗克曼的反应是："好主意！我们将失去三位作者。"当这种想法传到我们未来的编辑 T. J. 凯莱赫那里时，他说了同样的话。我们向他们解释，三方合作不是偶然的，这对我们想讲的故事至关重要。

我们去看望母亲，跟母亲聊天，那时母亲的健康状况正在下降，《设计现实》的创作想法随之诞生了。她不再能够加入我们的讨论了，但我们的声音令她很高兴。在我们讨论的时候，我们意识到我们的职业方向完全不同，但正在数字制造的交叉点上相互碰撞。将我们的观察结果一字一句编在书里，理论上讲，都源于爱。

事实证明，写这本书更像是劳动，它是我们对第三次数字革命所面临的所有挑战和机遇的缩影的概述。在我们尝试到失败之前，我们从未意识到我们每个人的思维过程有多么不同，我们甚至不能写出一个简单的叙事线索。我们开始了第二次尝试，将我们的每一个想法分成一系列的独立片段，成功地把想法分散。T.J. 的评价是："当你在错误的道路上行驶时，转身回去永远都不会太晚。”

只有在那时，我们才意识到，将我们的观点和方法统一起来，对我们而言是一项巨大的挑战。事实上，当我们告诉别人我们在一起写一本书时，最常见的反应是“你们没有互相厮杀？”我们也会听到一些关于兄弟之间很难进行合作的故事。但最终，我们持有的不同观点相互碰撞，我们面临的挑战都为我们综合来自科学、社会科学和人文科学的观察结果做好了铺垫。

尼尔的职业生涯始于贝尔实验室。在那里，他使用激光和粒子加速器进行原子和核物理实验，这些基础的研究发生在不易造成广泛影响的郊区。最终，他还前往世界上一些最偏远的地区开办工坊，并帮助这些地区创建了科学和娱乐交流中心，这就像一个位于好莱坞的美国国家科学院办公室，将严肃的科学融入大众传媒。

艾伦一开始在好莱坞和中国从事电影业。然后，他被游戏发行商美国动视公司招聘过来，最终他成立了工作室。他继续同库克湾部落理事会和白宫等合作伙伴一起搞研究，他们发现电子线媒体利用游戏进行学习，产生了很大的社会影响。从那以后，他为《科学美国人》杂志撰写文章，并担任美国国家科学基金会和美国国防部高级研究计划局的首席研究员，与比特和原子中心及智造基金会共同制作游戏。

乔尔在促进劳资合作和实施高绩效工作系统方面有着丰富的工作经验，随后他被任命为伊利诺伊大学劳动和就业关系学院院长、劳动和就业关系协会主席，以及哈佛大学法学院《谈判杂志》的编辑。他在美国国家科学基金会的协调参与方方面的工作促使他研究了“数制”工坊。从社会角度来看，“数制”工坊这一理念极具挑战性。

虽然“数制”工坊是我们都遇到的一个思路，但我们对它们的看法却截然不同。尼尔做好了实战准备，开火，瞄准——经常以快速原型制造的精神率先尝试事物，但不能完全理解实战的后果，只是会在后来评估其影响。他在这里写了关于拉斯定律的文章，对“数制”工坊的功能进行多方位的表述，但这些灵活的功能仍需要被测试。艾伦生活在管理创意项目的世界，这些项目需要传递明确的愿景和信息，他坚持采用一致性的原则描述拉斯定律的整体连贯性。社会科学家乔尔想把拉斯定律变成一个可测试的命题，他希望每个人都能够做出积极调整以推动写作。

谈判中的分歧一直延续到我们的家庭餐桌上。我们在费城长大，但我们的父母在休假时，会带我们去亚利桑那州、牙买加和英国。在我们的青年时期，我们的父母鼓励我们探索世界，追随激情，并为他人的生活带来积极的改变。而且，永远不要害怕一个糟糕的双关语（在这本书中可以用三个词来概括：拉斯就是摩尔）。

跟别人谈论这本书时，他们会问我们的第二个问题是：“你们的父母做了什么？”我们的父母（沃尔特和格拉迪丝）都是劳工仲裁员、劳资关系教授，以及国家协会的领导人（乔尔进入了家族企业）。在餐桌上定期讨论的话题就是我们父母带回家的仲裁案件。这些案件需要证据评估、讨论并予以解释。同时，讨论和解释的过程也要求我们有技巧，有毅力，有幽默感。在那时，任何正在谈话的人都充满压力地深呼吸，为下一个准备发言的人提供开场白。这也是写这本书的感觉。

我们已经开始意识到，我们在编写这本书时遇到的困难和分歧反映了我们每个人世界观中的相对弱点——我们相互指责的弱点。我们可以轻松地为技术、大众传媒和管理等领域的追随者分别写作，统一我们的背景比形成交集更加困难。但这就是第三次数字革命将要面临的状况。

致　谢

当我们开始写此章节时，我们意识到有那么多人为这本书的出版做出了重要贡献，就像现在的“数制”工坊（大约 1 000 多家）那么多。与其在这里列出那么多名字，我们更想向本书中提到的每个人以及帮助我们讲述这些故事的人致以崇高谢意。我们很幸运能够与业内非常优秀的基本书局和布罗克曼股份有限公司这两家出版机构合作。我们非常感谢众多读者深思熟虑后的反馈。有人说，“book”（书）是一个由 4 个字母组成的单词，用于表示它传承生命的方式。我们的合作来源于家人的耐心、支持、好奇心，以及批评和贡献，我们对他们永远感激不尽。

参考文献

我们在此提供了我们编写《设计现实》时信息的来源、背景和参考资源，这些参考资源的出现顺序与章节中一致。资源信息是可回顾的；我们邀请您加入我们的书籍网站 http://designingreality.org，以获取在线内容的链接和图书资料的更新。

序　言

Our face icons were drawn by Steve McCracken (who also designed the CBA and fab lab logos).

We've committed an editorial sin by writing *Lass' Law* rather than *Lass's Law*. We pronounce it "Lasses Law," but prefer the visual emphasis of *LL* rather than *sss*.

Gordon Moore's article, "Cramming More Components onto Integrated Circuits," *Electronics*, April 19, 1965, 8, features his original observations, the remarkable predictions he made, and his insights into how he connected the dots.

We quote President Obama on the Internet being a necessity, not a luxury. For coverage, see Krishnadev Calamur, "Broadband a 'Necessity,' Obama Says, As He Pushes FCC to Expand Access," *NPR*, January 14, 2015.

In discussing exponential change, we cite Ray Kurzweil, *The Singularity Is Near: When Humans Transcend Biology* (Penguin Books, 2005). Ray has been tracking exponential change in technologies with more depth and breadth than anyone we know.

Dale Dougherty is the creator of *Make* magazine and the Maker Faire. His most recent book provides a tour of the maker movement, *Free to Make: How the Maker Movement Is Changing Our Schools, Our Jobs, and Our Minds* (North Atlantic Books, 2016).

The work of Incite Focus on shelter, energy, and food is presented at the Incite Focus/ Center for Community Production/home page, www.incite-focus.org. The Fab City Pledge has a supporting website at http://fab.city. Both are referenced here and in a few other places in the book.

Neil Gershenfeld's *When Things Start to Think* (New York: Henry Holt and Company, 1999) presented what became known as the Internet of Things, and his *Fab: The Coming Revolution on Your Desktop: From Personal Computers to Personal Fabrication* (Basic Books, 2007) introduced the fab lab movement.

E-Line Media, founded by Alan Gershenfeld and Michael Angst, is a video-game publisher passionate about making great games that help players understand and shape the world. Learn more at the company's home page, http://elinemedia.com.

Jim Gee brought his expertise in literacy to digital fabrication in "Literacy: From Writing to Fabbing," November 11, 2014, www.jamespaulgee.com/archdisp.php?id=71&scateg=Linguistics

第 1 章　智造万物

Neil developed the original CBA proposal (http://cba.mit.edu) with Joe Jacobson, Isaac Chuang, and Scott Manalis, advised by Marvin Minsky. The first How to Make (almost) Anything class (http://fab.cba.mit.edu/classes/MAS.863) was planned by them, along with Joe Paradiso and John DiFrancesco. The adventurous NSF program managers who agreed to the fab lab experiment were Kamal Abdali and Mita Desai. The first fab labs were developed and deployed by a group that included Sherry Lassiter, Bakhtiar Mikhak, Amon Millner, Caroline McEnnis, Amy Sun, and Manu Prakash.

Mel King provides a personal perspective on the Tent City story in *Chain of Change: Struggles for Black Community Development* (South End Press, 1981), which is the context for the first fab lab.

The origins of Metcalfe's law, which was apparently first stated by George Gilder in 1993, citing Robert Metcalfe, is summarized in Carl Shapiro and Hal R. Varian, *Information Rules* (Harvard Business Press, 1999).

The application examples are drawn from personal experience working in fab labs, the Fab Academy (http://fabacademy.org), and the annual gatherings of the fab lab network (http://fabevent.org).

Fab lab program information is available through the Fab Foundation (http://fabfoundation.org), Academany (http://academany.org), and community portal sites (https://www.fablabs.io).

Barcelona's original Fab City commitment (http://fab.city) was developed by Tomas Diez with Vicente Guallart (city architect), Xavier Trias (mayor), and Antoni Vives (deputy mayor).

US Rep. Bill Foster reports on the initial fab and maker legislation at "Foster Introduces Legislation to Support Next Generation of Makers, Innovators," press release, May 25, 2015, https://foster.house.gov/media-center/press-releases/foster-introduces-legislation-to-support-next-generation-of-makers.

The Global Humanitarian Lab (www.globalhumanitarianlab.org) was launched by David Ott (from the International Committee of the Red Cross) and Olivier Delarue (from the UN High Commissioner for Refugees).

第 2 章　第三次数字革命

Individuals quoted by name here, and in Chapters 4 and 6, were interviewed by Joel and Alan in January, February, March, and April 2017, as part of the research for the book.

The DARPA Social Science Initiative, "Accelerating Discovery with New Tools and Methods for Next Generation Social Science," was announced on March 4, 2016, www.darpa.mil/news-events/2016-03-04.

The graph on Internet use was constructed with data from Internet World Stats, International Data Corporation, and Nua Ltd.

Victoria Rideout and Vikki S. Katz's report focuses on digital access in low-income families: "Opportunity for All? Technology and Learning in Lower-Income Families," Joan Ganz Cooney Center, February 3, 2016, www.joanganzcooneycenter.org/publication/opportunity-for-all-technology-and-learning-in-lower-income-families.

The stakeholder alignment survey was distributed through the Fab Foundation email list to 11,355 recipients, of which 3,439 opened the document. The survey was approved for use by the Brandeis Institutional Review Board, which ensures proper treatment of the subjects of research (human and others). Complete responses were received from 178 individuals (resulting in a 5 percent response rate among those who opened the document). We had requests to translate the survey into multiple languages, which we were unable to do in the limited time we had available to us. This affects the response rate and the interpretation of the data. When asked to indicate their primary role, the participants gave the following mix of responses:

PRIMARY ROLE	PERCENTAGE
Local fab lab	48.0
Maker Space	9.1
Hacker Space	2.3
Educator promoting design and fabrication	18.9
Community organizers promoting design and fabrication	5.1
Public leaders supporting digital design and fabrication	5.1
Fab Academy	2.9
Fab Foundation	1.1
Producing and selling digital fabrication equipment	0.6
Digital materials manufacturing	1.1
Other	5.7

Most individuals had more than one primary role. When the respondents were asked to check all that apply, here was the distribution:

ALL ROLES (CHECK ALL THAT APPLY)	PERCENTAGE
Local fab lab	81.1
Maker Space	42.3
Maker Faire	31.4
Hacker Space	17.1
Educator promoting design and fabrication	66.3
Community organizers promoting design and fabrication	55.4
Public leaders supporting digital design and fabrication	37.1
Fab Academy	28.1
Fab Foundation	19.1
Producing and selling digital fabrication equipment	12.6
Digital materials manufacturing	21.7
Other	8.6

Note that this table includes Maker Faire, which was not a primary role in the above table. Most of these individuals have only been in their primary role for less than five years (54.7 percent), with most of the rest in their roles 5 to 10 years (32.6 percent) and the balance longer (12.8 percent).

Over three-quarters of the respondents were male (79.1 percent), with the balance female (20.3 percent) or intersex (0.6 percent). Slightly over half (50.3 percent) have a graduate degree (non-doctoral), and another 15.0 percent have a PhD. Some 18.5 percent have a bachelor's degree, and the balance (16.2 percent) have an associate's degree, some college, or a high school degree. The age distribution is remarkably even across age groupings, with 30.7 percent under the age of 35, 28.9 percent between 35 and 44, 24.9 percent between 45 and 54, and 15.6 percent over the age of 55.

The survey instrument was developed by the company Joel cofounded, WayMark Analytics, and the Michael Haberman generated the visualizations. These are termed *z-flowers* since what are called z-scores (a mathematical transformation to have a mean of zero and a standard deviation of 1) are sometimes used in the generation of the visualization. The print copy of the book includes z-flowers with shades of gray. The color versions (and additional z-flowers) can be viewed at http://waymarksystems.org:8000/report/FAB2017#.

These visualizations make it possible to see every stakeholder's response, rather than just clusters of responses as might be represented in a histogram. Small numbers of respondents who are either very positive or very negative stand out in this format and are often essential to understand when seeking stakeholder alignment.

When we report that respondents found a given issue very important, we did so on the basis of responses that were a .7 or higher on an eleven-point numerical rating scale where 0 was "not important" and 1.0 was "very important." Similarly, when we reported that an issue was very difficult, it was ranked a .3 or lower on an eleven-point numerical rating scale, where 0 was "very difficult" and 1.0 was "very easy."

When viewing the visualizations, first look for the value on importance to assess the degree to which something is a must-have. Second, look for the degree of contrast between importance and ease, which indicates the gap to be addressed and the level of pain in the system (pain is high if something is very important, but hard to do). Third, look for the variation in the responses. If difficulty is bimodal, for example, it is likely that bringing up the bottom (those who find something difficult) will be more effective than enhancing things for people who do not find it difficult. There may also be bright spots or pain points highlighted in the visualization that need further investigation. Altogether, these visualizations are designed to provide increased situational awareness and prompts for further action.

Kate Pickett and Richard Wilkinson document the benefits of equality in *The Spirit Level: Why More Equal Societies Almost Always Do Better* (Bloomsbury Press, 2009),

Gui Cavalcanti attempts to clarify terminology and culture in "Is It a Hackerspace, Makerspace, TechShop, or FabLab?," *Make* magazine, May 22, 2013. This topic would benefit from further dialogue.

The Freestyle Chess story was taken from Andrew McAfee and Erik Brynjolfsson's *The Second Machine Age: Work, Progress, and Prosperity in a Time of Brilliant Technologies* (W. W. Norton & Company, 2016).

Mariana Mazzucato's *The Entrepreneurial State: Debunking Public vs. Private Sector Myths* (Anthem Books, 2015) identifies the key role of public-funded research in driving private-sector innovation and growth.

The sample fab lab budget was provided by the Fab Foundation.

The Fab City white paper "Locally Productive, Globally Connected Self-Sufficient Cities" is available at http://fab.city/whitepaper.pdf.

For more information on alternative approaches to risk assessment, see Nancy Leveson et al., "Systems Approaches to Safety: NASA and the Space Shuttle Disasters," in *Organization at the Limit*, ed. William Starbuck and Moshe Farjoun (Wiley-Blackwell, 2005).

"The Science Behind Shaping Player Behavior in Online Games," Jeffrey Lin's talk at Game Developers Conference, 2013, outlines Riot Games' efforts to reduce toxic behavior in the *League of Legends* game (http://gdcvault.com/play/1017940/The-Science-Behind-Shaping-Player). Brendan Maher's "Can a Video Game Company Tame Toxic Behaviour?," *Nature*, March 30, 2016, also covers Riot Games' efforts to reduce toxic behavior.

US Rep. Bill Foster's proposed National Fab Lab Network Act of 2015 (H.R. 1622) continues in discussion in the US Congress.

More information on the UN Sustainable Development Goals is available at www.un.org/sustainabledevelopment/sustainable-development-goals.

第 3 章 背后的科学

The Moore's Law data was taken from Gordon Moore's original paper "Cramming More Components onto Integrated Circuits," *Electronics* 38, no. 8 (1965), and then from Intel's mainline chip specifications (http://ark.intel.com).

The Lass' Law data came from CBA's internal records, the wiki started by Frosti Gíslason (http://wiki.fablab.is), and the portal started by Tomas Diez (https://www.fablabs.io).

Shannon's original reference for reliable communication was C. E. Shannon, "A Mathematical Theory of Communication," *Bell System Technical Journal* 27 (1948): 379–423, and von Neumann's original reference for reliable computation was John von Neumann, "Probabilistic Logics and the Synthesis of Reliable Organisms from Unreliable Components," *Automata Studies* 34 (1956): 43–98.

The discussion of digitization in biology drew on the work of, and conversations with, George Church, Joe Jacobson, Pete Carr, Tom Knight, Erik Winfree, Paul Rothemund, Erez Lieberman Aiden, Alicia Jackson, John Glass, and Elizabeth Strychalski.

The discussion of digitization in physics drew on the work of, and discussions with, Charles Bennett, Rolf Landauer, David DiVincenzo, Nabil Amer, Scott Kirkpatrick, Geoff Grinstein, Ed Fredkin, Tommaso Toffoli, Norman Margolus, Seth Lloyd, Isaac Chuang, Jean-Jacques Quisquater, and Wojciech Zurek.

The discussion of digitization in intelligence drew on the work of, and discussions with, John Doyle, Raff D'Andrea, Pablo Parrilo, Ben Recht, Andreas Weigend, Terry Sejnowski, John Hopfield, and Sebastian Seung.

第 4 章　路径创造

The presentation of the reactive roots of the social sciences draws on discussions with Scott Cooper, Dan Cornfield, Ton Kochan, Bob McKersie, and members of the Stakeholder Alignment Collaborative, including Karen Baker, Nick Berente, Pat Canavan, Gabe Gershenfeld, Brandon Grant, John Leslie King, Christine Kirkpatrick, Barbara Lawrence, Chris Lenhardt, Peter Levin, Spenser Lewis, Matt Mayernik, Charlie Mcelroy, Barbara Mittleman, Namchul Shin, Shelly Stall, and Susan Winter.

In *The Protestant Ethic and the Spirit of Capitalism* (George Allen & Unwin Ltd., 1905; trans. by Talcott Parsons, 1930), Max Weber demonstrated how religious conceptions of work, particularly Calvinist concepts, conferred legitimacy on a capitalist system.

Émile Durkheim's *The Division of Labor in Society* (1893) was based on his doctoral dissertation and traced the impact of the industrial revolution on class structure in society.

Octavia Hill, in *Our Common Land (and other short essays)* (Macmillan, 1877), focused on visiting the poor, the importance of charity, the value of open spaces, and related topics.

Jane Addams's 1892 essay "The Subjective Value of a Social Settlement" focused on Hull House in Chicago and was one of many essays she wrote on homes for the poor.

The International Union of Psychological Science traces its roots to the first international congress in 1885 in www.iupsys.net/about/history/index.html. The founding of the American Psychological Association is documented at www.apa.org/about/apa/archives/apa-history.aspx

Sidney Webb and Beatrice Webb, *Industrial Democracy* (Longmans, Green & Co., 1897), focused on collective bargaining as the foundation for "industrial democracy," a new term introduced into the social sciences by the Webbs.

John R. Commons coauthored the four-volume *History of Labor in the United States* (Macmillan, 1918–1935). It is part of a body of work connecting changes in institutional arrangements, such as the structure of unions, with changes in the structure of markets, such as happened with the impact of the Erie Canal on commerce.

Mary Wollstonecraft Shelley's *Frankenstein: or, The Modern Prometheus* (Lackington, Hughes, Harding, Mavor, & Jones, 1818) is one of the first modern examples of science fiction.

Charles Dickens's *Hard Times* (Bradbury and Evans, 1854) is a critique of the utilitarian philosophy that accepted the social order associated with the industrial revolution.

Upton Sinclair's *The Jungle* (Doubleday, Jabber & Company, 1906) illustrates the power of fiction to influence policy, such as what happened with legislation on the meatpacking industry. In later years, John Steinbeck's *The Grapes of Wrath* (Viking Press, 1939) and other writers continued the tradition of social commentary through fiction.

Path dependency as a concept emerged in economics with efforts to account for new technologies. See, for example, Paul A. David, "Path Dependence: Putting the Past into the Future of Economics," working paper, Institute for Mathematical Studies in the Social Sciences Technical Report 533, Stanford University, November 1988; and W. Brian Arthur, "Self-Reinforcing Mechanisms in Economics," in *The Economy as an Evolving Complex System: The Proceedings of the Global Economy Workshop, Held September, 1987 in Santa Fe, New Mexico*, ed. Philip W. Anderson, Kenneth J. Arrow, David Pines (Addison-Wesley, 1988).

Robert Michels's *Political Parties: A Sociological Study of the Oligarchical Tendencies of Modern Democracy* (Hearst, 1911) focuses on trade unions and political parties, both mission-driven institutional arrangements that focused first on continued existence and only after that on mission.

Thomas Kuhn's *The Structure of Scientific Revolutions* (University of Chicago Press, 1962) documents the conservative forces in institutions that constrain change, even in the evidence-based world of science.

Adam Smith's *An Inquiry into the Nature and Causes of the Wealth of Nations* (London: W. Strahan, 1776) has shaped thinking about markets that were just beginning to emerge in ways that contrasted with feudalism. Note that the original handwritten manuscript (with cross-outs and notes) is in the rare-books collection of the University of Illinois at Urbana-Champaign.

Karl Marx's *The Communist Manifesto* (1848) calls for the class struggle against the owners of the means of production. In this work and in jointly authored works with Friedrich Engels, there is surprisingly little on what it would mean for workers to own the means of production, in contrast with the ownership class. Increased individual and community ownership of the means of production is, of course, a prospect that is central to this book.

Frederick Taylor's *The Principles of Scientific Management* (New York: Harper and Brothers, 1911) was reprinted many times as a central reference for Taylor Society chapters around the country and is foundational for the field of industrial engineering.

Fred Emery and Merrelyn Emery wrote *A Choice of Futures* (Martinus Nijhoff Social Sciences Division, 1976) as part of a series of monographs on the quality of working life.

Stewart Brand's 1968 launch of the *Whole Earth Catalog* led to many editions, a *Whole Earth Epilogue*, and, beginning in 1974 (the year Joel graduated from high school), the launch of the *CoEvolution Quarterly*.

John Markoff's *What the Dormouse Said: How the Sixties Counterculture Shaped the Personal Computer Industry* (Viking Penguin, 2005) connects the rise of digital computation with countercultural forces in society.

Stewart Brand and J. Baldwin edited *Soft-Tech: A Co-Evolution Book* (Penguin, 1978), which is designed with the same look and feel as the *Whole Earth Catalog*, but with a focus on technology, broadly defined.

Alvin Toffler's *Future Shock* (Random House, 1970) is based on an article he wrote: "The Future As a Way of Life," in *Horizon* magazine.

Michael Piore and Charles Sabel's *The Second Industrial Divide: Possibilities for Prosperity* (Basic Books, 1984) connects the dots between changing computer technologies used in manufacturing and changing markets.

Ray Kurzweil's *The Age of Intelligent Machines* (MIT Press, 1992) is a precursor to his *The Age of Spiritual Machines: When Computers Exceed Human Intelligence* (Viking Press, 1999) and his *The Singularity Is Near: When Humans Transcend Biology* (Viking Press, 2005), all of which trace exponential rates of change in communication and computation technologies and the implications for core assumptions about human existence.

Arthur C. Clark's *2001: A Space Odyssey* (New American Library, 1968) was released concurrently with the movie, which he developed jointly with Stanley Kubrick.

When William Shatner visited Neil's lab to discuss the science of Star Trek while he was writing *I'm Working on That: A Trek from Science Fiction to Science Fact*, he and Neil agreed that they couldn't tell who was imitating whom.

William Gibson's "Burning Chrome," in *Omni* (July 1982), introduced the term "cyberspace," which was further elaborated in his *Neuromancer* (Ace, 1984).

Note that Joel finds inspiration in Robert Heinlein's concept of a fair witness in Heinlein's novel *A Stranger in a Strange Land* (Putnam, 1961)—a science-fiction idea that is desperately needed in society.

The World Bank's "2016 World Development Report on Digital Dividends" is available at www.worldbank.org/en/publication/wdr2016.

Gamestar Mechanic is a game platform and community that enables youth to design their own original video games. *Gamestar* is published by E-Line Media and was developed in partnership with the Institute of Play and the MacArthur Foundation. Since its launch, over one million original games have been published by youth player/creators. Learn more at https://gamestarmechanic.com.

Douglas McGregor's *The Human Side of Enterprise* (McGraw Hill, 1960) was reproduced in an annotated edition in 2006 with Joel as the editor. It is among the most influential management books ever published.

Joel Cutcher-Gershenfeld, Dan Brooks, and Martin Mulloy document fifty-six pivotal events in *Inside the Ford-UAW Transformation: Pivotal Events in Valuing Work and Delivering Results* (MIT Press, 2014), which identified the key role of changing deeply embedded operating assumptions to enable culture change. This, in turn, builds on Ed Schein's *Organizational Culture and Leadership* (Jossey-Bass, 1985).

A window into the culture of the Digital Equipment Corporation is provided by Guidon Kunda in *Engineering Culture: Control and Commitment in a High-Tech Corporation* (Temple University Press, 2000).

William Bridges's *Managing Transitions: Making the Most of Change* (Da Capo Press and Perseus Books, 1991) has recently been released in a special twenty-fifth anniversary edition, indicating its long-standing value.

MIT chancellor Cynthia Barnhart and medical director William Kettyle announced the MindHandHeart Initiative in Kath Xu, "MindHandHeart Expected to Improve Access to Resources," *(MIT) Tech*, September 3, 2015, http://tech.mit.edu/V135/N20/mindhandheart.html. For *Car Talk* host Ray Magliozzi's comments on the MIT seal, see Peter Dizikes, "Moving Spectacle: MIT Marks 100 Years in Cambridge with 'Crossing the Charles' Parade and Evening Celebration," *MIT News*, May 9, 2016, at http://news.mit.edu/2016/crossing-charles-moving-day-parade-competition-0509. The history of the MIT Seal is at http://libraries.mit.edu/mithistory/institute/seal-of-the-massachusetts-institute-of-technology. For recent commentary on head, heart, and hands at MIT, see coverage of Megan Smith's commencement address in 2015, http://news.mit.edu/2015/commencement-day-0605.

Robert Owen's attempt to create a new society was not sustainable, partly because of what Owen's oldest son, Robert Dale Owen, described as "a heterogeneous collection of radicals, enthusiastic devotees to principle, honest latitudinarians, and lazy theorists, with a sprinkling of unprincipled sharpers thrown in," who were drawn to the community. An interesting legacy is that Owen's oldest son entered Indiana politics, where he championed legislation giving widows and married women control over property and promoted free schools in the state. He then represented Indiana in the US Congress, where he wrote the legislation establishing the Smithsonian Institution.

Mondragon is the subject of hundreds of books and scholarly articles. More information on the cooperative is at www.mondragon-corporation.com/en.

Remake Learning has become a benchmark for regional learning ecosystem transformation. More information on Remake Learning is at http://remakelearning.org. The Remake Learning Playbook, a field guide of ideas and resources for building innovation networks for teaching and learning, was created by the Sprout Fund; see http://remakelearning.org/playbook.

第 5 章　原子与比特的进化路线图

The roadmap presented in this chapter grew out of an event that CBA and the White House Office of Science and Technology Policy cohosted on the science of digital fabrication on March 7, 2013 (http://cba.mit.edu/events/13.03.scifab).

The fab lab inventory (for the community fabrication stage) is available at http://fab.cba.mit.edu/about/fab/inv.html.

William Gibson made his statement on the future being here now in a radio interview in "The Science in Science Fiction," Talk of the Nation, NPR, November 30, 1999.

The transition from rapid prototyping to the rapid prototyping of rapid prototyping (for the personal fabrication stage) is presented in Nadya Peek's "Making Machines That Make: Object-Oriented Hardware Meets Object-Oriented Software," PhD dissertation, Massachusetts Institute of Technology, Cambridge, MA, 2016.

The source for the robotic builder is Benjamin Jenett and Kenneth Cheung, "BILL-E: Robotic Platform for Locomotion and Manipulation of Lightweight Space Structures," 25th AIAA/AHS Adaptive Structures Conference, AIAA SciTech Forum, Grapevine, Texas, January 13, 2017 (AIAA 2017–1876).

The transition from analog to digital materials (for the universal fabrication stage) is presented in Kenneth Cheung's "Digital Cellular Solids: Reconfigurable Composite Materials," PhD dissertation, Massachusetts Institute of Technology, Cambridge, MA, 2012, and William Langford's "Electronic Digital Materials," master's thesis, Massachusetts Institute of Technology, Cambridge, MA, 2014.

The transition from assembly to self-assembly (for the ubiquitous fabrication stage) was introduced by John von Neumann and A. Burks, *Theory of Self-Replicating Automata* (University of Illinois Press, 1966), and the design tools are discussed in Amanda Ghassaei's "Rapid Design and Simulation of Functional Digital Materials," master's thesis, Massachusetts Institute of Technology, Cambridge, MA, 2016.

第6章 未来的现实

Alvin Toffler's *Future Shock* (Random House, 1970), which we have noted in various places, is prescient in its appreciation for exponential rates of change.

Carl Sagan's quote is from his "Why We Need to Understand Science," *Skeptical Inquirer* 14 (spring 1990): page 3.

More information on Alex McDowell's World Building Institute at the University of Southern California is at http://worldbuilding.institute.

McDowell's quote is in Evan Atherton and Maurice Conti, eds., *Four: A Collection of Short Stories Exploring the Future of Design, Technology, and Us* (Autodesk Applied Research Lab, 2016).

The source for the bridge image is Benjamin Jenett, Daniel Cellucci, Christine Gregg, Kenneth Cheung, "Meso-Scale Digital Materials: Modular, Reconfigurable, Lattice-Based Structures," ASME International Manufacturing Science and Engineering Conference, 2016; and the source for the wing image is Benjamin Jenett, Sam Calisch, Daniel Cellucci, Nick Cramer, Neil Gershenfeld, Sean Swei, and Kenneth Cheung, "Digital Morphing Wing: Active Wing Shaping Concept Using Composite Lattice-Based Cellular Structures," *Soft Robotics,* March 2017, 4 (1).

Kurt Lewin's change model is in his *Field Theory in Social Science: Selected Theoretical Papers* (Harper and Brothers, 1951).

John Paul Kotter's model for leading change was first published in his "Leading Change: Why Transformation Efforts Fail," *Harvard Business Review,* March–April 1995, 59–67.

William Bridges's model for managing transitions is in his *Managing Transitions: Making the Most of Change* (Da Capo Press and Perseus Books, 1991), as noted earlier.

W. Edwards Deming's plan, do, check, and adjust model for continuous change was first published in his *Out of the Crisis* (MIT Press, 1986), page 88, as plan, do, study, act.

Everett Rogers's *The Diffusion of Innovation* (Free Press, 1962) located technology in the context of communication systems.

Geoffrey Moore's *Crossing the Chasm: Marketing and Selling High-Tech Goods to Mainstream Customers* (Harper Collins, 1991) is a touchstone for technology entrepreneurs making the transition from start-up to established enterprise.

Clayton Christensen's *The Innovator's Dilemma* (Harvard Business School, 1997) has spawned a small army of scholars challenging his initial estimates on disruption in various industries while celebrating his core insights.

NASA's "technology readiness levels" are summarized at Thuy Mai, ed., "Technology Readiness Level," NASA, last updated July 31, 2015, www.nasa.gov/directorates/heo/scan/engineering/technology/txt_accordion1.html.

US Department of Defense's "technology readiness assessment" is summarized at Assistant Secretary of Defense for Research and Engineering, "Technology Readiness Assessment (TRA) Guidance," US Department of Defense, April 2011, www.acq.osd.mil/chieftechnologist/publications/docs/TRA2011.pdf.

Stewart Brand's "Self-Driving Genes Are Coming," his answer to a survey asking, "2016: What Do You Consider the Most Interesting Recent [Scientific] News? What Makes It Important?," appears in *Edge* (blog), edited by John Brockman (www.edge.org/contributors/what-do-you-consider-the-most-interesting-recent-scientific-news-what-makes-it).

Joi Ito and Jeff Howe's *Whiplash: How to Survive Our Faster Future* (Grand Central Publishing, 2016) offers nine principles for navigating a world of accelerating change.

The visualization of the four stages was constructed by beginning with the current rate of change with new fab labs, using Neil's data from Chapter 2. For the curve with the rate of change for community fabrication, an annual rate of change of 1.5 was used (doubling every year and a half), which was decelerated to 1.4 in 2020 and then progressively slower to level out around 2030. The same curve was then duplicated, beginning with a five-year lag for personal fabrication and a leveling off that begins around 2035. For the final two curves, lags of an additional five years were used for each, and the leveling off was projected much further out—at 2045 for digital materials and off the chart for programmable materials. Because this is an illustration rather than a charting of actual data, the format is different from the data charts used in earlier chapters. The full set of data is available on request from the authors.

Alvin Toffler's *Future Shock* (Random House, 1970) is also cited earlier.

Mihaly Csikszentmihalyi's *Good Business: Leadership, Flow, and the Making of Meaning* (Penguin Books, 2003) explores how the concept of flow applies to business and society.

Never Alone (Kisima Innitchuna) is a commercial video game developed through an inclusive development process by E-Line Media and pioneering Alaska Native elders, writers, and storytellers. Released in November 2014, it has been selected for over seventy-five best-games lists in

2014 and has won multiple awards, including a BAFTA (British Academy of Film and Television Arts) award and Game of the Year at Games for Change. Learn more at http://neveralonegame.com.

Coverage of the Ford Foundation's commitment of a billion dollars from endowment to mission-related investments is at Ford Foundation, "Ford Foundation Commits $1 Billion from Endowment to Mission-Related Investments," April 5, 2017, www.fordfoundation.org/the-latest/news/ford-foundation-commits-1-billion-from-endowment-to-mission-related-investments.

The Heron Foundation's announcement that all $273 million of its endowment was going to mission-related investing is Heron, "Heron's Journey," no date, at www.heron.org/enterprise#2011.

More information on the Investors' Circle social impact investing network is at www.investorscircle.net.

Andrew Carnegie's *Autobiography of Andrew Carnegie* (Houghton Mifflin, 1920), was published one year after his death.

The Gates-Buffet Giving Pledge is summarized at https://givingpledge.org.

See the World Bank, "Global Connect Initiative," https://share.america.gov/globalconnect, for a summary.

The ConnectED, FCC E-Rate Program is summarized in Federal Communications Commission, "E-Rate: Schools & Libraries USF Program," last updated April 28, 2017, www.fcc.gov/general/e-rate-schools-libraries-usf-program.

The concept of a layered system can be further understood with an example from the doctoral seminar in engineering systems that Joel co-founded at MIT in 2002. In comparing the U.S. and British health care systems, the U.S. system has been described as a two-layered system of doctor's offices and hospitals. By contrast, the British system has been described as a three-layered system of nurse-led clinics, doctor's offices, and hospitals. The U.S. system does have some nurse-led clinics, but they are not integral to the design. Layers are interconnected, but they also function independently, which adds robustness (and complexity) to the system.

The American Library Association defines digital literacy in Marijke Visser, "Digital Literacy Definition," *ALA Connect*, September 14, 2012, http://connect.ala.org/node/181197.

Martin Ford's *Rise of the Robots: Technology and the Threat of a Jobless Future* (Basic Books, 2015) explores the implications of accelerating technologies such as AI and robotics on the future of work and society.

Michael Piore and Charles Sabel's *The Second Industrial Divide: Possibilities for Prosperity* (Basic Books, 1984) was also cited earlier.

The UN High Commissioner for Refugees estimates that there are sixty-five million refugees at Adrian Edwards, "Global Forced Displacement Hits Record High," UNHCR, June 20, 2016, www.unhcr.org/en-us/news/latest/2016/6/5763b65a4/global-forced-displacement-hits-record-high.html.

Retirees projections are in *Current Population Reports* by Jennifer M. Ortman, Victoria A. Velkoff, and Howard Hogan, May 2014), P25-1140.

For background on the displacement of auto workers, see Joel Cutcher-Gershenfeld, Dan Brooks, and Martin Mulloy, *Inside the Ford-UAW Transformation: Pivotal Events in Valuing Work and Delivering Results* (MIT Press, 2015).

The Oxfam report on income and wealth inequality, "An Economy for the 99 Percent," January 2017, www.oxfam.org/en/research/economy-99, is one of a growing number of studies connecting technology, economics, and inequality.

The Max Weber quote is from 1909 and is cited by Reinhard Bendix, *Max Weber: An Intellectual Portrait* (Doubleday and Company, 1960), page 464. It reflects the visceral quality underlying his observations on bureaucracy.

David Weil's *Fissurization: Why Work Became So Bad for So Many and What Can Be Done to Improve It* (Harvard University Press, 2014) is at the center of current policy debates and is based on his leadership at the US Department of Labor around overtime rules and other policies focused on fair pay.

In *Alone Together: Why We Expect More from Technology and Less from Each Other* (Basic Books, 2011), Sherry Turkle explores the deep human connections and disconnects associated with digital technology.

The quote in the text is from Tom Friedman's *Thank You for Being Late: An Optimist's Guide to Thriving in the Age of Accelerations* (Farrar, Straus and Giroux, 2016).

The concluding quotes are from our survey of fab leaders who were responding to our request for "a phrase or metaphor to summarize your current view of fab labs and other aspects of digital fabrication." We selected what we thought were the most evocative quotes and only then discovered that they were from a wonderfully diverse mix of countries.

（参考文献由尼尔、艾伦和乔尔撰写）